AF229968

EXAMEN CRITIQUE

DES

GOUVERNEMENTS REPRÉSENTATIFS

DANS LA SOCIÉTÉ MODERNE

II

TAPARELLI D'AZEGLIO

DE LA COMPAGNIE DE JÉSUS

EXAMEN CRITIQUE

DES

GOUVERNEMENTS REPRÉSENTATIFS

DANS LA SOCIÉTÉ MODERNE

Traduit de l'italien
Par le P. PICHOT, S. J.

TOME II

LIBERTÉ
LIBERTÉ DE LA PRESSE. — DE L'ENSEIGNEMENT
NATURALISME. — FÉLICITÉ SOCIALE
DIVISION DES POUVOIRS

PARIS

P. LETHIELLEUX, LIBRAIRE-ÉDITEUR

10, RUE CASSETTE, 10

PRINCIPES THÉORIQUES
DES GOUVERNEMENTS MODERNES

CHAPITRE PREMIER

La Liberté.

326. — Nous avons examiné les principes qui découlent naturellement de l'indépendance protestante; nous avons déterminé quel est, sous l'influence de l'hérésie, ce prétendu droit qui devrait unir tous les membres de la société et ce suffrage universel qui devrait la gouverner... A cette occasion, nous avons recherché les causes qui, sous le suffrage universel lui-même, personnifient le pouvoir et le rendent légitime... Enfin nous avons cons até l'inanité des raisons pour lesquelles on voudrait investir de ce pouvoir tout peuple adulte et éclairé.

Continuons de faire sortir du germe protestant un autre adage universel, qu'on prône comme un principe de gouvernement. On le formule d'un seul mot, mais d'un mot magique : « *la liberté* ».

327. — En fin de compte, nous sommes libres, crient, aux jours de délire, les peuples déchaînés...! — Et les voilà qui brisent à leur tour les tables de la Loi, et se mettent à courir çà et là comme des frénétiques, transportés de joie et d'ivresse ! Mais la joie de l'ivresse est courte. — Et le vin cesse vite de couler, surtout lorsque le fût est à la disposition de tout un peuple... Alors ce peuple se réveille brisé, étourdi, malade, encore tout livide et tout ensanglanté par suite de ses chutes et de ses nombreuses blessures. Lisez, dans *les Fiancés*, l'histoire de la liberté milanaise : vous y verrez la peinture poétique de cette grande vérité philosophique et réelle à la fois.

Mais la connaître ne suffit pas. La vérité veut être féconde. Et pour cela, il faut l'étudier à la lumière de la

philosophie, c'est-à-dire en rechercher les causes intimes et toutes les conséquences. — Nous le savons : le
peuple se croit libre quand il n'a plus de frein, mais
cette émancipation n'est que passagère…; en réalité,
elle le mène à la servitude. Pourquoi? Parce qu'on ne
comprend point l'idée de liberté et qu'on la sépare de
l'idée d'ordre.

328. — Pour corriger cette erreur populaire, il y a
deux méthodes : la première, facile et qui court les rues,
c'est celle de milliers de braves gens qui ne comprennent à peu près rien aux choses publiques, mais qui
sont étourdis par les clameurs du peuple souverain…
Effrayés de voir brisées par l'émeute les fenêtres de
leur palais, ils commencent à trouver trop pesant ce
diadème dont l'immense circonférence ne touche pourtant leur tête que par un point…

Que font-ils? Ils se mettent à prêcher la nécessité de
la modération, la politique du juste milieu… Ils dénon-
cent le danger inhérent à tant d'excès, le retour possible de la réaction, et ils vantent tous les avantages du
bon ordre. Quelques restes d'idées sur la paix, l'autorité, le respect des lois ont surnagé, dans leur esprit,
au naufrage général du bon sens traditionnel… Ils se
mettent en tête de les élever comme une digue contre
les principes de perturbation et de mépris de toute autorité. Ces principes d'anarchie, ils voudraient les voir
étouffés… Mais ils n'osent les combattre; ils s'incli-
nent même avec respect devant eux : « Oui, disent-ils
au peuple, en se découvrant devant sa Majesté; oui;
tu es souverain; et personne ne peut t'imposer une loi.

Mais tout souverain doit se modérer dans ses désirs... Il a droit de jouir; oui encore : mais les excès dans la jouissance ne ruinent pas moins les sociétés que les individus, etc.

Et ces nouveaux ascètes, je dirais mieux : ces nouveaux Socrates, s'ils étaient comme le premier, fidèles à la logique, réussissent parfois à calmer momentanément l'effervescence populaire et à garantir leurs fenêtres de l'effraction jusqu'au retour du printemps.

Cette méthode, ce système, cette théorie, appelez-la comme vous voudrez, a deux grands avantages : d'abord elle dispense de comprendre ce que l'on dit; ensuite, elle évite toute hostilité, en évitant de contredire les adversaires... Les rebelles eux-mêmes y trouvent leur compte. Le bien déjà volé est déclaré de bonne prise; et pour l'avenir leur principe est désormais consacré : ils sont en possession du droit à la violence et cette souveraineté, ils l'exerceront de nouveau, quand bon leur semblera.

329. — Ouvrez l'histoire. Elle fera pleuvoir devant vous les exemples pour appuyer la théorie de ce modérantisme. Vous n'aurez pas besoin de remonter aux Ariens, aux Circoncellions, aux Fraticelles, aux Pauvres de Lyon... Vous pouvez vous en tenir aux bouleversements des temps modernes. A l'aurore de cette époque, ne voyez-vous pas un libre penseur, Érasme, désireux de modérer dans Luther la liberté de penser? Luther lui-même et Mélanchton gémir de l'indépendance sans frein avec laquelle certains nouveaux apôtres du Saint-Esprit interprétaient l'Évangile aux princes et

aux seigneurs d'Allemagne ? Ne voyez-vous pas les théologiens de Vittemberg lâcher toute bride aux débordements secrets, mais chercher à restreindre les désordres publics?... Cette modération politique, elle accompagne à travers l'Allemagne Gustave-Adolphe, en France les Huguenots, en Suisse les Sacramentaires ; La Fayette recommande la modération aux Jacobins ; Casimir Périer la rappelle aux héros de Juillet sous le nom de juste-milieu ; Gioberti au nom de la civilisation aux sauvages de Genève, et au nom de l'humanité aux assassins des jésuites.

Ainsi s'avance-t-on, sans trop de fracas, dans la voie du progrès : on conserve, on fomente le principe même du désordre, du reste sans le nommer et sans le formuler jamais en termes précis... Mais, un beau jour, on arme le peuple ; on l'enivre de ce vin fumeux qu'on appelle l'*idée* de ses droits...Puis tout à coup il descend du haut des barricades pour écraser, sous les ruines de la société, et modérés et rétrogrades.

330. —Voilà donc et l'état de contradiction et le péril où le modérantisme conduit fatalement des ministres qui, parvenus au pouvoir, ont entrepris de lutter avec les partis. On n'arrive pas de suite à cet excès : il est d'ordinaire précédé d'une phase de transition et d'un état des esprits en apparence modéré : c'est la phase des concessions. Les ministres sont bons, mais faibles. Et grâce à cette bonté, à cette indulgence paternelle, les perturbateurs obtiennent frauduleusement, mais doucement, ce qu'ils appellent leurs premiers droits : ce sont en réalité leurs premières armes ; ils sauront

bien ensuite s'en servir pour s'imposer par la force.

331. — Or comment ce système de concessions ruineuses diffère-t-il d'une sage et bonne politique? La différence est essentielle; elle gît, si je ne m'abuse, beaucoup plus dans le principe qui pousse le pouvoir aux concessions que dans les concessions elles-mêmes. En effet ce principe, nous l'avons dit, consiste à accorder ce qui est inconciliable avec l'ordre, dans l'espoir d'obtenir en dehors même de cet ordre la tranquillité matérielle. Au lieu d'examiner quel droit peut avoir le peuple à être exonéré de telle ou telle charge, selon les règles de la justice éternelle, on mesure la nécessité des concessions selon le plus ou moins de bruit que font les partis de la révolution. Or, ceux-ci s'avisent bien vite d'une telle faiblesse: plus ils obtiennent et plus ils réclament; bien persuadés que quand le pouvoir ne considère, pour accorder, que l'exigence du demandeur, il sera d'autant plus large que le demandeur sera plus bruyant. Voilà l'effet du modérantisme dans la 1re phase d'une révolution.

332. — Or que direz-vous, si le principe de ces concessions faites par les modérés est également celui de certaines résistances maladroites opposées par quelques rétrogrades trop sévères? Paradoxe, me répondez-vous, qui veut surprendre par l'étrangeté de l'affirmation... Et pourtant la chose est bien telle, et le paradoxe est la simple application de ce vieux proverbe : « les extrêmes se touchent. » — Lorsque l'homme ne marche plus dans la voie de l'ordre, end'autres termes, quand il se guide non par les raisons de la justice, mais par les

motifs de la passion ou de l'intérêt, il est tout naturel qu'il flotte perpétuellement entre deux extrêmes : et s'il s'agit d'un gouvernement chargé de diriger les autres, il cédera tantôt à la faiblesse, en accordant ce qu'il ne doit point, tantôt à la dureté, en refusant ce qui est dû. Il ne tient plus compte de la justice ; il inclinera naturellement, selon les circonstances, aux deux extrêmes opposés, toujours blâmables et toujours funestes. Supposez, par exemple, un pouvoir mû par ces passions et en même temps persuadé de sa force irrésistible pour comprimer les mécontents : il leur refusera tout avec d'autant plus de rigueur qu'il serait plus prompt aux concessions, s'il se croyait trop faible. N'est-ce pas l'histoire de ce prince blâmé par l'oracle infaillible de l'Écriture : Roboam? Dans les dernières années de Salomon, des charges intolérables avaient été imposées au peuple. Au début du nouveau règne, il en demanda l'adoucissement. Mal conseillé, Roboam ne répondit que par le plus dur des refus.

Voilà, cher lecteur, l'esprit de ce système qu'on appelle le système modéré. Voilà où conduisent naturellement ces « tempéraments politiques » tant vantés du vulgaire qui n'y comprend rien et des perturbateurs qui le comprennent parfaitement. Aussi ne cessent-ils de le préconiser pour l'usage de quiconque a plus de crainte que de probité, plus d'argent que de cervelle.

333. — Pour vous, cher lecteur, vous n'appartenez point, j'en suis sûr, à cette catégorie d'esprits malades. Vous êtes de ceux qui ont gardé des principes vrais et une saine logique, qui mesurent l'utilité sur la jus-

tice et non la justice sur l'utilité. Vous comprenez donc surabondamment et la folie et l'infirmité d'une politique qui prétend diriger la société d'après des systèmes fondés entièrement sur le faux aussi bien en pratique qu'en théorie. — Une société, par exemple celle des Musulmans, pourra bien se soutenir avec de faux principes, si on lui interdit de raisonner ; de même une société catholique avec la liberté de raisonner, parce que celle-ci s'appuie sur des principes vrais et indiscutables. Mais donner à une société des principes faux et inapplicables, lui accorder le droit absolu de les examiner, de les juger et de les appliquer, — puis croire cette société assez stupide pour les admettre en théorie, assez désintéressée pour ne pas les appliquer, quand elle y trouve son compte, enfin assez fortement constituée pour rester debout malgré une application ruineuse et contradictoire, — croire cela, c'est vouloir que les choses ne soient plus ce que Dieu les a faites, que l'homme ne soit plus raisonnable, que les conséquences ne découlent plus des principes et que l'impossible devienne le réel. Si tout homme est indépendant, si l'indépendance lui a été donnée pour se procurer le bonheur, et si ce bonheur est tout entier sur la terre... venir dire à un peuple : « Tu as le droit, tu as la force de devenir heureux, » et puis vouloir mettre un frein même modéré à ses désirs, c'est là une absurdité qui ne peut durer longtemps. Elle durera un jour, un mois, une ou deux années peut-être ; parce que, pendant ce temps, le peuple, grâce à des habitudes de docilité, écoutera bouche béante les conseils de quelque bon modéré...

Mais ces habitudes s'en vont vite; surtout si ce peuple vient à être « éclairé et électrisé » par quelque Démosthène de carrefour..... Car celui-ci lui déroulera les conséquences contenues dans les principes, il lui en fera voir l'évidente application et il calculera pour lui les forces dont peuvent disposer les multitudes. Alors, que les modérés le veuillent ou non, le peuple leur montrera qu'il sait raisonner en mettant en pratique ces principes qu'eux-mêmes un jour se sont fait gloire de lui donner. N'est-ce pas ce que les faits proclament? Jamais le parti modéré n'a pu mener à terme ses entreprises; jamais il n'a été conséquent avec lui-même. Ce système a été essayé par le tsar Alexandre; et de quels chagrins n'a-t-il pas rempli ses dernières années. —Il a été essayé par Louis XVIII et par Charles X. Et après avoir oscillé sans cesse entre les concessions et les châtiments, ils ont dû céder le trône à la royauté bourgeoise... Il a été de nouveau tenté par le Roi citoyen, avec l'appui des deux hommes politiques les plus habiles de la France moderne, et le diadème de Louis-Philippe a roulé dans la boue et dans le sang... Il a été tenté par l'aventureux Charles-Albert, et c'est à peine si une double fuite et l'abdication ont pu le soustraire aux atteintes de la république victorieuse... Aujourd'hui le ministère piémontais continue l'essai; mais à chaque pas il se heurte à un obstacle, incertain et comme suspendu entre le retour à ses principes qu'il a violés et la crainte de la démagogie menaçante. Quant au terme de cette lutte et de cette incohérence, qui ne l'aperçoit? Si le ministère retire au parti anti-religieux les concessions qu'il lui a faites, pour se réconcilier avec les catholiques, les impies pousseront de plus furieuses clameurs. — S'il continue, au contraire, à malmener le catholicisme, non seulement il s'aliénera tous les vrais catholiques, mais il perdra de plus le crédit que lui donne son système de modération conforme à son principe et qui est aujourd'hui inconciliable avec un système de persécution, spécialement dans notre Europe où les anciens persécuteurs se ravisent et se tournent vers le drapeau de la liberté catholique.

334. — Voilà tout ensemble et l'état de contradiction et le péril fatal où conduit le modérantisme. Les braves gens, partisans de ce système, ne s'en doutent point : et cela, par la raison que nous avons déjà signalée. Les principes catholiques continuant de subsister dans le peuple, ils considèrent ces dispositions comme des qualités natives ou de la nature humaine ou de telle nation en particulier; ils lui en font honneur et en la flattant ils la perdent. Ainsi, en Italie, le 23 juillet 1850, dans un long article du « Statuto », l'auteur rassurait le prince, les ministres et tous ceux qui possédaient en leur répétant que jamais le communisme ne trouverait d'adhérents dans le peuple italien (« Statuto », 23 juillet 1850). Oui, voilà ce qui se répétait, mais c'était vraiment dommage; car en même temps on lisait nombre de condamnations prononcées en Piémont contre des écrits qui poussaient au communisme... ! C'était dommage, car pendant que le « Statuto » célébrait la modération italienne, tous les journaux même officiels dépeignaient l'Italie, jusqu'à la Haute-Savoie, désolée par les voleurs et par les bri-

gands...! C'était dommage, enfin, car nombre de journaux notoirement communistes se glissaient dans les maisons, dans les cafés, partout, afin de détruire dans le peuple la notion de l'honnêteté et de la foi... Ou le « Statuto » ignorait ces faits ou il les connaissait? S'il les ignorait comment les rapportait-il? S'il les connaissait et prétendait néanmoins endormir sur le bord du précipice ceux qui gouvernaient, comment s'arrangeait-il avec sa conscience?

335. — Mais je m'oublie : les modérés ont une réponse victorieuse à nous faire. « L'Église, disent-ils, s'est toujours tenue dans les limites d'une exacte modération; et c'est précisément pour cela que, sans cesse combattue par des partis extrêmes, elle demeure inébranlable et voit tous ses ennemis se briser au pied de son rocher comme les vagues de la mer aux flancs d'un écueil. Le fait est très vrai, mais la supposition de l'argument très fausse. Il suppose en effet que la modération de l'Église est pareille à celle des partisans de la modération politique; il suppose que l'Église concède aux passions les faux principes dont elles voudraient se justifier, tout en recommandant de les appliquer avec réserve... Rien n'est plus faux que cette idée. La prudence de l'Église ne consiste pas à transiger sur les principes, mais à les appliquer avec impartialité et à faire en sorte que les catholiques les comprennent et les embrassent pleinement, sincèrement et dans toutes leurs conséquences.

336. — Telle est justement la seconde méthode signalée plus haut, et par laquelle on amène le peuple au

respect de l'ordre, en lui inculquant qu'ordre et liberté sont deux idées essentiellement associées. De là, cher lecteur, l'énorme différence des deux méthodes en question : vous allez le sentir. La première dit au peuple : « Tu as raison; le bonheur naturel de la société est dans la liberté, la liberté dans l'indépendance de toute loi : c'est donc par l'indépendance qu'on arrive au bonheur, mais il est besoin d'y procéder doucement. » La seconde à son tour dit au peuple : « Tu as tort de rejeter tout frein; le bonheur et la liberté ne se trouvent que dans l'ordre, et l'ordre dans la dépendance de la loi... »

Eh bien! c'est cette seconde méthode que je veux maintenant expliquer familièrement dans la deuxième partie de ce chapitre.

337. — Mais afin de traiter familièrement cette question, permettez-moi de vous faire part d'une idée singulière qui me traversa l'esprit dans ma jeunesse. J'étais étudiant, et notre professeur nous initiait aux sciences physiques en nous expliquant la chute des corps... Il prit en sa main une bille d'ivoire, la tint un instant entre deux doigts, puis, les écartant, il la laissa tomber en lui donnant, disait-il, sa liberté. Sa liberté? Ce mot magique faisait alors vibrer toutes les âmes, et je me fis en moi-même cette réflexion : « Combien il est plus difficile de donner la liberté aux humains qu'à cette bille d'ivoire! » Mais si nous traitions notre professeur comme il a traité cette bille, et que, soulevant et retirant sa chaire, nous le laissions tomber à plomb sur le sol, lui donnerions-nous sa liberté? Non, certes. Alors pourquoi toujours appeler chute libre celle de la bille

et chute violente celle du professeur? Et volontiers j'aurais accusé le langage populaire de son peu de philosophie, cédant à ce caprice qui hantait, à cette époque, le cerveau des demi-savants, et les enflammait d'amour pour la langue philosophique.

338. — Aujourd'hui ces prétentions arrogantes sont heureusement tombées; la nature a repris son rang de maîtresse... On ne court plus après les mots enchanteurs. Et le plus simple philosophe, en entendant le langage de tous, ne pense plus à le corriger. Il l'écoute en disciple; et au lieu de l'accuser de mensonge, il s'efforce d'en pénétrer les énigmes.

339. — Faisons comme lui... Cherchons la vérité voilée sous le langage naturel, et demandons-nous quelle est la solution du problème proposé : « Pourquoi appeler « libre » la chute de la bille, violente celle de notre homme? » Chacun me répond : « On ne peut pas appeler libre une chute qui aurait été cause qu'un homme se rompit le cou : car la liberté doit être un bien, et le bien doit être conforme à la nature... Et parce que l'homme par sa nature ne tend pas à se briser le cou, sa chute ne peut être appelée un effet de la liberté. Cette réponse nous fournit quelque lumière pour notre solution. Pourtant elle ne nous la donne pas tout entière, parce que la chute d'un homme ne constitue pas un miracle étant chose naturelle et même trop naturelle à l'homme de tomber : si bien qu'un poète italien nous reproche la grande répugnance que nous trouvons à cet acte si naturel de tomber à terre :

Les trônes, les cités s'écroulent chaque jour...
Homme pourquoi crains-tu de tomber à ton tour?

Si donc la liberté doit être naturelle et s'il est naturel à l'homme de tomber, pourquoi appeler libre la chute d'une pierre, violente celle d'un homme?

340. — La réponse est facile : la chute de la pierre convient proprement à la pierre considérée dans la plénitude de son être... Il n'en est pas ainsi de la chute de l'homme. Celui-ci ne tombe pas en tant qu'animal sensitif et en tant qu'être raisonnable; il tombe en tant qu'il est corps et participe par là à la pesanteur de la matière. D'où la conséquence : tomber n'est pas chez lui une tendance ni un effet de la nature humaine, mais seulement de la gravitation des corps. Sa chute sera donc pour lui un accident naturel, mais non un effet de sa naturelle liberté. Ces observations sont familières et presque banales. Elles nous aideront pourtant à comprendre l'idée vraie de la liberté et à la formuler exactement. Prenons un principe d'activité, une force quelconque; nous la disons libre si elle n'est pas enchaînée par un lien contraire à sa nature. D'où une seule idée générale de liberté, mais autant de libertés différentes qu'il y a d'espèces d'êtres à qui on peut l'attribuer. Libre est la pierre, quand elle tombe, parce que naturellement elle gravite vers le centre de la terre; libre est l'aérostat qui monte vers le ciel, parce que selon sa nature il surnage à l'air atmosphérique; libre la vigne qui n'est point attachée à un échalas, libre le poulain qui n'est point renfermé à l'écurie, et cela toujours par cette raison que ces êtres vont où la nature les pousse.

341. — Cette doctrine, je le sais, provoquerait les rires bruyants des philosophes de cabaret... Le premier d'entre eux s'empresserait de me répliquer, croyant que je me suis pris moi-même dans mes pièges : « Donc l'homme aussi est vraiment libre quand il suit les impulsions de sa nature. »

J'admets la conséquence, lui dirai-je. Seulement, qu'il me permette de lui demander ce qu'il entend par ces mots : sa nature, et quelle est la nature de l'homme ? S'il consent à avoir la nature de ce jeune cheval, soit, il en aura pareillement la liberté ; il courra, cabriolera au milieu des prairies ; mais qu'il ne s'indigne point si l'on vient ensuite le soumettre au frein, aux fers ou à la chaîne et qu'il n'en appelle pas à son libre arbitre comme au merveilleux privilège de l'homme ici-bas. S'il est libre comme le poulain et le poulain libre comme lui, tous deux ont la même nature et la même liberté, et celle-ci consiste à ne laisser aucun frein à ses caprices. Que si au contraire il sent toute la différence qu'il y a entre ce jeune cheval libre de s'ébattre dans les prairies et l'homme sage libre de délibérer dans un conseil, qu'il m'explique cette énigme et me montre en quoi diffèrent ces deux libertés.

342. — Il est facile de le voir : la liberté du sage qui délibère consiste précisément en ce qu'il n'est pas emporté par la fougue de son instinct, mais qu'il peut toujours l'assujettir et à sa propre raison et à celle d'autrui. Car la raison étant la note caractéristique de notre humanité, de notre nature, il est clair qu'elle est dans l'homme un des éléments essentiels de sa liberté ; cela,

personne ne peut le mettre en doute, à moins de rejeter le principe démontré plus haut, à savoir : qu'il n'y « a de liberté véritable que celle qui laisse sa pleine puissance d'évoluer, d'agir à l'activité spécifique d'une nature quelconque ». Rompez les liens, brisez les chaînes, si vous le voulez ; tant qu'en vous la raison n'est pas libre d'agir, vous n'avez point la liberté. Au contraire, dans la proportion où, pour agir, votre raison sera plus dégagée, je ne dis pas seulement de la passion et des chaînes, mais des mouvements d'une passion aveugle, dans cette même proportion grandira votre liberté. Voilà le vrai sens de ce mot : ¦liberté. Voilà ce que demanderait le peuple en criant : Vive la liberté! Il demanderait ¦d'obéir, non, certes, à la force brutale ou à la fougue de ses passions, mais seulement à l'attrait de la vérité et de la justice, unique objet de sa nature.

343. — Nous venons de bien préciser le concept qui répond à ce mot magique : la liberté ! Il nous sera facile de voir maintenant que, loin d'être un obstacle à la liberté de l'homme, l'ordre est au contraire le champ où naturellement évolue, se développe et se perfectionne cette puissance admirable qui est le privilège des êtres intelligents. En effet, qu'est-ce en définitive que l'ordre, sinon cette unité très simple où la raison humaine assoit toute pensée, ramène tout effet, dirige toute intention?

344. — A parler rigoureusement, l'ordre n'existerait pas sur la terre, s'il n'y avait point d'intelligence pour le contempler, et, de son côté, l'intelligence ne pourrait trouver son repos ici bas, si elle n'y respirait dans l'or-

dre. L'ordre du monde, sans une intelligence pour le manifester, ne serait pas autre chose que l'assemblement matériel des créatures : car si nous les disons ordonnées, c'est parce que notre esprit découvre dans leur immense variété une unité d'idée, de cause, de tendance. — Or, cette unité n'est pas dans les choses; car les choses sont multiples. Elle est dans l'intelligence divine d'abord, et ensuite dans l'intelligence humaine qui reflète cet ordre; et voilà pourquoi la chose ordonnée pourrait subsister et l'ordre périr, si l'intelligence s'éteignait.

Autre considération : l'intelligence pourrait-elle jamais agir en dehors de l'ordre? Qui ne voit que la pensée est toujours une, même quand elle est complexe, multiple et variée à l'infini dans ses objets? Or l'ordre n'est rien autre chose que cette unité dans la variété; l'ordre, voilà ce que contemple l'esprit quand il exprime par un mot un concept quelconque; c'est l'ordre qu'il expose dans un jugement ; l'ordre qu'il enchaîne, pour ainsi dire dans un raisonnement, l'ordre qu'il déroule dans une science... Pourriez-vous nommer une créature, celle que vous voudrez, sans considérer l'ordre de ses propriétés avec sa substance ; de ses forces avec ses effets, de ses parties avec le tout, de ses relations avec le monde environnant? Pourriez-vous approuver ou blâmer l'opération d'un agent quelconque, sans mesurer la proportion des moyens avec la fin, de la fin avec la nature de l'agent lui-même? Non; non; il n'y a pas d'intelligence sans ordre, ni d'ordre sans intelligence.

345. — Si donc cette intelligence est le principe essentiel et constitutif de l'homme, si l'ordre est l'atmosphère ou respire l'intelligence, vous le voyez, il est impossible que l'homme soit libre, s'il est emporté par un instinct brutal en dehors des voies de l'ordre. Il pourra bien y trouver la liberté de la brute, celle de la plante, de la pierre, mais sa liberté d'homme est perdue, annihilée. Vous le disiez plus haut; cet homme, que la liberté de la gravitation matérielle abat par terre, est un être défait, découronné. Si donc vous voulez être logique, vous direz que, ainsi déformé, il est libre, oui; mais libre ou de folâtrer avec les insensés ou de vivre comme le cheval de la plaine.

346. — Oh! Si cette vérité capitale bien fixée dans son esprit resplendissait aux yeux de tout peuple cultivé, comme il rougirait de ces tumultes éhontés où si souvent il se rue, dès qu'il entend retentir à ses oreilles ce mot sacré de liberté! — Mais les sophismes du « Contrat social », fondés la plupart sur un équivoque, nous l'avons fait voir, ont tellement faussé le langage de la science elle-même qu'il y aurait injustice à demander au peuple de conserver le sens commun. Car comment voulez-vous que le vulgaire résiste au torrent de l'erreur quand ce torrent descend avec fracas des cimes de la sagesse sociale ?

347. — Depuis quinze ou seize lustres, par des milliers de bouches et de plumes, par des milliers de livres et de journaux, sur des milliers de théâtres et de places, dans des milliers de tribunes, le Genevois ne cesse de répéter que lorsque les hommes veulent s'organiser en

société, ils doivent renoncer à une partie de leur liberté — mais qu'ils n'en doivent sacrifier que le moins possible, et que la société n'a pas le droit d'en demander une once de plus, puisqu'il s'agit du premier de tous les biens, la liberté. — Voyez-vous comment l'ordre et la liberté sont ici présentés à l'esprit et au cœur comme deux adversaires, ou plutôt comme deux ennemis? L'ordre, dit-on, n'a pour but que de charger vos bras de fers et vos pieds d'entraves ; prenez donc garde de rien céder au delà du minimum qu'exige votre intérêt. Car cela même serait une usurpation, une violence, une tyrannie !

Qui pourra jamais calculer les épouvantables conséquences d'une pareille doctrine : « Laisser à une populace ignorante et à un égoïsme indompté le soin de déterminer où finit la nécessité sociale et où commence l'invasion de la tyrannie ! »

348. — Aussi voyez-vous se dresser devant vous la figure gigantesque du grand défenseur de l'ordre, de l'État : Il croit, lui, que le peuple, son pupille, se soustrait d'autant plus à l'ordre qu'on lui a laissé plus de liberté. Et de là partout ces luttes perpétuelles entre le gouvernement et la nation; de là leurs chicanes sans fin sur ces malheureuses chartes qu'on tire en des sens opposés, après les avoir maniées et remaniées, élargies, torturées; de là cette continuelle alternative de libertés accordées, puis retirées, d'état ordinaire et d'état de siège, de tolérance et de répression. Pas une loi proposée aux Chambres sans que ses auteurs ne commencent par protester de leur respect pour la liberté des

citoyens. Mais il est nécessaire, ajoutent-ils, de lui opposer une digue... Ils se déclarent aussi très respectueux de l'autorité des lois; mais il faut en corriger la tyrannie. » — Et combien de temps enfin devra durer ce perpétuel combat de l'ordre contre la liberté et de la liberté contre l'ordre? Combien de temps? Aussi longtemps que le peuple sera enchaîné dans son erreur et regardera comme un vol ce qu'il accorde à l'ordre public. Car, avec de tels principes, impossible de mettre de l'harmonie dans la vie civile d'une nation.

349. — Alors, me dira quelqu'un, vous niez donc que l'homme fasse un réel sacrifice quand il entre pour sa part dans une société quelconque ?

— Si nous traitions cette question avec une exacte rigueur, et si je devais vous donner une réponse absolue, oui, je nierais cela... J'affirmerais au contraire franchement que l'homme ne fait aucun sacrifice en entrant en société. En particulier il ne sacrifie pas sa liberté, puisque ce qui est nécessaire au bien commun n'est pas son bien propre —

Mais parce qu'il m'est permis, vu le but principal de cet écrit, de porter d'abord la lumière dans les idées, je ferai une réponse plus complète, en remarquant au préalable qu'il y a deux sortes de lois faites et promulguées pour le bon ordre d'une société : les unes vous obligent à l'accomplissement de devoirs naturels inviolables, les autres sont positives et, en s'ajoutant aux premières par des déterminations précises, elles en facilitent l'observation. Or, les premières n'impliquent pour l'associé aucun sacrifice ; quant aux secondes,

le sacrifice qu'elles exigent ne mérite ce nom qu'improprement. — Expliquons brièvement ces deux sortes
de lois qui sont vraiment des liens de l'unité sociale.

350. — Ceux qui ont fait sortir toute société d'un
pacte ont inventé un conte pareil à ceux des Brahmes
ou à celui du philosophe de Samos. Celui-ci, vous le
savez, se rappelait avoir déjà vécu, du temps de la
guerre de Troie, dans le corps d'Euphorbe(1); d'où passant ensuite d'animal en animal, puis d'homme en homme,
il était enfin devenu Pythagore. — De même les partisans
du pacte social nous racontent que dès les temps les plus
reculés, afin d'obtenir le grand avantage de vivre dans la
société des autres hommes, nous avons fait avec nos
gouvernants cette convention, à savoir : que si jamais
nous étions assez criminels pour abuser d'un tel bienfait
au détriment de la société, nous leur cédions le droit
que nous avons (si toutefois nous l'avons) de nous
condamner à la potence. Je parie, cher lecteur, que
vous n'avez aucun souvenir da ce pacte hypothétique.
Pour moi, je le déclare hautement, ma mémoire n'a
rien de commun avec celle de Pythagore. Voilà pour
nous deux; de façon que la société n'aura ni le droit de
nous envoyer à la mort, ni le moyen de prouver ce
droit. — Malgré cela, cher lecteur, gardez-vous de
bannir toute crainte : car ceux qui nous ont enrichis de
tant de liberté et de tant de droits ont eu soin de s'en
réserver un qui ruine tous les nôtres. Lisez les philosophes du xviiie siècle. Plus d'une fois, ils se sont posé

______

(1) Guerrier Troien, fils de Panthus... Pythagore prétendait avoir été
d'abord Euphorbe..

ce problème : Comment une société pourra-t-elle se défendre contre les assassins lorsque ceux-ci n'auront pas voulu s'engager par un pacte à se laisser conduire au gibet en punition de leurs crimes? — Or, voici leur réponse : «Tout homme, bon gré mal gré, est censé avoir fait ce contrat dès lors qu'il vit en société... Spedalieri, traitant des droits de l'homme, va jusqu'à dire qu'en ce cas l'homme agit par sa volonté propre et qu'il est, pour ainsi parler, son propre bourreau.

351.—Ne me demandez ni de justifier ni de réfuter ces rêves incohérents. Toute nation raisonnable les a condamnés au sépulcre de l'oubli; qu'ils y restent. Veuillez seulement en rechercher avec moi l'origine; cette connaissance vous fera mieux comprendre ma proposition. — Ces auteurs ont reçu de la bouche de la Réforme et admis, nous l'avons vu ailleurs, ce principe insensé: « qu'un des caractères et des droits naturels de l'homme c'était une pleine indépendance de pensée et de volonté et par conséquent aussi d'action (ch. 1er). » Or, avec ce droit inaliénable d'indépendance dans chaque homme, était-il possible de relier ensemble des milliers et des millions d'individus pour en former une seule société? — Tous auraient peut-être consenti de s'unir dans la sphère de leurs intérêts. — Mais consentir à aller à la potence ou même à la prison et aux galères, personne ne l'aurait voulu... Sans le droit d'infliger au besoin ce châtiment, la société peut-elle être constituée? Non... Donc il est nécessaire de supposer le consentement même quand il n'existe pas et de le prouver par des fables quand il n'y en a pas de trace dans l'histoire.

352. — Nous avons démontré la fausseté du principe protestant; nous en avons mis à nu l'équivoque. Nous avons prouvé que l'homme doit connaître par sa raison, mais en se réglant sur la vérité des choses; enfin nous avons fait voir que très souvent cette vérité lui était manifestée par d'autres et par Dieu spécialement d'une façon beaucoup plus sûre que s'il était seul et réduit, dans son isolement, à la rechercher par des moyens personnels. Quelle est la conséquence? C'est que la prétendue indépendance absolue, inaliénable, illimitée de tout homme vivant se réduit à un songe creux, à un roman de Robinson Crusoé. — Tout homme raisonnable sentira toujours que sa nature lui impose des lois dans ses relations, qu'il ne doit point s'empoisonner, afin de ne pas mourir; supprimer la transpiration, afin de ne pas se refroidir; aller donner de la tête contre une muraille s'il ne veut pas se briser le crâne. — Que si, parmi les compagnons romanesques d'un lord Byron, un insensé, pour faire ostentation de son scepticisme même au milieu des flots courroucés de l'océan, se jette à la mer près du Pont de Livourne…, telle n'est certainement pas la condition naturelle du genre humain… Le genre humain admettra toujours, en dépit du moi et du non-moi tudesque, qu'il y a dans le monde extérieur une vérité indépendante de nous, mais destinée par le Créateur à être l'objet de nos connaissances et la règle de nos actes. Tout homme admettra qu'il ne faut pas se précipiter par la fenêtre si l'on ne veut pas se rompre le cou; se jeter dans la mer si l'on ne veut pas se noyer; que pour moissonner, il faut semer; et que, pour vivre, il faut se nourrir. Et si l'on ne connaît par sa propre raison le temps favorable pour les semailles ou les mets qui conviennent à la santé, l'on devra recourir à la raison d'hommes plus éclairés, si l'on ne veut pas lutter contre la nature des choses et contre le Créateur lui-même.

353. — Je ne m'arrêterai pas à vous prouver que cette lutte est interdite à l'homme et qu'il y a par conséquent une loi naturelle à laquelle il doit se conformer sous peine de se rendre malheureux ; je ne démontrerai point non plus que cette peine, sanction de la loi elle-même, suppose dans l'homme une idée de devoir qui le pousse à l'obéissance envers son créateur. Toutes ces vérités, nous les avons mises en lumière au chapitre premier. — J'en conclus, pour la question présente, que tout homme porte en son âme le sentiment d'une obligation, d'une loi naturelle ; sentiment puisé dans la famille, fortifié par les relations sociales, appuyé par l'instinct, justifié par le raisonnement, développé avec l'âge et vérifié par les affections, bref, un sentiment qui résulte de l'ensemble de toutes nos énergies morales, commande avec autorité, et impose à tout homme, à moins qu'il ne soit abruti, le devoir de l'honnêteté.

354. — Si ce sentiment est tellement naturel que, sans lui, l'homme n'est plus qu'une brute et pire qu'une brute, ce n'est pas la société qui lui impose cette loi bien qu'elle contribue grandement à la lui faire connaître ; c'est la nature. Dès lors quel besoin avait la société d'obtenir de l'homme le sacrifice de sa liberté ? Quel

est le droit sacrifié par l'homme qui s'associe et qui se soumet à la loi de ne pas voler? Avait-il, par hasard, avant d'accepter cette loi, le droit de prendre le bien d'autrui? Tout au plus quelqu'un pourrait-il soutenir que l'homme, en s'associant, sacrifie le droit de ne pas se soumettre à la peine... Mais encore, ce droit où le trouver jamais écrit dans la nature? Bien plus, ne voyez-vous pas les philosophes s'appuyer d'ordinaire sur le châtiment que mérite le coupable, pour prouver la malice intrinsèque de ses actes? Ne sentez-vous pas tout votre être frémir à la vue du crime impuni et de forfaits heureux jusque sur les tréteaux d'un théâtre et dans les aventures d'un roman? Et quelle violence ne devez-vous pas vous faire pour ne point maudire le coupable, le couvrir de confusion et le châtier publiquement? Or, pendant que la nature affirme si haut et si clair, à l'encontre de l'indépendance humaine, que la soumission au châtiment est une conséquence du crime, quelqu'un serait assez osé pour soutenir l'inviolabilité du délinquant et le droit à l'impunité ? — Dispensez-moi d'entrer ici dans une question qui m'entraînerait à parler de l'origine du droit pénal : ce serait une digression inutile et trop étendue. Nous l'avons prouvé suffisamment ; la société ne demande à l'homme aucun sacrifice en exigeant de lui qu'il soit honnête. Elle lui montre seulement, aussitôt qu'il a l'usage de sa raison, l'ordre universel dont il est le sujet ; elle lui fournit des stimulants qui l'aideront à s'y conformer... Loin de le courber sous le joug de la servitude, elle respecte sa dignité et ses droits ; loin d'amoindrir sa liberté, elle en consacre l'existence. Non ; l'homme ne serait pas libre, s'il ne reconnaissait pas une loi ; et on ne lui imposerait pas de loi, si l'on ne reconnaissait pas sa liberté... Qui jamais s'est avisé de publier une loi pour régler la marche des vents et des tempêtes ou la croissance des plantes et des animaux ? L'homme excepté, tous les êtres sont sujets de cette loi qu'on appelle improprement et d'un nom équivoque : la loi physique, la loi physiologique. L'homme n'y est point soumis dans ses actions morales : prétendez-vous pour cela que l'action morale est essentiellement indépendante de toute loi ! Autant vaudrait dire qu'elle est essentiellement sans ordre ; puisqu'aucun ordre n'est possible s'il n'y a pas de loi pour joindre ensemble les êtres ordonnés. Donc ou l'action morale est essentiellement désordonnée ou l'homme est essentiellement le sujet d'une loi. Donc la société qui reconnaît en lui cette loi proclame par là même qu'il est intelligent et libre.

355. — Ici donc la société ne demande à l'homme aucun sacrifice ; elle ne fait que lui apprendre ses droits et ses devoirs.

Les lois dont nous parlons lui font connaître des obligations déjà existantes. Mais d'autres semblent lui imposer des devoirs nouveaux. Ainsi les lois sur les impôts, sur les formes des contrats et des procès, sur les fonctions publiques et leur répartition ; et celles-ci pourraient être regardées comme des charges que la société ne saurait imposer aux citoyens sans leur consentement. D'où la conclusion qu'au moins en cette matière elle leur demande un certain sacrifice de leur liberté.

356. — L'expression serait certainement moins contraire à la vérité que quand il s'agit de lois naturelles. Pourtant pesons-la bien ; et nous verrons qu'elle est très inexacte à un double point de vue et pour deux raisons : 1° parce que ce prétendu sacrifice n'est point demandé par la société, mais bien par la nature ; 2° parce que ce n'est pas, à proprement parler, un sacrifice mais un échange et un échange tout à l'avantage du sujet. — De fait, quel sacrifice la société demande-t-elle à celui-ci lorsqu'elle prélève sur lui un juste impôt ?

Elle dit au citoyen : « Vous êtes destiné par le créateur à la vie sociale afin de rendre plus douce votre existence matérielle. Pour cela vous avez besoin du concours de tous les autres et de votre côté vous devez concourir avec eux à la même œuvre. L'autorité a été créée pour former cette union des citoyens. Elle examine avec soin les mesures à prendre, répartit avec justice les charges à imposer, et votre apport ajouté à celui des autres forme le budget nécessaire au gouvernement. Mais, moyennant la somme que vous versez, l'ordre et la sécurité publique, la tranquille jouissance de vos biens et de vos droits vous seront assurés ; par terre et par mer, des voies de communication pour les personnes, pour les marchandises, pour les lettres, etc., vous sont ouvertes ; vous avez à votre disposition universités, écoles, magasins, fabriques, denrées, objets d'art de toute sorte, etc., des temples somptueux pour l'exercice du culte et la consolation de votre foi... Bref, moyennant votre quote-part d'impôts, vous avez toute facilité de mener une vie honnête et aisée.

Vous le voyez donc, cher lecteur; je ne nie point qu'un impôt soit une charge; mais lorsque par là le citoyen acquiert une quantité indéfinie d'avantages sociaux, je me demande si cette contribution de la part du citoyen peut s'appeler un sacrifice. A ce compte, le pauvre fait un sacrifice, quand il tend la main au riche pour en recevoir un secours, le médecin en demande un au malade, quand il le soigne; le négociant un à l'acheteur quand il lui vend sa marchandise même à un prix infime!... — Dans toute langue un échange si avantageux s'appelle d'un autre nom que du nom de sacrifice.

357. — Cela serait vrai, dira-t-on, si la société se contentait de proposer les charges des contributions. Mais elle les impose.— Je n'en disconviens pas. Et pourtant la question, même envisagée sous cet aspect, n'entraîne pas cette conséquence. Car on ne demande pas de sacrifice, lorsqu'on exige seulement des personnes ce qu'elles seraient obligées de donner par ailleurs. Les contributions et ce qui, de la part des citoyens, concourt au bien public sont choses strictement exigées par la nature. Les imposer n'est pas plus une question de liberté pour le pouvoir que pour les sujets de s'y soumettre. Dans certains cas, la société pourra bien s'en désintéresser, par exemple, dans l'hypothèse où elle voudrait se priver de quelques secours et agréments matériels. Mais lorsqu'elle veut se les procurer, impossible de lui enlever le droit aux moyens nécessaires pour cela : le prétendre serait déraisonnable.

— Il y a plus : non seulement la nature exige que les citoyens concourent à produire ces moyens; elle fixe encore, au moins d'une certaine manière, les proportions des différents impôts : si bien que si l'autorité, par une complaisance injuste, vous déchargeait de votre part de contributions, ce serait au détriment non seulement de vos concitoyens, mais encore de l'ordre et de la justice. Quand donc la société demande de vous un concours équitable au bien public, elle vous demande implicitement de ne point prétendre à des services gratuits de la part de vos coassociés. Or, dites-le-moi, est-ce là vous demander de sacrifier votre liberté ? Si je ne m'abuse, c'est vous demander de respecter la liberté des autres, mais non de sacrifier la vôtre. Quand l'autorité répartit équitablement la taxe de l'impôt, elle montre à tous ce qu'exige le droit naturel, en fixant à une quantité déterminée ce que la nature prescrit d'une manière vague et générale. Il est vrai ; l'autorité se sert pour cela de termes impératifs ; mais, nous l'avons dit, c'est là le langage qui lui convient en propre. Et il équivaut d'ailleurs à ceci : La nature elle-même veut que tel citoyen contribue pour telle somme aux dépenses et aux avantages de l'ordre public. »

358. — Concluons donc : l'autorité demande aux citoyens non pas un sacrifice, mais un concours réclamé par la nature des choses. Voilà finalement où aboutissent toutes les lois, qu'elles soient portées ou pour la défense de l'honnêteté naturelle ou pour prescrire la juste coopération des associés au bien commun. L'homme ne sacrifie rien ; il reçoit un avantage, employant sous la direction de l'autorité et sous l'impulsion de la nature les moyens utiles au bien général de

la société. C'est dans ce sens, croyons-nous, que l'illustre professeur de Giorgi formule, d'après Romagnosi, le principe fondamental du gouvernement civil, par le théorème suivant : « Rien dans l'ordre civil ne doit être réservé à l'arbitraire; au contraire, toute mesure positive doit être subordonnée et conforme aux principes de la loi naturelle (1). » Ce théorème du reste n'est pas nouveau. Saint Augustin, et après lui saint Thomas (2), l'avaient depuis longtemps mis en lumière. « Une loi humaine, dit le Docteur Angélique, n'a le caractère et la propriété de loi que dans la mesure où elle dérive de la loi naturelle... Mais il faut savoir, ajoute-t-il, que les lois humaines peuvent en dériver de deux manières, ou bien comme les conclusions découlent de leurs principes, ou bien comme des déterminations faites pour préciser ce qui n'est que général dans la loi naturelle. Par exemple celle-ci porte d'une façon [générale que le crime mérite d'être puni; la loi humaine détermine que tel et tel crime le seront par tel et tel châtiment... »

On pourrait ici m'objecter, en s'appuyant sur les auteurs les plus exacts pour la doctrine et pour la langue, qu'il y a, de ma part, une prétention extravagante à vouloir censurer les opinions les plus accréditées. En effet, me dira-t-on, ne lisez-vous pas continuellement, même dans les ouvrages des saints, que la loi enchaîne la liberté, que le sauvage est plus libre que l'homme civilisé?... Alors comment nier que le citoyen perde

_____

(1) *Essai sur les principes fondamentaux de droit naturel...*
(2) 1-2. q. xcv. o. —

une partie de sa liberté et que celle-ci demeure enchaînée?

359. — La difficulté paraît sérieuse : elle mérite une solution. Mais, avant de l'aborder, faisons une remarque. Tant que la parole humaine, et par suite une langue, est encore vierge de toute mauvaise alliance, elle est beaucoup plus simple et plus sincère que quand des esprits faux et corrompus s'en sont servis pour répandre l'erreur. Dans le premier cas, écho fidèle d'intelligences droites, elle n'excite aucune suspicion, parce que personne ne songe à en abuser. Mais une fois qu'elle a servi de passeport au mensonge, il en va différemment... Le commerce des relations sociales lui est plus difficile, et ceux à qui elle s'adresse sont plus défiants. Si donc j'invitais ici les politiques à changer la langue et à abandonner cette formule : « La liberté est enchaînée par la loi », après la profanation honteuse qui a été faite du mot de liberté, je ne dépasserais certainement pas les bornes de la convenance. On en sera convaincu surtout si l'on envisage le but à atteindre, savoir : infuser une notion et un sentiment plus juste de la liberté, non pas aux philosophes, ceux-ci pourraient se contenter d'une courte définition, mais à la foule du vulgaire dont les idées se forment lentement et par le seul usage des mots. Car c'est à cette foule (il est vrai, nombre de têtes parfumées mais sans cervelle en font partie) que sont remis désormais les destins de la société; c'est elle qui décide des élections, elle qui obtient les emplois; c'est chez elle et par elle que, sous la direction pédante de certains docteurs politiques, se forme l'opinion qui dirige

le monde. Autrefois il suffisait de remettre en place quelques cerveaux, ceux des chefs ; aujourd'hui, il faut les redresser tous. Autrefois, on cherchait un homme sage pour le mettre au timon des affaires ; aujourd'hui que tous ont la main au gouvernail, il faut rendre tout le monde sage. Enfin la sagesse ne se propage dans la foule que grâce aux inspirations traditionnelles reçues de la société... Par conséquent essayer de lui redonner le sens commun au moyen d'une langue exacte devrait être pour tout citoyen honnête et judicieux une entreprise de la plus haute importance.

360. — Pour ces raisons solides et très urgentes, il ne serait donc pas injuste de demander une plus grande exactitude de parole à ceux qui, répétant dans un sens équivoque les phrases d'auteurs anciens, nous parlent du sacrifice que les citoyens font de leur liberté. Mais je ne veux point me poser en réformateur d'un langage communément adopté : ce serait de l'arrogance. J'aime mieux l'appeler à mon secours au lieu de le traiter en ennemi : je vais faire à l'objection cette réponse plus complète : « Ceux qui vivent en société peuvent parler de liberté perdue, mais sans supposer cependant qu'ils font un vrai sacrifice.

Pour nous bien expliquer, remontons aux principes. La liberté, nous l'avons dit, demande essentiellement qu'un être se meuve sans obstacle selon l'impulsion propre de sa nature : or, naturellement l'homme se conçoit d'abord individu, puis famille, enfin société publique ; et ce développement successif de l'humanité idéale correspond à l'évolution historique. Nous en avons la preuve dans l'Ecriture et dans la tradition de la mythologie elle-même : on y raconte la création d'abord de l'individu, puis de la société domestique, enfin la transformation de cette dernière en société politique. S'il est naturel à l'homme de vivre dans ces trois états, il doit avoir respectivement dans chacun une espèce de liberté différente de celle qu'il a dans les deux autres ; et dans chacun cette liberté devra subir une certaine modification lorsqu'il passera dans un autre état. C'est pourquoi l'on pourra dire moins libre l'individualité dans la famille, moins libre la domesticité dans l'État, enfin moins libre la nationalité politique dans la catholicité, qui est l'union de toutes les nations. Oui, l'on pourra parler ainsi, mais à la condition de faire tomber cette diminution sur l'attribut... individu... domestique, etc., et non sur le sujet homme. Car, destiné à toutes ces évolutions sociales, l'homme, loin de perdre, gagne au contraire en passant à chaque nouveau degré... Moins libre est son individualité quand il passe dans la famille, moins libre sa domesticité, etc... ; mais plus libre est l'homme lui-même en devenant membre de ces différentes sociétés.

361. — La réponse est donc claire : l'on ne peut pas dire que l'homme sacrifie sa propre liberté ; puisqu'évoluer en mieux n'est pas un sacrifice ; puisque ce changement est un effet naturel de son passage à une condition meilleure (le Créateur n'a-t-il pas voulu donner une compagne au premier homme ?) puisque les liens dont l'homme se charge successivement, en montant à des sociétés plus élevées, sont des liens moraux qui

l'aident à perfectionner sa liberté, au lieu de la lui enlever ; enfin puisqu'en les voyant s'augmenter il voit en même temps tomber les mille entraves de la servitude matérielle.

Voyez le sauvage : si vous le comparez avec un homme, membre de la famille ou de la société civile, etc., vous direz que, chez lui, la liberté de l'individu est entière ; mais vous constaterez aussi de vos yeux combien son esprit et son corps acquièrent de vraie liberté et de vraie perfection, à mesure qu'il multiplie ses relations et les liens moraux qui en sont la conséquence. Dans son antre, le sauvage n'est lié que par la loi de l'honnêteté morale ; mais quel est l'ennemi, la bête féroce, l'élément dont il n'a pas à redouter les attaques? Qu'il devienne pasteur et qu'il établisse sa tente au milieu des prairies avec sa famille : il sera lié par les devoirs de la société domestique, c'est vrai, mais il sera délivré de mille nécessités qui le poursuivaient au milieu des forêts et le forçaient d'affronter mille périls pour ne pas mourir de faim. S'il quitte la vie nomade pour entrer dans une société politique, il sera lié par les relations civiles; oui. Mais de combien de maux ne sera-t-il pas préservé? — Plus de crainte des ennemis, plus d'inquiétude pour sa nourriture; et au lieu de privations de toute sorte, les avantages d'une civilisation qui lui procurent le moyen de cultiver les arts, les sciences, etc. Une ville isolée est moins sûre et moins libre qu'une nation puissante, et si toutes les nations s'unissaient pour réaliser l'idée de cette société parfaite où la morale évangélique régnerait dans l'ordre politique et dans l'ordre international, alors le catholique, lié par toutes les lois morales, domestiques, civiles, politiques, internationales et religieuses, pourrait jouir de la liberté à son degré suprême. Dans les relations correspondantes à ces différentes sphères de la société, il serait obligé de vivre selon les sentiments de sa propre nature ; mais il serait en même temps affranchi de tous les esclavages dont ces sociétés sont le correctif. Ni la misère du sauvage, ni l'oppression d'un maître dans la famille, ni la domination d'une féodalité quelconque, ni les séditions et perturbations nationales ne pourraient lui créer d'obstacle durable : il jouirait sans entrave de tous ses droits, si à la tête de cette société universelle se trouvait une autorité infaillible dans ses principes, juste dans ses décrets, irrésistible dans son action. — Nous estimons le citoyen soumis à un code étendu plus libre que le manant qui ne connaît presque aucun code, mais qui dépend des caprices d'un seigneur. Ainsi devons-nous admettre que le catholique gouverné mais justement, d'après six ou sept codes, est sept fois plus libre que le sauvage qui n'en soupçonne pas même l'existence.

362. — Comment, dira-t-on ? La liberté croîtrait avec le nombre des liens moraux qu'ils imposent ! Non, c'est un paradoxe.

Pourtant, il en est ainsi : la répugnance que l'on croit voir ici n'est qu'apparente ; elle vient de ce que l'on considère le côté matériel dans les actions de l'homme et qu'on oublie l'unité de ses opérations intellectuelles. La même chose se produit dans l'art lorsqu'on se sert de différentes matières pour réaliser une idée. Ainsi par exemple, diverses sont les méthodes très simples employées par un charpentier pour former un ceintre, par un maçon pour construire une voûte et par le tailleur de pierres : mais l'architecte et le géomètre voient dans une seule idée, celle de l'ellipse, la raison des différentes règles suivies par ces trois ouvriers; et la variété vient de la différence des matières auxquelles l'idée s'applique. Direz-vous que l'architecte est moins habile parce qu'il est obligé de se conformer à ces trois manières d'appliquer un seul théorème ?

Eh bien! il en est de même de l'homme dans l'ordre moral. Il n'y a qu'un lien, l'honnêteté ; mais, mettez cet homme en relation avec dix personnes par le moyen de cent éléments matériels, l'unique loi de l'honnêteté se multipliera, dans ses applications, par ces deux quantités; et si, au lieu de dix personnes, il y en a mille avec des milliers et des millions d'éléments matériels, les lois de l'application se multiplieront dans la même proportion, sans que pour cela se multiplie l'unique lien de l'homme, la loi de l'honnêteté. Donc croire que l'homme est plus lié et moins libre à mesure que croît pour lui le nombre des relations sociales, c'est confondre le principe avec les objets de son obligation. L'on peut se convaincre de la fausseté de cette idée par la conséquence qui en découlerait : car si quelqu'un fait consister la perfection de la liberté humaine dans l'isolement de toute relation, et si, d'après lui, toute relation nouvelle constitue une nouvelle chaîne, il doit admettre que l'homme libre serait un individu lancé dans le vide, loin de tous les autres et ne gravitant que sur lui-même. — Oui ; mais selon la nature cet homme serait parfaitement déshumanisé ! Les relations avec l'univers sont destinées à former l'homme selon le type divin de l'intelligence créatrice ; et notre nature nous incline à ces relations. Si bien que si nous ne rencontrions ni dans nous ni dans les autres aucun obstacle à ces relations, la liberté humaine serait en nous à son point culminant. Le sentiment de l'honnêté et de nos devoirs croît donc avec la connaissance de nos relations sociales ; et regarder le devoir comme une perte de la liberté, c'est placer la plus haute perfection de l'homme dans le dernier degré de l'ignorance.

363. — Et maintenant allez prêcher au peuple la gloire et les avantages de l'indépendance sans frein ; dites aux individus que par le divorce et en brisant le lien conjugal ils se délivreront de la prison pour retrouver la liberté ; que l'on conquiert la liberté par la sédition et en jetant bas l'autorité sociale ; qu'agrandir son territoire par d'injustes conquêtes, c'est s'assurer l'indépendance nationale ; que rejeter l'unité de la foi, c'est conquérir la liberté de la pensée, oh ! alors vous pourrez vraiment nous vanter le progrès ! Seulement ce progrès consistera à méconnaître la nature des êtres, à renier toutes les lois de la logique, et à s'abîmer dans la nuit de la plus profonde ignorance. Il aura atteint la perfection de la plus haute liberté.

364. — C'est précisément vers ce terme que nous pousse le rationalisme protestant (et déjà nous avons fait beaucoup de chemin). En abolissant, comme nous

l'avons vu, toute certitude publique, il rend impossible la vérité sociale ; il brise tout lien de droit. Une vérité incertaine équivaut en effet à une vérité que l'on ne possède pas ; puisque posséder la vérité veut dire l'embrasser par l'intelligence, y adhérer, s'y reposer. Une doctrine qui accorde la certitude à toutes les opinions les plus opposées l'enlève réellement à toutes et revient à cette absurde proposition : « Tout est vrai, tout est faux. »

Voilà donc établi le dogme de l'ignorance pleine et absolue, dans laquelle certains, après Mazzini, placent le progrès des lumières. A la pleine ignorance correspond la pleine indépendance de la pensée, de la conscience, du culte, etc., idéal du progrès de la liberté civile.

Si c'est là le but visé par tous ceux qui nous invitent à régénérer l'Italie et toute autre nation, qu'ils le disent ouvertement. Mais qu'ils ne comptent pas sur le concours de l'Église (1). L'Église connaît et prêche la régénération catholique, la liberté catholique, fille de la foi. Elle ne s'attardera jamais à prêcher aux peuples l'unité du doute et la liberté de l'ignorance. Elle continuera à enseigner que la liberté est une perfection de la nature non enchaînée par des lois qui répugneraient à ses attributs ; que non seulement il n'est pas contraire, mais qu'il est essentiel à la nature humaine de vivre selon l'ordre ; que l'ordre est ce qui unit le multiple, et par conséquent qu'il ne peut exister sans lois ; que par suite

(1) Taparelli dit : le clergé italien... on peut donner à sa pensée toute son étendue légitime.

la loi est le bien de la liberté ; que plus l'ordre est universel, plus nombreuses sont aussi et les relations et les lois qui guident l'honnêteté dans ces relations ; que l'honnêteté n'est rien autre chose que la perfection de la volonté et de l'action gouvernée par la droite raison, enfin que cette direction est selon la nature et constitue par conséquent la perfection de notre liberté.

365. — Quand donc le législateur promulgue pour le bon ordre de la société, des lois conformes à la raison, il ne demande point aux sujets de sacrifier leur liberté ; il leur donne des moyens pour la perfectionner et pour l'accroître ; il ne leur demande pas une compensation, il leur intime un devoir. — Que si, pour notre malheur, nous en sommes réduits à ce point de désorganisation que le législateur demande humblement son assentiment au sujet et que celui-ci le donne comme une faveur, cela est venu de ce que l'esprit de la Réforme s'est infiltré dans toutes les fibres de la société catholique, cet esprit a desséché la source de la vérité ; avec la vérité, il a détruit l'ordre ; avec l'ordre, le droit, avec le droit, l'autorité, et avec l'autorité, toute unité sociale. Rappelez-vous, cher lecteur, combien de fois, dans le cours de ce traité, nous avons mis à nu la fausseté des idées protestantes et rationalistes sur la liberté. Répandues dans toutes les têtes réformées et dans les gouvernements modernes par l'esprit du siècle, elles ont sans cesse essayé de pénétrer toutes les institutions de leur erreur spéculative, et par conséquent travaillé à amener, si je puis dire, ce qui arrive toujours en pareil cas, la contradiction dans la doctrine et un

désordre ruineux dans toutes les parties de la société.

Nous en serons convaincus immédiatement en traitant de la liberté de penser, ou plutôt de la liberté de la parole et de la presse. Luther en donnant à chaque individu le droit d'interpréter, à sa façon, la parole révélée, avait implicitement dégagé la pensée de toute loi, même devant la conscience. Or, une fois admise la liberté de penser, on glisse naturellement à la liberté de parler; et cela, vous le comprenez, parce que la liberté de la parole et de la presse est devenue une sorte de droit indiscutable aux yeux de ceux qui ont accepté l'erreur hétérodoxe comme le principe moteur de la société.

Examinons donc cette espèce de liberté dans ses principes et dans ses conséquences. Voyons comment le dissolvant de l'unité sociale chez les nations soumises au régime représentatif moderne naît, non point de la nature propre des gouvernements tempérés, mais de l'esprit protestant et rationaliste qui les a pénétrés et qui les conduit.

CHAPITRE II

La Liberté de la Presse

§ I

LA LIBERTÉ DE LA PRESSE, CAUSE DE LA DISCORDE RELIGIEUSE

366. — Chose étrange ! Jamais, comme à notre époque, on n'a fait retentir partout ces grands mots d'unité sociale, d'unité nationale...! Et jamais on a répandu avec autant d'aveuglement et d'opiniâtreté tous les éléments de la discorde dans la société. — Car, on ne peut le révoquer en doute, point d'apôtre de l'unitarisme qui ne revendique et comme un droit essen-

tiel et comme un moyen de régénération sociale l'absolue liberté de la pensée, de la parole et de la presse.

En Italie les journaux mazziniens (1) n'ont-ils pas répété mainte fois que, dans la lutte engagée entre la libre pensée et la Papauté, celle-ci reviendrait nécessairement à son système d'anathèmes, mais que la Révolution, fille du droit d'examen et de la philosophie, était irréconciliable avec le catholicisme orthodoxe? D'autres écrivains moins osés, l'illustre Galeotti, par ex. (2), n'ont-ils pas écrit que la funeste tyrannie de la censure préventive était incompatible avec les nécessités de notre temps, et qu'il faut respecter jusqu'au scrupule la liberté de la discussion? Enfin les journaux catholiques eux-mêmes (3), sans approuver le principe, n'ont-ils pas constaté le fait?

« Nous tenons pour évident, dit « l'Armonia », que la « liberté d'enseignement descend en droite ligne de la « liberté de penser ; liberté qui est aujourd'hui la base « de tous les états constitutionnels et représentatifs. »

Le fait est donc indéniable, il saute aux yeux.

367. — Supposons néanmoins que quelqu'un s'avise de le contester.

Eh bien ! lui dirons-nous, écrivez, publiez hautement que la pensée, dans les mille formes qu'elle revêt pour s'externer, relève des autorités sociales et dans le catholicisme spécialement de l'autorité de l'Église ; —proclamez que l'audacieuse violation de telle et telle loi du

(1) « Le Peuple », 15 août 1851.
(2) Considérations sur la Toscane.
(3) L'« Armonia », 23 décembre 1850.

Concile de Trente par un prince catholique est une indignité; que l'impudeur et la détraction ont été lâchées comme des furies contre l'honneur des familles; qu'elles perdent les enfants, corrompent les peuples... et que l'usage d'une pareille liberté, au vu et au su d'un gouvernement, est un outrage aux lois les plus sacrées et à l'honnêteté de la conscience... concluez enfin que tous les États doivent rayer de leur législation la liberté de la presse; oui, osez dire tout cela. Et alors je conviendrai que le principe protestant n'a point été admis par les peuples modernes comme la base de leurs gouvernements.

Mais non, vous ne tiendrez point ce langage : au commencement de ce siècle il eût déjà passé pour blasphématoire aux yeux de la jeune Europe... Ce serait aujourd'hui aux yeux de tous les publicistes une erreur et une tentative insensées. Tous vous crieraient qu'un gouvernement représentatif est impossible sans discussion, et qu'il n'y a pas de discussion, sans la liberté de la presse? Et de fait quel est, parmi les États modernes, celui qui a fermé sa porte à cette liberté?

368. — Nous voilà donc bien d'accord, cher lecteur : la liberté absolue de la presse est, selon les idées courantes, un attribut essentiel des gouvernements modernes.

Je vous ferai maintenant une seconde question : « Pouvez-vous nier que la liberté de discussion parlée ou écrite découle nécessairement du principe protestant et que cette liberté a toujours été repoussée, toujours exécrée par les États du Moyen-âge, dont se réclament cependant les panégyristes des gouvernements modernes? Non; vous ne le pouvez pas : car nous avons encore les oreilles remplies de ces sarcasmes méprisants lancés contre les esclaves de la tiare, de la théocratie, de l'inquisition, du monachisme... Et le Concile de Trente, répète-t-on, n'a-t-il pas confirmé et proclamé cette série de canons et de décrets qui étaient si respectés des anciens pouvoirs politiques, mais qui ne servent qu'à enchaîner la plume des écrivains, les lèvres et jusqu'à la pensée de l'homme? Non; non : qu'on ne se réclame point des gouvernements du Moyen-âge, ni de leurs parlements, diètes, états, sénats ou assemblées quelconques. Rien chez eux ne peut être invoqué en faveur de ces gouvernements représentatifs modernes qui veulent se fonder sur la liberté absolue de penser comme sur leur base propre... Les anciennes assemblées dont l'épiscopat était toujours une notable partie n'ont point connu cette base.

360 — Au contraire, à peine le Protestantisme fut-il sorti du puits de l'abîme, qu'il fit entendre son premier hurlement pour demander à l'Europe étonnée le droit de discussion. Parmi les légats du Saint-Siège, les uns répondirent par un refus; les autres, comme en Allemagne, par une permission. L'on fit l'essai de ce pugilat d'un nouveau genre, avant même que le Concile de Trente en eût discuté l'opportunité et signalé les périls. Et dans les annales de l'époque, rien n'est plus fameux que les conférences tempétueuses de Leipsick, de Worms et de Poissy, avec leur résultat habituel; c'est-

à-dire : les adversaires restant, après comme avant, fidèles à leurs idées respectives.

370. — La discussion, à l'origine du Protestantisme, roulait sur des questions religieuses. On est descendu depuis aux questions de droit politique, civil, juridique, municipal. Et quiconque est au courant du journalisme libéral sait très bien qu'en voyant la liberté de discussion frapper à la porte des conseils provinciaux et municipaux, le « Statuto » de Florence (1) sentit le frisson courir dans ses veines. Pour empêcher les conséquences logiques du principe, il prétendit qu'il ne fallait point l'exagérer. Peu nous importe de savoir si ce journal eut gain de cause : ce qu'il nous faut montrer, à la lumière de l'histoire, c'est que la liberté de la discussion est un fruit naturel de la Réforme. Elle s'est appuyée à sa naissance, sur les raisons que débitent encore aujourd'hui les apôtres des régimes modernes (2).

371. — Du reste, si vous remontez du fait à l'idée, vous verrez combien est rigoureuse, même contre son gré, la logique de la multitude, et combien les journaux qui veulent en modérer les influences sont vite dépassés par leurs adversaires. Car, en réalité, qu'est-ce essentiellement que le principe protestant sinon, comme nous l'avons dit ailleurs, l'indépendance même de la raison individuelle ? Or, ce principe une fois admis, voici comment raisonnent les publicistes protestants... « Chacun a le droit et le devoir de conquérir le

____

(1) Le « Statuto », 20 avril 1850.
(2) Voir Pallavicini, « Hist. du C. de Tr. », liv. I, c. 9 à 16, 25, 26; L. XII, c. 15, etc.

bonheur; et pour cela d'écouter et de suivre sa raison propre, sans que celle-ci soit obligée de se soumettre à aucune autorité dans ce monde : donc chacun doit choisir par lui-même le moyen d'arriver au bonheur... D'un autre côté l'autorité et la loi sont des moyens de devenir socialement heureux; donc chacun doit choisir par lui-même l'autorité et la loi auxquelles il veut se soumettre. Enfin, l'on ne peut tomber d'accord sur l'autorité et sur la loi que si on les discute; et la discussion n'est possible qu'avec la liberté de la parole et de la presse; donc chacun a le droit individuel de publier librement ses propres idées. »

Examinez tout à votre aise cet argument et cherchez s'il pèche par quelque endroit. Non; il n'y a pas de dialecticien, s'il admet une fois l'indépendance de la raison, qui en puisse nier la conséquence. En le présentant, j'ai supprimé certains termes, c'est vrai; mais tout lecteur les supposera et constatera que le raisonnement est inflexible comme une ligne droite.

Nous pouvons donc conclure, me semble-t-il, que la liberté de discussion, inconnue des gouvernements tempérés du Moyen âge, est un fruit naturel et nécessaire de l'esprit protestant : et que nous sommes d'accord sur ces 2 points mieux établis que jamais : 1° les États modernes ne méritent ce nom, aux yeux de leurs partisans, que s'ils donnent aux citoyens la pleine liberté de la pensée et de la parole; 2° cette liberté est une conséquence indéclinable du principe protestant.

372. — Reste à mettre en lumière la mineure de mon argument, c'est-à-dire la proposition suivante : « Or, dès

que l'on a accordé à un peuple la pleine liberté de parler, on a jeté dans son sein un dissolvant irrésistible de son unité nationale. »

Prouvons-le d'abord par la liberté de la presse considérée non dans ses effets, mais d'après sa nature. Et montrons que c'est une institution anticatholique.

373. — Avec vous, cher lecteur, je parle en ami; et je n'ai point à me mettre en garde contre cette accusation : « que je veux ici courtiser le pouvoir et m'agenouiller devant l'infaillibilité ministérielle »; politesses dont nos adversaires sont coutumiers.

J'y répondrai lorsque je traiterai de l'enseignement en général. Tout au plus pourriez-vous craindre de me voir enchaîner la pensée sous le joug de l'Église. Or, cette accusation, je la redoute si peu que je vais l'exposer tout d'abord, et en tirer la première preuve de ma proposition. Oui, oui; disons-le hautement : la constitution qui établit la liberté absolue de la presse est une constitution essentiellement anticatholique et c'est précisément pour cela qu'elle devait jeter en Italie (1) un tison de discorde et briser cette unité religieuse, restée seule debout au milieu de tant de ruines, comme l'observait sagement Maxime d'Azéglio (2) lorsqu'il exhortait ses concitoyens à conserver au moins ce dernier rempart de l'unité nationale. Oui, avant même que la liberté de la presse, se répandant comme un poison, ait, avec le temps, corrompu les esprits, l'unité religieuse est frappée à mort. La liberté jette ses éléments de ruine dans

(1) Comme en toute nation qui admet cette liberté.
(2) Programme pour former l'unité d'opinion en Italie.

toute la société, du jour où elle est établie publiquement : car une pareille constitution est en soi une abolition légale et authentique de l'unité religieuse.

374. — Exagération rétrograde de la doctrine catholique, me diront ici quelques écrivains..! Et tout triomphants, ils me présenteront cet opuscule (1) où Mgr Parisis justifiait les catholiques français de réclamer, il y a quelque temps, la liberté de la presse. « Voyez, me diront-ils, votre catholicisme outré! Cette institution qu'un évêque réclame en France comme une faveur, et cela aux applaudissements d'autres évêques, des prêtres et du peuple catholique, vous voulez que nous la regardions, en Italie, comme un tison de discorde?

375. — Vous le voyez, cher lecteur, je ne dissimule point la difficulté. Mais, à vrai dire, je n'ai pas là grand mérite, puisque l'autorité qu'on m'oppose est toute en ma faveur. En effet, lisez à fond l'illustre évêque de Langres et vous verrez de suite dans quelles limites il restreint sa proposition... Point de doute; lorsqu'une nation est déchirée par tant de partis et par tant d'opinions, quand, par une conséquence nécessaire, elle est soumise à un gouvernement ou indifférent ou impie, alors, il est licite aux catholiques de demander la liberté absolue, car, dans de telles conjonctures, ils la demandent comme une planche au milieu du naufrage, afin de sauver la liberté de l'Église. — Mais cela veut-il dire que l'Église aime la liberté absolue et la tient pour un état normal? Elle l'aime; mais comme le navigateur aime le naufrage, afin de se jeter ensuite sur une planche

(1) Cas de conscience. 1847.

pour échapper aux flots irrités! — Voilà, cher lecteur, ce que tout bon catholique doit penser de cette liberté frappée tant de fois par les anathèmes de l'Église!

376. — Mais, sondons jusqu'au fond la plaie faite à tout cœur catholique et par suite à la concorde nationale par cette fatale institution. — Pour cela, débarrassons-nous un peu des entraves de l'opinion moderne; laissons ces déclamations bruyantes contre l'obscurantisme, qui troublent, même parfois chez de bons catholiques, la vue et le sentiment de la foi et cherchons à bien comprendre toute la vivacité des impressions que la liberté absolue de la presse doit produire sur le cœur d'un vrai fidèle.

Que ressentira donc et que craindra tout catholique sincère et fervent, en entendant proclamer comme une loi la liberté de la presse?

« Quoi! s'écriera-t-il, la presse libre absolument! Il me faudra donc voir insulter mon Dieu sur toutes les places de la cité, dans toutes les colonnes des journaux, au milieu des orgies du café, du théâtre, du cabaret, etc...! Et mes enfants? Et ma femme? Et mes domestiques? Avec quelle circonspection j'avais jusqu'ici sauvegardé leur foi, assuré leur éternel bonheur, placé leur esprit, leur cœur, toute leur conduite sous les ailes d'un Dieu qui voit tout, juge et récompense tout! Hélas! soins et dévouement inutiles! Ces chers petits feront-ils maintenant un pas, sans marcher sur le bord d'un abîme? Et leurs yeux pourront-ils se soustraire aux attraits de tants de livres corrompus? S'ils ne les lisent point, n'en entendront-ils pas les récits? Tableaux, gravures, affiches, ne les solliciteront-ils pas de tous côtés? Et s'ils restent modestes, fermeront-ils leurs oreilles aux discours de leurs compagnons d'école ou de collège? Qu'en une journée de malheur un doute pénètre dans l'esprit d'un de ces petits, il suffira pour éteindre en lui le flambeau d'une foi naissante. — Et la voilà perdue pour Dieu cette chère âme que je lui avais offerte; la voilà perdue pour mon amour et loin de mes embrassements, la voilà perdue pour toujours! Ah! maudit soit l'impie contre lequel crieront vengeance et la postérité et l'histoire; cet impie qui, au lieu de raffermir notre unité, ne nous a donné que honte et que ruine avec la liberté sauvage de nous damner!

377. — Ne vous étonnez point, cher lecteur, de ces cris d'indignation. Rappelez-vous plutôt ce qu'est pour un catholique la vie éternelle, la foi, l'Église en dehors de laquelle il n'y a pas de salut. Alors vous ne trouverez pas même l'ombre d'une exagération dans ces plaintes d'un vrai chrétien.

Or, grâces à Dieu, les catholiques fervents ne manquent point en Italie; et chaque jour, l'Église, comme c'est son devoir, excite et développe ces sentiments dans leur cœur. Voilà donc du premier coup l'Italie divisée en deux parts (1).

Pour vous qui vous scandalisez de la foi vive et ardente de ces hommes incapables de courber leur conscience devant certaines idoles italiennes, appelez ces vrais catholiques de tous les noms qu'il vous plaira : appelez-les fanatiques, néocatholiques, ultra-croyants...,

(1) A fortiori dites la même chose de la France depuis 100 ans.

publiez à son de trompe que ces citoyens excentriques
no sont après tout qu'une poignée de réactionnaires,
etc... Tout cela ne changera point l'état des choses, qui
est celui-ci : « Les catholiques (et ils sont en Italie un
peu plus qu'une poignée) continueront de croire et de
dire que la liberté effrénée de la presse met en péril les
âmes qui leur sont les plus chères; que ces âmes étaient
jadis à l'abri du danger, grâce à la censure ecclésiastique; que l'abolition de cette censure est un acte contraire aux saints canons, et signifiant que l'État ne se
gouverne plus selon la doctrine de l'Église, qu'il ne la
reconnaît plus comme une maîtresse infaillible, bref :
que l'État n'est plus catholique. »

Tout cela est compris dans cette loi d'émancipation
de la presse vis-à-vis de l'Église. Cette loi est donc
essentiellement une rupture de l'unité catholique et
par suite de l'unité nationale en Italie : c'était précisément la troisième proposition que j'avais à démontrer.

Cela ne veut point dire, cher lecteur, que le catholique n'admet pas pour la presse une liberté modérée.
Les observations du comte Laderchi, défendant l'édit
pontifical du 15 mars 1847, en montrent la bienveillante
largeur, bien qu'il ait été foulé aux pieds par les ennemis de toute dépendance. Elles font voir que si, pour
contenir ici ou là des bêtes féroces, il a fallu raccour-
cir la chaîne ou fortifier la muselière, cela ne vient point
du caractère toujours très doux du catholicisme, mais
bien de la contradiction inhérente à la Réforme. Elle
réclame sans cesse plus de liberté et, pour en corriger
les abus, elle ne connaît que la servitude. Fille naturelle

du paganisme, elle en reprend les mœurs et elle retourne, sans s'en apercevoir, à cette politique qui ne concevait point un peuple sans la servitude. Le peuple en effet est toujours tel : « Dégagez son esprit et sa conscience de toute soumission ; vous serez alors forcé de lui lier les bras. »

378. — Voilà donc le premier fruit de la division : la mise au jour d'un parti plus ou moins irréligieux qui couvait inaperçu au sein de la patrie commune. Soit respect du public, soit crainte de la loi, cette minorité n'osait se manifester (1), et, sans elle, personne de nos jours, pas plus qu'au moyen-âge, n'eût entrepris de bouleverser l'opinion.

379. — Bien plus ; ce parti eût-il existé d'avance, qu'il n'eût déterminé personne à dogmatiser, si une expresse concession n'eût commencé par enlever à l'athéisme devant la conscience publique la note d'infamie dont il était justement marqué. La fraction irréligieuse le comprenait du reste... Et tout en se cachant elle préparait tout pour l'accomplissement de son dessein : de longue main elle travaillait l'opinion ; elle accréditait même auprès des catholiques le prétendu droit de manifester publiquement ses idées. N'est-ce pas, disait-elle, la conséquence du droit de croire vrai objectivement ce qu'une lumière subjective nous présente comme tel ? Cette lumière est, selon Luther, le Saint-Esprit ; selon le rationalisme dogmatique, l'évidence ; et selon la critique allemande, le noumène. D'après nous, gens simples qui voulons comprendre et

(1) Voir « Essai théorique, » tome III, 869 et suivants.

nous faire comprendre, c'est une idée, une imagination, ou une monomanie... Mais une fois admis ce principe protestant : « que notre idée, au moins quand elle est vraie et irrésistible, celle d'un maniaque, par exemple, nous donne le droit de la croire vraie objectivement », il est sûr que le droit de la manifester en découle logiquement. — Car on ne peut le nier : toute intelligence a droit à la vérité et la vérité seule a droit de régner sur les intelligences.

380. — Or, ce droit absolu de publier la vérité, tant vanté au xviiie siècle, beaucoup de catholiques, les uns tièdes, les autres mal instruits, irrésolus, ont fini par le reconnaître plus ou moins... Les hérétiques les avaient d'abord injustement condamnés; ils les ont ensuite enlacés dans leurs sophismes. — Et combien qui se disent encore catholiques et qui répètent à tout venant : que la foi ne doit pas être imposée par la violence ; que Dieu n'a point besoin du bras séculier pour obtenir l'assentiment des intelligences ; que la vérité par sa beauté naturelle sera toujours la reine de la raison, pourvu que celle-ci soit libre, etc., etc. Enfin ces hommes se sont persuadé que les quelques intelligences dévoyées parmi les catholiques avaient le droit de publier leur erreur, au moins pour retrouver la lumière. Et c'est ainsi que pour eux la liberté de la presse est devenue une œuvre de miséricorde spirituelle en faveur des mécréants, un aiguillon pour stimuler le zèle des maîtres de la vérité.

381. — Bonnes gens! Ils n'ont pas réfléchi que le monstre de l'erreur est un ours furieux; que si on le

musèle, on n'a point pour but de le convertir, mais bien d'en délivrer les habitants d'un pays... Ils n'ont pas réfléchi que si l'homme peut être, absolument parlant, sauvé par Dieu seul, et sans le secours des lois humaines, il ne s'ensuit pas le moins du monde qu'il soit dispensé de coopérer à l'action divine. Autrement, nous pourrions, confiants dans la seule Providence, ne pas nous occuper de conserver et de défendre notre corps, ne point faire de lois sociales pour nous procurer des vivres et pour incarcérer les assassins. Ils n'ont pas pensé que si l'empire de la vérité sur les esprits n'a pas besoin d'être défendu, ils devront commencer par abolir toutes les chaires de l'enseignement, tous les grades universitaires, toutes les patentes de l'industrie, et laisser tous les charlatans libres de vendre leurs drogues et leurs poisons; le bon sens du peuple saura les discerner. Ils n'ont pas pensé que si les égarés méritent de la compassion, les séducteurs méritent d'être châtiés et que les innocents ont le droit d'être défendus; enfin que si la compassion envers les égarés doit être le fait des individus, le châtiment des séducteurs n'appartient qu'à l'autorité publique. Ces raisons et beaucoup d'autres semblables, soit ignorance, soit légèreté, soit inexpérience, n'ont point été pesées par beaucoup de catholiques... Et comme, d'autre part, leur docilité envers l'Église était sourdement minée par un ver rongeur, ils se sont mis, sous différents prétextes, à considérer les définitions de l'autorité ecclésiastique comme quelque chose de négligeable... L'Église, ont-ils dit, fait des définitions par intérêt, et dans sa propre cause;

elle est incompétente dans les questions philosophiques et politiques, elle obéit à l'ambition des cardinaux, aux rancunes des scolastiques, aux intrigues des diplomates, et à la cabale du Jésuitisme.

382. — Grâces à ces dispositions, hélas! trop communes, l'esprit d'hérésie et un voltairianisme occultes ont trouvé faveur auprès de beaucoup de catholiques parlementaires en Italie et ailleurs. Ignorants ou peu soucieux des définitions doctrinales, des prescriptions des papes et des conciles en ces matières, ils ont surtout négligé celles du Concile de Trente et de Grégoire XVI (1). Là-dessus, quelqu'un ayant proposé à la Chambre de laisser à l'erreur toute liberté, ces parlementaires n'eurent pas de peine à faire triompher leur opinion... Et aussitôt l'on vit ces monstres jusqu'alors peu nombreux sortir de leurs antres et se multiplier sans mesure; les uns poussant des cris audacieux, les autres entraînant les timides et écartant leurs défenseurs; ceux-ci trompant les simples par des sophismes; ceux-là empêchant de les désabuser.

383. — Eh bien! je vous le demande ; une fois cette engeance de gladiateurs lâchée dans l'arène sociale, est-il possible qu'une nation retrouve la paix, la concorde, l'unité d'esprit ?

384. — Je rougis, l'avouerai-je, d'avoir à démontrer

---

(1) Le grand pape, en effet, a condamné, dans son Encyclique du 15 août 1832, cette liberté funeste et qui ne pourra jamais être assez détestée, la liberté de la presse... que d'anciens osent bien appeler de leurs vœux... Oui, ces hommes, oh douleur! poussent l'impudence jusqu'à soutenir que le déluge des erreurs est bien compensé par un livre en faveur de la vérité !!

— Voir aussi 5e Concile de Lat. et Concile de Trente.

qu'un peuple a dit adieu à la paix, à la concorde et à tout esprit national, quand il a laissé fondre sur lui la noire tourmente des erreurs les plus insensées. Comment ! On répète sans cesse que le monde aujourd'hui est un monde éclairé ! Et ce monde est assez aveugle et assez obtus, pour ne pas comprendre qu'il y a une nécessaire connexion entre la pensée et l'action, entre la lutte de la pensée et la lutte de l'action ! Mais cela serait peu de chose : ce qui change ma honte en indignation brûlante, c'est de voir, non pas que l'on nie cette connexion, car on ne l'ignore point, mais qu'on la nie parce qu'on a le fol espoir de paralyser le mal... Oui ; l'esprit protestant répand parmi ses adeptes les doctrines les plus funestes afin de vassaliser à son profit leur facile et vénale conscience ; mais il arrêtera, dit-il, au moment voulu toute conséquence pratique, tout dissentiment avec un seul mot de menace à la bourse et aux propriétés.

385. — En effet nous avons vu, il y a peu de temps, que les évêques anglicans qui avaient tenté de se réveiller et de reprendre un peu d'indépendance vinrent bientôt, aux premières menaces du ministère, se calmer et s'endormir à la porte du trésor public.

Cette indifférence politique a tout calculé pour naviguer toujours dans des eaux tranquilles... Peut-être ; mais elle n'a point compté sur un écueil, celui de la conscience catholique.

Et celle-ci est tellement exclusive, tellement intolérante que si elle s'obstine à dire une bonne fois « non licet », elle est capable de bouleverser toutes les intelligences de la société. — Cherchez maintenant le moyen d'avoir la paix.

386. — Ici, cher lecteur, vous avez l'explication du phénomène universel que présentent toutes les sociétés modernes — je veux dire : la tolérance de toutes les opinions, excepté de la vérité catholique. Chose vraiment stupéfiante ! Vous entendrez ces publicistes exalter la religion catholique comme l'unique espérance de la société, la consolatrice des malheureux, le plus fort soutien des gouvernements, parce qu'elle est plus puissante pour faire accepter et aimer l'ordre public ; point de philanthrope que ces éloges ne fassent pleurer de tendresse. Et pourtant, après toutes ces démonstrations d'estime pour la doctrine de l'Évangile, point de gouvernement moderne qui, fasciné par la Circé protestante, ne garde rancune à l'Église ; point qui n'ait toujours les yeux ouverts sur les consciences catholiques et ne découvre en elles, non pas la flamme inextinguible de la vérité, mais un tison de discorde.

387. — Le phénomène est stupéfiant ; il n'est point inexplicable.

Car, partout ailleurs, la discorde religieuse, déchaînée par les débauches de la presse, pourrait bien, après une fièvre d'excès, ou disparaître un instant ou s'endormir lasse et rassasiée. Mais cela n'arrivera jamais dans un pays catholique où vivent ces sentiments qui, nous l'avons vu, se révoltent contre la loi de la presse, aussitôt qu'elle est proclamée et qui répugneront toujours, pour les mêmes motifs, à approuver la ruine de la piété et de la foi dans les âmes. Allez plus loin ; supposez une nation pervertie et à demi-incrédule. Tant que dans son sein la conscience catholique respirera encore, au moins sous l'action du sacerdoce, jamais dans cette nation la paix totale ne sera possible; toujours les erreurs devront y lutter publiquement contre les vérités éternelles même affaiblies et chancelantes. Renoncez donc à tout espoir de tranquillité même matérielle, despotiques contempteurs de la conscience humaine. Jamais vous ne piétinerez dans la fange de l'ignorance et du vice une nation qui, même à son déclin, se rappellera sa grandeur catholique. Toujours, jusqu'au plus profond de ses abaissements, elle aura des fils pour vous crier : « L'homme a un avenir éternel; cet avenir est son suprême intérêt, sa conscience est un juge légitime, et l'erreur son irréconciliable ennemi... A bas donc l'erreur. » Et cette voix de tonnerre pénétrant et échauffant ce bourbier le tiendra dans une ébullition perpétuelle. Et cette ébullition s'étendra à toutes les classes de la société. « Un corps politique ne devient nation qu'autant qu'il a une âme nationale, » disait l'illustre Rogier à la Chambre française, en parlant de l'unité de l'enseignement entre protestants et catholiques. Avant lui Vico avait dit, non de la doctrine en général, mais de la religion : « Toute cité divisée pour cause de religion est déjà ruinée ou bien près de l'être (1). » « Et voilà pourquoi, » dit encore Vico, « partout les hommes ont recherché, dans le mariage, des femmes qui eussent au moins quelques principes de religion communs avec leurs concitoyens. » Car les parents par l'éducation communiquent naturel-

(1) Vico, « Scienza nuova », t. I, p. 101.

lement à leurs enfants l'esprit des lois et de la religion. D'où ce fait historique qu'il n'y a jamais eu de nation athée... et même que très généralement les femmes ont eu la même religion que leurs maris. Enlevez pour un moment cette unité religieuse et dites-nous ce que deviendra l'unité de la famille. Si vous l'ignorez, apprenez-le d'un écrivain non suspect, de Michelet : « La famille est, dit-il, l'asile où nous voudrions tous, après tant d'efforts inutiles et d'illusions perdues, pouvoir reposer notre cœur... Nous revenons bien las au foyer... Y trouvons-nous le repos ? Nous pouvons parler à nos mères, à nos femmes, à nos filles des sujets dont nous parlons aux indifférents, d'affaires, de nouvelles du jour..., nullement des choses éternelles, de l'âme, de Dieu. Prenez le moment où l'on aimerait à se recueillir avec les siens dans une pensée commune, au repas du soir, à la table de famille : là, chez vous, à votre foyer, hasardez-vous à dire un mot de ces choses : votre mère secoue tristement la tête ; votre femme contredit ; votre fille, tout en se taisant, désapprouve. Elles sont d'un côté de la table ; vous de l'autre, seul. »

Voilà l'unité domestique du protestantisme flanqué du catholicisme. Ainsi, pas de milieu : ou il faut abolir l'un des deux, ou se résigner à une inévitable discorde.

§ II

LA LIBERTÉ DE LA PRESSE, CAUSE DE LA DISCORDE POLITIQUE

Sommaire : 388. La liberté de la presse cause de la discorde politique, déguisée sous des noms systématiques. — 389. Preuve d'autorité : C. Balbo. — 390. Le remède serait l'esprit chrétien. — 391. Néces-

388. — Allons plus loin et faisons une supposition impossible : « Vous avez endormi toute idée et tout espoir d'un avenir éternel? » Avez-vous par là pacifié la société ? — Vous en aurez changé le but, la direction. Oui. Quant au cœur humain, il en deviendra d'autant plus violent dans ses aspirations qu'il sentira mieux la soif inassouvie de ses désirs et l'impuissance des biens finis à satisfaire son besoin de l'infini. Bien politique, civil, domestique, individuel, voilà ce qu'il poursuivra ; mais dans chacun des ordres destinés à lui procurer ces biens, ce sera toujours la discorde et la guerre. Il est vrai, l'esprit de la réforme saura voiler cette discorde sous des systèmes accommodants et pleins d'attraits pour les sots : transaction nécessaire, nécessité des choses, disent les uns ; antagonisme vital sans lequel la société irait à la mort, dit Romagnosi ; développement des sept facultés de l'être social, selon Arhens ; exercice du devoir de la liberté, selon Cousin... ; opposition essentielle aux constitutions des États représentatifs, d'après les libéraux ; source de la richesse nationale, d'après les économistes ; principe de l'équilibre politique, prétendent les diplomates ; enfin, clament eux-mêmes les panthéistes : phénomènes et progrès du grand tout qui brise ses langes pour s'élancer hors de son berceau... Voilà quelques-uns des noms donnés à cette guerre par les inventeurs des systèmes politiques ; mais

pour le bon sens du peuple, cet état sera toujours la guerre. Et il faut ajouter : guerre sauvage, universelle, inévitable : sauvage, car, comme c'est le propre des biens sensibles d'irriter nos désirs s'ils nous manquent et de les enflammer toujours plus quand nous en jouissons, aucun parti ne voudra jamais renoncer à l'espoir de les conquérir ; guerre universelle, parce qu'il n'y a point d'homme, à moins qu'il ne soit divinisé par l'Évangile, qui ne s'attache à ces biens ; guerre inévitable, parce que, forcément renfermés dans les étroites limites du temps et de l'espace, ces biens appellent toutes les passions et tous les intérêts à se mesurer dans une seule arène.

389. — L'illustre C. Balbo n'a jamais passé pour un ennemi du système représentatif. Écoutez comment il montre que les intérêts politiques amènent forcément la discorde dans les gouvernements constitutionnels : « Dans ces fameuses années 46 et 47, dit-il, nous avons donné le spectacle d'une naïveté digne des Arcadiens. Du nord au sud de l'Italie, dans les îles, partout, nous avons prêché la croisade contre les autres partis politiques ; et nous avons dit, écrit qu'il ne devait plus y avoir qu'un seul parti, celui de l'Italie ; celui de son bonheur et de son intérêt. Comme s'il était possible que, dans un pays de 20 millions d'habitants, tous aient du bien public la même idée ; comme si les partis étaient autre chose que des opinions différentes sur l'intérêt commun...! Comme s'il était possible d'empêcher une telle diversité ! Comme si la manifestation de ces opinions si variées n'était pas

une des premières et plus utiles conséquences de toutes les libertés nationales.

Ici, remarquons-le bien, l'auteur parle des partis politiques avec la modération d'un esprit honnête et l'intention de les unir pour le bien de la patrie ; il dit ce qu'ils devraient être, non ce qu'ils sont en réalité... Il sait, aussi bien que nous, qu'en Italie et partout où les hommes sont nombreux, ils ne se laissent pas guider par le seul amour de la patrie... ; que des passions moins nobles les poussent vers ce qu'ils appellent l'intérêt du peuple, et qu'ils s'efforcent de les voiler sous un prétendu dévouement au bien public. Il sait donc que de là pullulent les partis politiques, tous appliqués à faire main basse sur les portefeuilles, les pensions, les emplois... et sur les autres morceaux plus ou moins friands..., aussitôt que leur chef aura remporté la victoire parlementaire.

390. — Ensuite le vaillant publiciste déplore tous ces noms fameux (il faudrait dire déshonorants) que prennent les partis dans la vie parlementaire : centre, droite, gauche, tiers-parti, parti volant, etc. A quoi servent, dit-il, toutes ces dénominations, sinon à fausser les esprits, à irriter les passions et à paralyser les hommes modérés sur toute l'étendue du continent. Il disserte ensuite longuement sur l'art de discipliner ces partis... Certes tout ami de l'ordre lui saura gré de ses efforts et leur souhaitera plein succès; d'autant que, catholique sincère, ce noble génie appelle à son aide tous les chrétiens, leur rappelant que c'est un devoir de contribuer à ce nécessaire résultat.

391. — Pourtant, qu'on me permette de le dire, minime sera toujours ma confiance, tant qu'à l'ombre du principe protestant tous les partis pourront à leur guise manier l'arme terrible de la presse. Lorsque le principe protestant s'applique à la monarchie telle que la conçoivent Hobbes, Fébronius, Richer, la formule « Je suis indépendant » se concentre en un seul pouvoir. C'est ainsi que dans son arrogance un prince a dit : « L'État c'est moi ! » C'est ainsi que l'État répète aujourd'hui : « Moi seul ai le droit d'enseigner (1), d'examiner les livres (2) ; moi seul j'ai raison. » De cette façon l'unité matérielle de la pensée ou au moins de la parole réussira encore à produire non pas la paix par la conviction, mais le calme léthargique des esprits ou leur mutisme servile et adulateur.

392. — Mais cette formule : « Je suis indépendant, » écrivez-la dans le Code... Alors vous armez de l'idée du droit l'audace de toute pensée et de toute langue ; alors le devoir politique, philosophique, moral, cesse d'être chrétien ; puisque, s'il l'est par hasard, c'est par défaut de logique ; tandis que, par une conséquence nécessaire, il perd toute force et toute unité... précisément parce que l'unité devient impossible. Donc, dans les gouvernements modernes, les passions politiques affranchies de l'idée vraie du devoir et du droit ne peuvent plus

(1) « L'État a le droit de conférer le pouvoir d'enseigner : car enseigner n'est pas un droit naturel : c'est un pouvoir public et social. (Cousin, « Journal de Débats », 4 mai 1844.)

(2) Les examinateurs des livres portaient aussi le nom de censeurs royaux, même ceux qui étaient de la maison de Sorbonne. (« Annales de Philosophie chrétienne, » série 2ᵉ, p. 235.)

avoir d'autre frein que l'intérêt, ou tout au plus une idée très générale du bien commun à l'usage de quelques honnêtes gens. Or, ne l'oublions pas, pour ces passions le succès politique est l'idéal même de l'humaine félicité : puissance, richesse, joies, honneur, gloire militaire, bref... tout bien est contenu dans ce triomphe parlementaire que, chaque jour, les journaux du parti font briller des couleurs de l'arc-en-ciel. Et c'est sous l'éclat de cette vision, c'est sous les feux de ces passions ardentes que vous espérez discipliner les partis? Si honnêtes que vous les supposiez, feront-ils abnégation de leur jugement jusqu'à dire : nos adversaires s'entendent mieux que nous à procurer le bien de la patrie? Ou bien seront-ils assez lâches pour se justifier par cette parole : laissons les autres perdre la patrie; certains du reste qu'à leur place nous la sauverions?

393. — Pour moi, cher lecteur, je crois qu'après les guerres de religion il n'y a pas de luttes plus ardentes que les luttes politiques, aujourd'hui surtout, que l'on fait sonner si haut aux oreilles des derniers citoyens la dignité et les avantages des droits politiques. En d'autre temps, le bonheur de la famille était le but à atteindre; l'ordre civil et l'ordre politique n'étaient regardés que comme des moyens. Et cependant que d'ambitions encore indomptables! Que sera-ce donc maintenant que l'intérêt politique est l'idéal proposé à toutes les passions; maintenant que l'on pousse le peuple à préférer la terre au ciel, à sacrifier ses intérêts domestiques et municipaux afin d'acquérir l'indépendance nationale et le droit de gouverner; maintenant que, du bas au faîte

de l'échelle sociale, tous doivent être instruits et capables de devenir des publicistes! Cœur généreux, Balbo savait bien que les partis de juste milieu comptent dans leur sein quelques hommes de vertu, mais beaucoup d'hommes vicieux (l. c., p. 349). Et pourtant il les exhorte à rester unis et à ne jamais se diviser, si ce n'est en un seul cas, celui où ils devraient sacrifier la justice et la morale. « Jamais, dit-il, un honnête homme ne doit voter soit une injustice, ne fût-elle que de quelques deniers, soit une loi contraire à la morale, ne serait-ce qu'un manque de respect aux choses ou aux personnes. Il devrait plutôt se séparer de son parti, ami ou ennemi du ministère.

394. — Cher lecteur, vous connaissez le monde moderne tel qu'il est; vous savez, d'après les chapitres précédents, comment s'est transformée la société. — Eh bien! croyez-vous que ces conseils de Balbo auront une grande influence?... Admettez même qu'ils soient écoutés par la petite minorité des hommes honnêtes; le parti adverse sera-t-il dissous pour cela? Les hommes de désordre ne feront-ils plus la majorité, audacieux, actifs, unis, toujours prêts à l'injustice, toujours attachés à leurs intérêts politiques et à leur opinion personnelle?

Ainsi tant que la raison individuelle sera proclamée souveraine, la discorde politique sera le nécessaire héritage de toute société où chacun sera libre de publier ses idées, d'entraîner et d'enflammer le peuple par ses déclamations; et je ne saurais comprendre comment, après une longue expérience, un homme de sens et qui désire sincèrement l'unité dans un peuple, peut de bonne foi préconiser la liberté de la presse et de la discussion comme un moyen sûr d'y arriver. N'est-ce pas là justement la cause de cette discorde tant déplorée par Balbo comme un malheur général depuis 40 ans dans les États modernes, et même depuis 60 ans en France et en Espagne? Pauvre Piémont! si la France, depuis soixante ans, n'est pas encore formée au joug de la légalité, combien de temps durera chez toi la discorde?

395. — De l'ordre politique, la discorde et la guerre descendent nécessairement à l'ordre civil et à l'ordre domestique. Naguère, même lorsque le corps politique se composait d'un petit nombre d'hommes choisis, la concorde restait toujours chose assez difficile dans la société. Mais aujourd'hui que chaque citoyen a en main un bulletin de vote pour manifester sa pensée et une plume pour la défendre; aujourd'hui que l'espoir des portefeuilles, des charges, des emplois, des candidatures parlementaires ou municipales entretient et réchauffe continuellement dans les bourgs comme dans les villes les passions politiques, supposer que ces passions seront simplement platoniques et resteront dans la région abstraite des idées, supposer qu'elles ne descendront pas dans la vie concrète des citoyens et dans la sphère très réelle de leurs intérêts domestiques et civils, c'est une naïveté vraiment digne d'un Arcadien, et qui devrait difficilement se nicher sous une perruque humaine. Imaginez une famille ainsi composée : le père très légitimiste en raison même de ses intérêts, le fils aîné parti-

san du régime constitutionnel, un des cadets républicain, un autre prêtre et dévoué à la cause de l'Église, dont il partage les douleurs; la mère et les filles, personnes vraiment pieuses, qui gémissent de la pérsécution reli- gieuse et de l'exil des évêques... et dites-moi s'il y aura jamais dans une telle famille cette intimité de rapports, cette douceur d'affections, cette communauté d'intérêts, cette franchise de manières et cette bonté de visage qui font, sous le toit domestique, la joie dans une commune vie et la force dans les tribulations.

396. — L'indépendance protestante qui attribue à chacun, avec l'infaillibilité personnelle, le droit de publier ses opinions et d'en faire, autant qu'il le pourra, la règle du gouvernement, est donc dans les sociétés modernes et à tous les degrés la ruine de l'unité sociale. Les faits commencent déjà à le prouver en Italie. — Ils le prouvent depuis longtemps dans tous les pays péné- trés des principes modernes : de sorte que l'évidence historique est en parfait accord avec la rectitude du raisonnement.

397. — Je ne l'ignore pas : on pourra faire contre cette conclusion trois objections: la première « qu'une loi répressive arrêterait, dans tous les États bien gou- vernés, les excès de la presse et préviendrait les dom- mages qui en résulteraient pour la religion et la société », la seconde tirée de la « Presse en Angleterre et en Amérique », la troisième que ces désordres attribués au protestantisme dans les sociétés modernes se sont aussi rencontrés dans les sociétés antécédentes.

§ III

LOI RÉPRESSIVE DE LA PRESSE

SOMMAIRE : — 398. 1re Objection : une loi répressive guérirait le mal.—
399. Réponse : la répression est inutile. — 400. Une loi de répression est impossible. — 401. Fût-elle portée, elle ne réussirait pas. —
402. Parce qu'elle renferme une contradiction. — 403. Elle veut libre
et par conséquent innocent l'homme corrompu. — 404. On a multi-
plié les tentatives, c'est-à-dire les lois sur la Presse : résultat désespérant...

398. — La première difficulté n'a pas besoin de longue exposition : elle court les rues. C'est le leurre qui
séduit et tranquillise les consciences de ces honnêtes
gens assez aveugles pour déchaîner sur la société la
liberté sacrilège de l'erreur : « Laissez-nous faire,
disent-ils (et peut-être avec bonne foi) à ceux qui redoutent les effets d'une telle liberté; nous saurons bien
la réprimer si vigoureusement que la pauvresse n'aura
plus envie de rire. »

399. — Je ne sais si la presse devra rire ou pleurer.
Pour moi, cher lecteur, je vous demande au moins de
sourire d'une pareille confiance et de compter toujours
sur votre droiture et votre loyauté.

Comment, en effet, ne pas sourire quand on voit des
gens se persuader que, par des lois répressives, ils em-
pêcheront la liberté de ravager la société? Certainement! Après qu'un écrit impie aura détruit la foi dans
l'esprit de mes enfants, la condamnation du juge (si
toutefois il y a condamnation) les délivrera de tout
sophisme... ! Certainement! Quand un livre répandu

dans le peuple l'aura enflammé de haine contre ses gouvernants, en lui montrant qu'ils sont cupides, usurpateurs, injustes, despotiques, la condamnation de ce livre rétablira dans les uns le respect et chez les autres le crédit ! Certainement ! Quand la détraction avec un art raffiné et avec des couleurs perfides aura publié une faiblesse secrète, une condamnation même ignorée d'un grand nombre, suffira à me laver de toute honte ! En vérité se persuader que des sentences judiciaires puissent avoir d'aussi prodigieux effets, c'est ignorer absolument et le cœur humain et la société. A d'autres époques on expliquait l'impuissance des lois contre le duel par cette raison que la sentence d'un tribunal était impuissante à rendre à un homme ce vernis de faux honneur, terni, croyait-on, par un mensonge ou par un soufflet... — Et dans un temps où le respect de toute autorité est foulé aux pieds, on espère que la sentence d'un juge d'arrondissement ou d'un jury composé de cordonniers, de cabaretiers, etc., guérira toutes les plaies de la médisance, de la satire, de la calomnie, du sophisme ; les haines, les dissentiments, les rancunes, et enfin la corruption des mœurs et l'incrédulité de l'esprit ? Eh bien ! lecteur, mon ami, vous êtes sage et loyal... dites vous-même si vouloir guérir tant de maux par un projet de loi... n'est pas abuser de la simplicité de ceux qui croient à de pareilles promesses, surtout lorsque les prometteurs pour la plupart n'y ont aucune foi ? Mais fussent-ils sincères, comment ne voient-ils pas que leur entreprise est une lutte contre la nature ?

400. — Cela est si vrai que quand les Chambres

parlementaires ont voulu traiter de cette loi répressive, elles ont toujours perdu leur temps et leur peine, semblables à ce sculpteur dont nous avons parlé plus haut (1) et qui s'était mis en tête de faire sa table de marbre ronde et carrée à la fois. Vous rappelez-vous l'apologue, cher lecteur? Réfléchissez bien et vous verrez que c'est là l'histoire exacte de la loi sur la presse.

En France, par exemple, il y a la petite bagatelle de soixante années que nos Solons à 25 francs par jour discutent sur cet ardent problème. Et je ne m'en étonne pas. Car, pour parler peut-être un peu rudement, mais en toute franchise, voici, sous une image, la formule de ce problème : « Étant donnée une nation de 20 à 30 millions d'hommes dont la majorité se compose d'ignorants, de sots, de méchants, de criminels ; une notable minorité, d'esprits médiocres et insignifiants, et le petit nombre, d'hommes sages, mais absorbés dans les affaires et habiles tout au plus à parler, à écrire et surtout à conspirer; oui, étant donnée, dis-je, une telle société, délier la langue à toute cette pléiade d'ignorants, de sots, de criminels, de sujets médiocres, en les assurant au nom du S. Esprit ou de la déesse raison qu'ils sont infaillibles ; mettre à leur disposition une parole rapide comme la foudre, une torche brûlante comme la vapeur, mais à la condition que le torrent de leurs discours insensés et pervers reculera devant un filet de vérité?

401. — Voilà, sous des termes simples et clairs, le

____

(1) Voir Préliminaire de l'Examen critique.

problème que doivent résoudre nos Solons modernes. Avant d'essayer à le mettre en équation à la tribune, chacun des orateurs ne manquera point de faire l'exorde de son discours sur l'importance, mais aussi sur la difficulté du sujet, sur les erreurs des vieux régimes et sur le bonheur qu'attendent les peuples nouveaux... Eh bien! l'exorde est terminé. Toussez maintenant. Crachez... puis mettons-nous à l'œuvre. Nous avons quelques têtes carrées et un nombre incalculable de têtes rondes : il s'agit d'arriver à ce que toutes les têtes rondes deviennent carrées. A d'autres époques, on avait, pour atteindre ce but, un expédient très efficace, celui d'amollir les têtes rondes et de les jeter dans le moule des têtes carrées. On disait aux multitudes : tous les hommes sont faillibles et ignorants pour la plupart. Donc tous les hommes doivent respecter l'autorité, et vivre soumis à l'autorité. — Avec ce principe, en le supposant appliqué dans toute son étendue, la besogne marchait d'elle-même : les plus capables, convaincus de leur ignorance native, se formaient par de longues et sérieuses études ; ils les perfectionnaient par une patiente expérience avant de mettre la main à l'œuvre ; et les autres sentaient qu'il ne convient point aux ignorants de juger et de décider comme les sages... Ainsi les têtes rondes consentaient à devenir carrées et trouvaient leur place dans l'édifice social.

402. — Toute autre est la besogne pour nos sculpteurs modernes. Ils doivent faire en sorte que les têtes rondes deviennent carrées, mais sans perdre de leur rondeur naturelle. Autrement un homme dépendrait d'un autre,

ce qui répugne dans chacun au sentiment de sa dignité personnelle.

403. — Comment ferons-nous donc? Comme le malheureux tailleur de pierres... Nous commencerons par rendre carrées les têtes rondes, puis rondes les têtes carrées et toujours ainsi à tour de rôle... Nous écrirons d'abord dans la constitution : « La presse est libre. » De la sorte les sots pourront débiter à loisir toutes leurs insanités. Nous défendrons ensuite de publier des doctrines subversives sous peine d'amende; — et nous les réduirons au silence... — Ils crieront que, sous une telle loi, ils ne sont pas libres ! — Nous soumettrons alors la loi à un jury ignorant — Et dès lors ce sera la licence sans frein !... Pitié ! s'écriera la société dans l'épouvante... Nous publierons alors l'état de siège ! Tyrannie ! hurleront les bavards dans le Parlement. Nous licencierons la Chambre. — Inconstitutionnalité ! répéteront les journaux. Alors nous les contraindrons à se taire.. Finalement donc, tantôt en accordant, tantôt en refusant l'indépendance de la pensée, tantôt en la réprimant par la force ou en l'achetant à prix d'or, nous aurons trouvé le moyen de donner la liberté aux sots, aux ignorants, aux criminels... Il n'y aura plus à émettre des doctrines insensées que ceux qui en auront reçu licence du ministère.

404. — Que vous en semble, lecteur? N'est-ce pas là la généalogie réelle des lois sur la liberté de la presse? A vrai dire, je l'ai grandement abrégée : sans quoi, soixante jours ne m'auraient pas suffi pour parcourir ce dédale de lois, lois accumulées depuis soixante ans, lois

proposées, votées, amendées, rejetées, abrogées, tombées dans l'oubli, ressuscitées ; lois préventives. répressives, particulières, générales ; lois défendues comme un grand édifice, par toutes sortes de contreforts plus merveilleux les uns que les autres ; lois soumettant la presse à la patente, à la responsabilité, à la caution, au timbre, etc..., et à tout ce qu'ont pu imaginer la peur, l'enthousiasme, la fiscalité, la bonne foi, l'astuce ou le courage politique (1).

(1) Si vous voulez lire un petit résumé de cette histoire, lisez l'Encyclopédie du xixᵉ siècle, tome XX, au mot : « Presse,» vous trouverez là
— Une loi, 19 juillet 1791 ;
— Un décret, 29 mars 1793.
— La Constitution, an III, maintient le même principe.
— Autres lois, 27 et 28 germinal an IV.
— Toutes ces lois n'ont pas tardé à paraître insuffisantes, excepté quand il s'est agi de condamner à l'exil des penseurs trop courageux.
Le Consulat et l'Empire n'ont guère gouverné au nom de la liberté.
La Restauration, art. VII de la charte (1814), proclama pour tout Français le droit de publier ses opinions, en réservant le droit de répression des abus :
Mais le 21 octobre on établit la censure ; elle fut abolie après les cent jours, puis rétablie le 8 août 1815, et suivie d'autres lois le 11 nov. et le 20 décembre.
En 1819, retour au droit de répression, avec responsabilité des écrivains, jury, etc.
En 1830 on revint à l'art. VII de la Charte de 1814, moins les derniers mots de la loi, remplacés par les suivants : « La censure ne sera plus jamais rétablie. »
Le 9 septembre 1835 on prescrivit l'autorisation préalable et on ressuscita le Gérant ou l'homme de paille des journaux, la caution, etc... A ce court résumé qui ne contient que les points culminants de cette histoire jusqu'à 1846, joignez les lois portées sous la République. Multipliez ensuite chacune de ces lois par le nombre des articles qu'elle comprend, des ordonnances, décrets, sentences des tribunaux, etc... intervenus pour les appliquer, les sanctionner ou les modifier... enfin par le nombre des différentes nations entrées dans la voie des libertés modernes... et vous pourrez comprendre la vérité exposée plus haut.
Un journal italien « l'Opinion », 21 oct. 1851, nous a épargné du moins en grande partie la fatigue d'un pareil travail. Il l'a trouvé tout fait dans une statistique publiée par Dubois et Jacob dans leur « Code manuel de la presse... ». Ils établissent qu'en France, de 1789 à 1843, il y a eu, sur les sujets relatifs à la presse, à la publication des livres, aux affiches, etc., 81,366 lois, décrets, ordonnances, etc., c'est-à-dire :

Et le résultat de tant d'efforts...? Le voici : les têtes rondes restent rondes, les têtes carrées sont toujours l'infime minorité... Et la pauvre société est assourdie par le bruit d'une nuée de bourdons qui obscurcit le ciel; elle est piquée sans cesse et épuisée de sang par des multitudes de frêlons... Et elle s'en va cherchant à tâtons une baguette magique pour transformer en laboureurs ces milliers, ces millions de lettrés infaillibles qui font gémir la presse, progresser les lumières, trembler le gouvernement et chanceler l'ordre public.

Ce déplorable résultat, vous plairait-il, cher lecteur, de le voir exprimé dans une courte formule? Je vous propose la suivante : « Le protestantisme, en accordant « à tous la liberté de penser, doit accorder également à « tous le droit de parler; la liberté de parler étant don- « née à tous, il appartiendra à la multitude de gouver- « ner la société... » La multitude se composant d'hommes déraisonnables, avides..., une société dominée par le principe protestant sera nécessairement vouée aux ténèbres de l'erreur et aux tumultes des passions; mais

3.102 sous l'Assemblée constituante,
11.031   —   la Convention,
2.049   —   le Directoire,
3.846   —   le Consulat,
10.254   —   l'Empire,
841   —   Louis XVIII, du 4 avril 1816 au 9 mai 1815,
318   —   Pendant les cent jours,
17.812   —   Louis XVIII,
15.801   —   Charles X,
10.931   —   Louis-Philippe, sans compter 17,022 ordonnances faites depuis 1830 et qui regardent des intérêts privés.

Chacune de nos lois, continuent les auteurs précités, contient en moyenne 50 articles, ce qui donne 4,068,300 dispositions législatives, etc. Et dans ce nombre ne sont pas comprises les lois, etc., antérieures à 1789, dont beaucoup sont encore en vigueur.

les erreurs et les passions sont des sources de désordre et le désordre est la ruine de la société; d'où il suit que la société devra à tout prix trouver un remède à son mal. Or, le remède à l'erreur et aux passions ne pouvant être, dans l'hypothèse, la vérité et le droit; il ne restera que la séduction et la force : la séduction pour charmer et tromper, la force pour enchaîner.

Donc encore une fois, dans une société où règne la liberté de la presse, cette presse sera bâillonnée par la force, ou corrompue par la séduction. En d'autres termes, dans une société dotée de la liberté de la presse, la presse n'est pas libre ... Vous le voyez : la contradiction de la conséquence correspond à la contradiction du principe. Et l'homme, dépendant en vertu de l'ordre naturel et indépendant par le prétendu droit de la réforme, possède d'après celle-ci la liberté de la presse, mais une liberté enchaînée par une nécessité de la nature elle-même.

§ IV

LA PRESSE EN ANGLETERRE ET EN AMÉRIQUE

SOMMAIRE : —405. 2e Objection. Société anglaise dotée de la liberté de la presse, et cependant unie. — 406. On peut en douter. — 407. Mais admettons-le, voici la réponse de Brownson. — 408. Explication de cette réponse; génie de la nation et caractère propre de la réforme. — 409. Génie de la nation, génie pratique.— 410. Même dans les choses spéculatives. — 411. Il ne se prête pas à l'amour passionné de l'erreur. — 412. Caractère du Protestantisme essentiellement contradictoire. — 413. Il conduit à l'indifférentisme. — 414. Spécialement en Angleterre où règne la plus grande contradiction. — 415. Fortifiée par l'exemple et par l'intérêt. — 416. L'indifférence atténue le mal de la presse. — 417. Mensonge renfermé dans cette liberté. — 418. Qui n'est pas la liberté. — 419. De la nature humaine. — 420.

Dans ses relations sociales. — 421.Mais au plus la liberté de l'homme extérieur. — 422. Pour la volonté et l'intelligence. — 423. Elles souffrent dans leur tendance à se créer des habitudes. — 424. Une sorte de violence. — 425. L'ignorance diminue la liberté. — 426. Audace des méchants. — 427. Conclusion à propos des Anglais.

405. — Après un tel spectacle, après des résultats aussi vains que douloureux, je vous le demande, cher lecteur, qu'espérer d'une loi répressive si difficile à établir et si impuissante à empêcher le mal?

Une loi répressive, me direz-vous peut-être, mais elle a suffi pour procurer la paix aux deux nations les plus puissantes du monde, à l'Angleterre constitutionnelle pendant plusieurs siècles et aux États-Unis depuis plusieurs lustres. Là, en effet, sous l'influence protestante, l'unité d'esprit national est d'autant plus admirable que les sectes religieuses y sont plus multipliées.

406. — Voilà l'objection. Taparelli la réfute dans un long article du n° 406 au n° 428.

D'abord cette unité d'esprit national est-elle incontestable? Qui oserait l'affirmer à la vue de ce qui se passe entre Irlandais et Anglais; Anglais épiscopaliens et Écossais presbytériens; entre la secte des anglicans et beaucoup d'autres sectes dissidentes?

Puis, dans cette Amérique, dont on vante l'unité bien jeune encore, qui ne remarque déjà des germes de discorde?

407.—Mais, dit Taparelli, la réponse d'un noble écrivain anglais, Brownson (1), vaudra mieux que la nôtre, tant est grande son autorité en Angleterre et aux États-Unis.

(1) « Brownson's Review », fasc. XII (1848).

« Le parti de l'ordre, dit-il, pour se défendre lui et la
« société n'a guère de moyen plus important que la
« répression de la presse radicale. — En ce pays, nous
« tenons la presse comme chose sacrée, et nous avons
« horreur de la censure. — D'où vient chez nous cet
« état d'esprit? De ce que la faiblesse de la presse la
« rend à peu près inoffensive — et que très peu sont
« ici portés à la rébellion. — Les Anglais et les Améri-
« cains ont en effet une médiocre confiance dans les
« idées : ils croient à peu de choses, en dehors du
« roast-beef et du plum-pudding. — Toujours Anglo-
« Saxons par nature, ils ne sentent guère que ce qui
« tombe dans leur bourse ou dans leur estomac. Ils ont
« été élevés dans le Protestantisme, qui fait fi de la
« logique et regarde la raison comme chose superflue.
« Car le Protestantisme émousse l'intelligence, détruit
« la foi aux principes et la remplace par l'habitude de
« s'arrêter à moitié route dans un raisonnement. Le
« peuple élevé à son école regarde donc comme un jeu
« d'admettre les prémisses d'un raisonnement et d'en
« nier les conséquences les plus rigoureuses.

« Autre caractéristique des Anglo-Saxons : ils ne
« se préoccupent jamais d'étudier ce qui contredit leurs
« préjugés. L'Anglo-Saxon lit une gazette, non pour
« apprendre ce qu'il doit penser, mais pour se confir-
« mer dans ce qu'il pense lui-même. Et s'il trouve dans
« un journal une opinion réellement ou apparemment
« contraire à la sienne, il le rejette, protestant qu'il ne
« croira jamais un mot de ce qu'il dit. — La presse en
« Angleterre et ici a donc au plus sur les masses l'in-

« fluence de ces conversations qu'on tient sur les diffé-
« rents partis... Quant à son action efficace, on peut la
« comparer à celle que les théories exposées dans un
« congrès exercent sur le vote final de la Chambre ;
« c'est-à-dire, comme chacun le sait et le répète, que
« cette action et cette influence équivalent à zéro.

« De là suit qu'en Angleterre et aux États-Unis il n'y
« a pas lieu de restreindre la liberté absolue de la
« presse ; puisque, dans les deux pays, si grandes que
« soient ses prétentions, elle est relativement sans
« influence... Il est rare qu'elle consolide ou affaiblisse
« un parti, rare qu'elle détermine une résolution
« publique, rare qu'elle pèse sur l'issue définitive d'un
« débat.. Les affaires, avant qu'elle existât, allaient
« comme elles vont aujourd'hui avec elle. C'est au
« plus une soupape de sûreté contre les prétentions
« orgueilleuses de la démagogie.

« Sur le continent européen, il en va différemment.
« L'intelligence y est plus cultivée que chez nous ou en
« Angleterre, et le peuple plus porté à agir selon ses
« principes. Il y a toujours chez les nations du conti-
« nent plus de liberté intellectuelle que dans la Grande-
« Bretagne, comme il y en a plus dans la Grande-Bre-
« tagne que dans les États-Unis.

« De tous les pays civilisés, le nôtre (l'Amérique) est
« celui qui use le moins de la liberté de penser, cela,
« non pas en vertu des lois ; mais bien en vertu des cou-
« tumes, et des habitudes d'un peuple plus esclave intel-
« lectuellement que n'importe quel autre. Hardi et vail-
« lant est celui qui parmi nous ose publier ses honnêtes

« convictions; mais héroïque, celui qui, franc et impar-
« tial, oserait blesser et tuer des opinions contraires
« aux siennes. Nous sommes le peuple le plus libre du
« monde... d'après notre charte (1), mais, en réalité,
« dans les relations de la vie ordinaire surtout, nous
« sommes le plus esclave. Sur le continent européen, au
« contraire, les nations hérétiques elles-mêmes ont gardé
« des traces de la culture catholique, elles ont un cer-
« tain respect des choses intellectuelles, des lois de la
« pensée et elles sont convaincues qu'un homme doit
« chercher à mettre en pratique ce qu'il tient pour vrai.
« De là vient que chez ces nations la presse a néces-
« sairement une influence, soit en bien, soit en mal,
« non parce que ces peuples sont plus ignorants que
« nous, mais en réalité parce qu'ils ont plus de liberté
« d'esprit, plus de logique et qu'ils ont reçu une édu-
« cation intellectuelle supérieure à la nôtre.

« En temps de révolution, la presse est un instrument
« terrible pour ces peuples. Et si cette presse est révo-
« lutionnaire, elle rend impossible chez eux la paix et
« la sécurité publiques. Alors veut-on conserver l'ordre,
« réprimer la révolte et protéger la vraie liberté? Il est
« absolument nécessaire d'arrêter la licence des jour-
« naux, et de les supprimer même, s'il est besoin, avec
« la promptitude qu'on mettrait à saisir et emprisonner
« un conspirateur. Ces journaux ne sont-ils pas de
« vrais conspirateurs? Leurs articles, leurs paroles
« sont des actes : il les faut empêcher; car il serait

(1) ou constitution.

« trop tard de les punir, quand déjà ils auraient boule-
« versé la nation. — Autrement il faudrait appeler
« précaution suffisante celle de fermer les portes de
« l'étable après que les bœufs ont été volés. »

408. — L'illustre Brownson, on le voit, connaît bien
l'état d'esprit des peuples de notre continent. A fortiori doit-il vous donner une idée beaucoup plus exacte
des deux nations anglaises dont il nous parle — et du
peu d'influence qu'exerce chez elles la liberté de la
Presse.

Toutefois quelques observations sont ici nécessaires :
Elles confirmeront les deux raisons principales déve-
loppées par l'auteur, à savoir : « le génie national et le
caractère propre de l'erreur religieuse. » Elles montre-
ront aussi comment il faut entendre certains jugements
qu'il n'a fait qu'exprimer.

409. — Quant au génie de la nation, vous en pouvez
juger par son histoire : c'est une tendance constante
au progrès matériel et à une vie pour ainsi dire tout
extérieure.

En effet, sans parler de tribus plus anciennes, les
Saxons, les Danois, les Normands ont toujours été des
peuples aventuriers. Leurs courses et invasions incessantes troublaient déjà la vieillesse de Charlemagne...
Depuis ils ont attaqué la chrétienté au nom de la barbarie du Nord ; convertis, ils se sont empressés de faire
la guerre sous la bannière de la croix à la barbarie
ottomane. Il est vrai, la religion de Jésus-Christ a modéré
leur dure fierté. Leurs monastères ont même compté
des hommes de génie, vrais phénomènes au milieu de

leurs compatriotes, et qui ont brillé pendant quelque temps comme les rayons d'une aurore boréale au-dessus du continent. Mais ces saints ou ces grands hommes se sont distingués plutôt par une sévère austérité que par la sublimité de leur science... Et leur action n'a pas assez duré pour changer le caractère général de la nation... A l'amour des expéditions guerrières a succédé chez elle l'amour de la navigation, du commerce, de l'industrie. En somme, ce qui a continué de dominer dans la race anglo-normande, c'est une vie extérieure et agitée.

410. — Les études et les sciences élémentaires, on ne peut le nier, sont florissantes dans la Grande-Bretagne. Elles sont l'instrument nécessaire d'une activité intelligente : mais les sciences spéculatives y sont de surérogation. Quelques-uns les cultivent par amusement... Aussi est-il très rare qu'on voie les Anglais primer dans ces sciences à moins qu'il ne s'agisse de ramener à l'ordre concret les spéculations des autres. Bacon a fait de la spéculation, mais pour transformer les abstractions des scolastiques en science expérimentale ; Newton a fait la synthèse de tous les mouvements du monde dans une idée vaste comme l'Univers ; mais cette idée est tombée bien vite dans le champ des expériences concrètes. Elle a valu à son inventeur le renom de grand physicien, mais non pas de grand savant en métaphysique... Loke a tenté de se faire métaphysicien, — il n'a été que le métaphysicien de la matière. David Hume a été le philosophe des théories sceptiques et matérialistes...L'école écossaise, avec Reid et Stewart,

a voulu sortir de ce bas-fonds ; mais sa philosophie n'est guère autre chose qu'un empirisme de la sensibilité interne, et sa plus haute visée, c'est de s'unir, dans Adam Smith, à la métaphysique de la richesse. — En tout cela, que voyez-vous, si ce n'est la théorie soumise à la pratique et l'idée servante de la matière... Enfin l'erreur elle-même craint de voir ses spéculations se matérialiser en ce pays. Et les hérétiques anglais, Pélage, Scot Érigène, Wiclef, émigrent sur le continent pour dogmatiser avec succès. Le schisme seul, le schisme, erreur pratique, prend racine sur le sol anglais, mais sans se développer. L'incrédulité du xviiie siècle, si malheureusement féconde en France, reste presque stérile dans la Grande-Bretagne, sa patrie d'origine ; enfin, étrange anachronisme, vous voyez, encore en 1850 comme au temps d'Henri VIII, le peuple Anglais troubler et s'agiter au seul nom de la Prostituée de l'Apocalypse (1).

411. — Est-il étonnant, après cela que, dans un monde de négociants, d'ouvriers, de politiques, les esprits se montrent indifférents à la liberté de la presse ? Est-il étonnant que la puissante Albion ouvre un palais enchanté à l'industrie de toutes les nations et laisse à l'orgueilleuse Leipzich le marché des spéculations, des manuscrits et des livres ? Albion est trop occupée de son négoce pour se livrer aux études spéculatives ! Et trop importante est à ses yeux la marche régulière de ses

____

(1) Le mouvement de retour vers le catholicisme qui grandit avec persévérance en Angleterre y a notablement diminué cette haine de Rome.

relations commerciales et internationales pour les compromettre en se lançant sur les flots mobiles des systèmes! — C'est pour la même raison que vous ne trouverez ni dans l'antiquité, chez les Phéniciens, les Cartaginois, ni à une époque plus récente, à Venise, à Genève et à Amalfi, cette multiplicité de sectes qui fourmillent chez les Indiens, grâce à leur oisiveté, et dans les universités de France et de Germanie, comme jadis chez les Athéniens, toujours en quête de nouveautés.

412. — Au génie national joignons le caractère du Protestantisme. Nous l'avons vu; le Protestantisme est essentiellement antinaturel : il détruit d'une main ce qu'il produit de l'autre... Les apologistes ont souvent signalé ce fait dans le domaine religieux : nous l'avons signalé nous-même dans les questions politiques. Luther commence par nier les indulgences et par condamner tout pécheur à l'enfer : le Protestantisme finit par n'admettre que le purgatoire : il rejette l'enfer — et accorde ainsi une indulgence universelle à toutes les fautes et à toutes les erreurs. — Il commence par en appeler à la seule Écriture révélée; il finit par ignorer l'existence de ce livre inspiré; il commence par appuyer son système sur la raison ou le libre examen; il termine par la critique de la raison elle-même et en doutant de la religion.

Ce caractère de contradiction, nous l'avons vu, découle du principe absurde et qui se détruit dans les termes : « la créature indépendante. » Mais ce n'est point un instrument inutile aux mains de la Providence.

Cette reine du monde fait jaillir la lumière de ces ténè-bres. Et arrêtant au milieu de sa course, par la confusion des langues, cette audacieuse Babel, elle l'empêcha de ruiner entièrement l'œuvre construite par la nature.

413. — C'est là précisément, remarque Brownson, ce qui arrive au Protestantisme. Reste-t-il en contact avec le catholicisme, il en retient l'habitude de raisonner. — Et cette habitude, avec son faux principe, le conduirait aux conséquences extrêmes, si, par le fait même de son voisinage, il ne gardait aussi quelques débris de vérité, un certain respect de l'ancienne autorité et surtout le désir de rivaliser avec le sentiment catholique. Au contraire, le Protestantisme parvient-il en un pays à expulser entièrement l'Église romaine, il triomphe. Mais il perd du même coup la solidité des principes. Puis, effrayé à la vue des dernières conséquences de son erreur fondamentale, il prend l'habitude de s'arrêter à moitié route, désespérant ou de trouver jamais les vérités suprasensibles ou d'appliquer jusqu'au bout les absurdités de son système. Alors il crie, comme tant de feuilles libérales : « Que l'on ne doit point exagérer un principe. »

De là l'indifférentisme succédant au matérialisme du dernier siècle ; de là le mépris, non plus seulement du syllogisme scolastique, mais de tout raisonnement sérieux ; de là ces écrits légers, incohérents, pleins de paradoxes qui étincellent et vous éblouissent, mais qui manquent de clarté et ne prouvent rien; de là ces réponses qu'on nous répète chaque jour à propos des points controversés : « N'en dites pas de mal ; cette

opinion peut se soutenir; il y a du pour et du contre.»
Et maintenant vous n'aurez pas de peine à comprendre
qu'autant le principe de la Réforme amoindrit la puissance de la logique, autant la Presse perd de son
influence sur les esprits.

414. — En Angleterre la contradiction devait aller
jusqu'à plonger ces esprits dans une sorte de léthargie, en raison même de son origine... Car Henri VIII
ne prenait de la révolte protestante que la négation du
pouvoir pontifical. C'est à la vérité le germe de toutes
les autres négations. Mais ce germe, qui se développa
sur le continent, avec tant de logique et qui produisit
tant de ruines, fut comprimé dans l'église anglicane
par l'intérêt monarchique, aristocratique et épiscopal.
De sorte que l'église d'Angleterre est restée quelque
temps catholique à peu près en tout, excepté dans la
soumission au pouvoir suprême... Ce qui est du reste
le comble de la contradiction.

Aussi, dans notre siècle, à peine le Puséisme eut-il
remis un peu la logique en honneur, qu'il enserra l'An-
glicanisme dans le défilé où nous le voyons se débattre
aujourd'hui. Mais avant d'en arriver à cette alternative:
« ou l'Église romaine ou la mort », quels efforts ont dû
faire tous ces docteurs pour contracter l'habitude de
paralyser leur raisonnement ! Ils rient de l'autorité de
l'Église catholique ; et ils ont juré de défendre les dernières conséquences de sa doctrine, depuis les mystères
les plus incompréhensibles jusqu'aux rites les moins
importants de la liturgie! Or on sait quel besoin l'homme a de la vérité, quelle force possède la vérité pour

pousser à la pratique, mais combien la pratique répugne à qui n'admet pas les principes. On comprendra donc aussi combien doit être gênante la rigueur du raisonnement pour quiconque veut s'obstiner dans une position fausse en face de la société et de la conscience. Alors on est comme forcé de briser avec la logique et de s'arrêter à moitié route.

415. — Mettez cette disposition dans les chefs de l'Église et de l'État, et vous verrez avec évidence qu'elle devait descendre des premières classes de la société jusqu'aux dernières ; donner à toutes le même caractère, et leur persuader que l'argent est tout, que les idées ne sont rien. Par amour de l'argent, l'aristocratie avait renoncé au catholicisme, les Évêques à l'unité romaine. Le peuple pouvait-il ne pas entendre et répéter cette leçon honteuse qu'il est permis de sacrifier l'idée à l'intérêt et de s'arrêter dans le chemin de la raison, quand il devient incommode pour le politique de voir la constitution et pour le négociant de voir sa bourse déchirée par ces êtres de raison qu'on appelle des principes métaphysiques. Par conséquent les luttes de la presse en Angleterre ne pouvaient pas faire grand bruit.

416. — L'illustre Brownson a donc avec beaucoup de perspicacité conclu que si, chez les Anglais, la presse nuisait moins qu'ailleurs à l'unité, cela venait, et du génie national et du caractère propre à l'erreur protestante.

Toutefois, rappelez-vous quels flots de sang l'Angleterre a dû verser pour en arriver à cette unité nationale qui consiste à ne rien croire dans l'ordre spirituel, à coaliser les riches par l'intérêt et à faire peser sur les malheureux le joug de l'oppression et de l'abrutissement. Alors vous comprendrez que la liberté de penser n'a pas été, dans ce pays, aussi inoffensive que vous seriez peut-être tenté de la croire.

417. — Brownson confirme le second de ses arguments par une application très digne de réflexion : elle nous explique pourquoi la liberté de la presse a été moins nuisible à l'unité nationale. Mais mieux approfondie, elle nous montrera l'énorme injustice et, si je puis dire, le crime de suicide de cette institution, tant vantée par les modernes comme un besoin du siècle, comme un légitime désir des peuples, comme un bienfait de la libéralité des Rois... Avant d'aborder ces réflexions, permettez-moi de vous demander, cher lecteur, si la tentation ne vous viendrait pas de me regarder comme un obscurantiste, quand vous me voyez attaquer la liberté de la presse... S'il en était ainsi, je demanderais à votre amitié de vouloir bien faire comme Descartes, mais plus heureusement que lui ; je veux dire : de suspendre votre jugement et de vous dire sérieusement à vous-même : « Eh bien ! je veux supposer pour un moment que, dans cette question, j'ai cédé à des idées préconçues. »

Ce doute sera d'autant plus sage que ces opinions sont plus opposées et à l'expérience et à la sentence de l'Église.

— Cette remarque faite, voici la belle parole de l'auteur américain. Je vous prie de la méditer avec calme et impartialité : « De par la Constitution, dit-il, nous sommes le peuple le plus libre du monde, mais, en réalité, spécialement dans nos relations ordinaires, nous sommes le plus esclave. » — Exagération, figure de rhétorique, direz-vous peut-être... Cependant vous verrez que c'est l'exacte et rigoureuse vérité, cher lecteur, pour peu que vous veuilliez y réfléchir et ne pas confondre la liberté matérielle et extérieure avec la liberté intérieure et morale ; car c'est de celle-ci principalement que parle Brownson.

Donnons de cette vérité une de ces démonstrations calmes et spéculatives qui font toucher aux intelligences ouvertes la raison intime des choses.

418. — Qu'est-ce que la liberté ? Je vous l'ai montré dans le chapitre précédent. Il n'y a de liberté vraie pour une nature quelconque que si elle peut exercer et développer sans entraves sa propre activité. Si la preuve de cette proposition n'est plus présente à votre mémoire, veuillez vous la rappeler afin de mieux saisir l'évidence de mon raisonnement.

Cette vérité présupposée, je vous le demande, quel sera le peuple le plus libre ? Ce sera celui chez qui l'activité propre de tous les individus pourra se déployer sans entraves et dans toute sa plénitude. Or, en quoi, selon vous, consiste pour l'homme cette plénitude d'activité propre et essentielle ? — Dans ses facultés ou puissances, puisque l'homme n'est actif qu'autant qu'il peut faire quelque chose. Pouvoir et faire, voilà donc un effet de l'activité plus ou moins parfaite. D'où il suit que la multitude sera d'autant plus libre que les puissances ou facultés des individus seront plus exemptes d'obstacle pour agir selon leur nature. Cherchons quelles sont ces facultés, quelle est leur tendance naturelle, quels les obstacles capables de les enchaîner ; alors nous aurons tous les éléments pour savoir quel est le peuple le plus libre.

Les facultés propres et spécifiques de l'homme, nous les connaissons, ce sont l'intelligence et la raison ; la volonté libre pour choisir ; les passions et les appétits pour le servir, les sensations et les imaginations mises au service de l'intelligence ; puis la force de locomotion et enfin ce pouvoir que nous avons de produire et de développer dans toutes et chacune de ces facultés, par la répétition de certains actes déterminés, ce que nous nommons des habitudes... Voilà toutes les facultés, au moins principales, de l'activité humaine.

419. — Et quelle est leur tendance naturelle? Vous n'êtes point, cher lecteur, de ces bons éclectiques qui ont voulu faire de l'homme une « somme de facultés » comme un sac de froment est une somme de grains de blé, chaque grain de blé, étant une plante parfaite si, jeté en terre, il germe et produit un épi plein et magnifique.... A pareille école, Ahrens, Damiron et d'autres sages du même calibre, tenant l'homme pour un sac de facultés, ont pensé que leur tendance naturelle était de se développer toutes et chacune jusqu'au plus haut degré de perfection. Damiron, malgré toute sa philosophie, trouve pourtant, à l'essai, la chose un peu difficile. Il se demande comment il pourrait bien développer la faculté qu'il a d'être forgeron, menuisier, laboureur,

marin, etc., etc. Il consent (et nous lui en sommes reconnaissants) à ce que ces métiers s'exercent par représentant(1). Laissons l'illustre Damiron choisir ces députés. Pour nous sachant que l'homme est essentiellement une nature servie par plusieurs facultés, nous n'en voyons pas le besoin. Un maître a sous sa dépendance beaucoup de serviteurs. Est-il nécessaire que tous soient perpétuellement en mouvement afin qu'il puisse appeler à son gré celui-ci ou celui-là, tantôt son barbier, tantôt son cuisinier, ou bien son caissier ?

Quand on comprend que l'homme est constitué en unité de nature, l'on voit du même coup que, pour connaître la tendance naturelle de ses facultés, il faut en connaître aussi la subordination. Or cette subordination consiste en ce que ces facultés doivent être mises en mouvement par la volonté, régie elle-même par la raison.

D'où cette conséquence : un peuple possédera la plénitude de sa liberté lorsque, chez chacun des individus, la volonté sera non seulement préservée de tout obstacle, mais encore aidée par ses facultés inférieures dans la poursuite du bien que lui montre la raison.

420. — Mais ici, cher lecteur, vous ne l'oubliez pas; nous parlons, non point d'un individu — mais d'un peuple, c'est-à-dire d'un tout organique composé d'individus : voilà pourquoi la parfaite liberté, dont il est

____

(1) « Je n'entends pas que tout individu doive de sa personne être mineur, fondeur, forgeron, etc., » mais il doit l'être par représentant. (Philosophie morale.)

question, doit être considérée non pas dans l'homme individu, mais dans l'homme social.

En effet, même au sein de l'esclavage, les individus, absolument parlant, peuvent être très libres : témoins ces millions de martyrs qui, foulant aux pieds les clameurs et les sarcasmes de l'opinion, la tyrannie des lois, la férocité des bourreaux, savaient faire ce qu'ils voulaient et ne voulaient que ce qui était honnête... Pourtant ces individus très libres vivaient au milieu d'un peuple esclave, puisque l'ensemble des relations publiques y était si mal organisé qu'il constituait un obstacle perpétuel aux actions les plus justes et les plus raisonnables. La liberté d'un peuple existera donc seulement lorsque les individus pourront sans obstacle agir en hommes raisonnables, grâce précisément à leur union dans les relations sociales.

Voilà aussi pourquoi nous ne devons pas ici rechercher indistinctement tous les obstacles contraires à une conduite raisonnable, mais ceux-là seulement qui naîtraient de la société. Suivons cette règle et après avoir rappelé quelles sont les facultés de l'homme et leur tendance naturelle, voyons, au moins en général, les obstacles que la volonté raisonnable pourrait rencontrer dans la société.

421. — A quoi notre corps est-il destiné? A nous porter d'un lieu dans un autre selon l'impulsion de la volonté. Si donc, voulant aller ici ou là, mouvoir les bras ou les yeux, j'en suis empêché par l'état social, ma liberté m'est enlevée... Elle le sera pareillement si la société prive mon intelligence de la connais-

sance dont elle a besoin pour choisir le bien, et dans l'ordre du bien ce qu'il y a de mieux ; si mon imagination est placée devant des tableaux, devant des scènes si fascinantes qu'elle doive, infailliblement, selon les conditions de la nature humaine, en venir à dominer ma raison dont elle n'est que la servante ; elle le sera encore si les conditions de l'état social doivent surexciter mes appétits et mes passions jusqu'à leur faire secouer le joug de ma volonté raisonnable ; finalement ma liberté m'est enlevée si, toujours par un effet de l'état social, mon intelligence et ma raison sont empêchées de parvenir à la vérité qui est l'objet propre de la nature humaine et de contracter l'habitude ferme de penser juste et d'agir honnêtement. Voilà, cher lecteur, un aperçu sommaire des obstacles qui s'opposent à la liberté d'un peuple. Reste maintenant à comparer un peuple où règne la liberté de la presse avec un autre peuple où la presse est soumise à l'autorité compétente, celle qui juge de la vérité des doctrines. Nous verrons quel est celui des deux dont l'état social renferme de plus nombreux et de plus puissants obstacles à la liberté des individus.

Or ce point me semble très facile à déterminer. Quand est-ce que l'homme est plus libre au point de vue de son corps ? C'est lorsqu'aucun agent de la force publique ne peut enchaîner ni ses mains ni ses pieds ; puisque le corps ne connaît pas la loi. Où l'homme a-t-il plus de liberté pour ses sens, pour ses appétits et ses passions ? C'est là où ces facultés rencontrent plus d'objets propres à les exciter... La liberté de la presse, dit admirablement Brownson, équivaut donc à la liberté de l'homme extérieur, de l'homme sensitif, de l'homme animal. Mais, sous ce régime, l'homme intérieur est-il également libre ?

422. — Quand est-ce que la volonté est vraiment plus libre ? Quand elle a de la peine à réprimer les passions du cœur humain ou bien quand elle les domine à son gré ? C'est évidemment dans le second et non dans le premier cas.

Or, quand sera-t-elle plus portée à les dominer ? Lorsque, sur son chemin, elle rencontrera des objets pour les exciter, des déclamateurs pour les enflammer et des partis qui conspirent à leur profit ? Ou bien lorsque ces objets ne se rencontreront que si on les cherche, lorsque la prédication en éloignera les hommes et que d'honnêtes associations leur apprendront la tempérance et la modération ?

Et l'intelligence, quand sera-t-elle plus libre ? Sera-ce lorsque, enlacée dans des sophismes subtils, elle n'en découvrira que très difficilement l'erreur ; ou bien quand elle n'aura point à craindre ces embûches où fatalement elle trébucherait ? Enfin, ces sophismes où les trouvera-t-elle plus facilement ? Dans une nation où la presse est libre ou bien dans celle où elle est soumise à l'autorité compétente ? Poser ces dernières questions, c'est les résoudre et la réponse qu'elles appellent vous l'avez faite plus d'une fois en vous excusant auprès d'un ami…

« Pardonnez-moi, lui avez-vous dit ; à cette vue, je ne suis plus resté maître de moi ; la colère m'a emporté… Pardonnez-moi, cet escroc m'a paru si loyal que je n'ai pu soupçonner le piège qu'il m'a tendu. » Eh bien ! qui donc de ces deux hommes est le plus libre ? Celui qui est transporté, qui n'est plus maître de soi, qui ne peut plus ; ou celui qui peut, qui est maître de soi, qui n'est point emporté par la colère ? Si le second est plus libre que le premier ; si, la presse une fois déchaînée, toutes les passions les plus violentes, toutes les imaginations les plus lubriques et les plus plus honteuses, tous les sophismes les plus captieux peuvent venir vous attirer, vous entraîner, vous trahir — si enfin cet entraînement fatal naît proprement de ce que vous vivez en société avec ces parleurs de toute classe, libres de vous fasciner et de vous séduire, ne voyez-vous pas qu'en vous l'homme intérieur, l'homme de la volonté raisonnable est ici moins libre et plus emporté ?

423. — Outre les facultés proprement dites dont nous venons de parler, il y a dans la nature humaine une autre propriété commune à tous les êtres non déterminés par essence à un mode unique d'opération. Entre beaucoup d'actes qui leur sont possibles, s'il en est un dans lequel ils s'exercent de préférence et plus fréquemment, ils en contractent l'habitude. Et cette habitude doit être dans les êtres intelligents, conforme à une volonté raisonnable... D'où il suit qu'en développant en lui-même l'habitude d'agir honnêtement, l'homme se forme aussi, d'ailleurs avec une pleine liberté et un grand mérite, à une sorte de nécessité très heureuse, celle de la vertu. D'un autre côté, la liberté civile, on le comprend, consiste en grande partie à pouvoir vivre sans être comme infailliblement poussé aux attraits du vice

et comme nécessité à contracter l'habitude du mal. Eh bien! maintenant, jugez-en vous-mêmes... La vie publique n'exerce-t-elle pas sur les individus une influence presque irrésistible. Et voit-on souvent les hommes de vertu ordinaire résister longtemps et avec constance à la poussée générale d'une société? L'association augmente donc naturellement les forces des facultés humaines et les individus sont comme subjugués irrésistiblement par les exemples d'une société tout entière. Si donc la presse est indépendante de cette autorité suprême qui est la gardienne de la foi et de la morale; si elle devient, par la nature corrompue de l'homme, une provocation continuelle au mensonge, à la révolte, au plaisir honteux, à l'impiété sacrilège, des milliers d'hommes, qui eussent été assez forts pour triompher dans les luttes intimes et contracter l'habitude de la vertu, ne résisteront pas au torrent public; comme malgré eux, ils seront entraînés au mal. Or, nous l'avons dit, être enchaîné, c'est la liberté diminuée. Et cette diminution devient irréparable par l'habitude.

Donc dans toutes ces sociétés livrées à la liberté absolue de la presse, les citoyens sont moins libres que si l'erreur et le vice y étaient contraints de se cacher au moins par honte et par crainte.

Remarquez ici que, les habitudes se formant peu à peu, si la liberté de la presse ne pousse pas un peuple en deux ou trois années aux plus honteux désordres, au communisme, à une impiété infernale, il ne faut pas s'en étonner... Le peuple descend à ces abîmes par degrés. Poussé par des hommes de plus en plus audacieux, il finit par se familiariser avec ce qui était auparavant pour lui un objet de malédiction. Mais ce progrès n'est qu'un progrès dans la servitude, une habitude nouvelle venant toujours enraciner plus profondément celle qui a précédé.

Très grave est donc l'offense faite à la vraie liberté, à la liberté réelle et intime de l'homme raisonnable, lorsqu'on met aux mains de tout criminel ce terrible instrument de la presse. Il en peut, à son gré, faire jaillir l'étincelle électrique qui enflammera des milliers de têtes, agitera des millions de langues..., et les poussera à admettre et à répandre toutes les énormités en les dissimulant sous d'habiles sophismes. Que si, en jugeant de la liberté civile ou politique d'un peuple, on ne tient pas compte ordinairement de ces causes qui ne font plus de la liberté véritable qu'une liberté matérielle et par conséquent illusoire, il n'en est pas moins vrai que la nature des choses produit toujours ses effets ; il n'en est pas moins vrai, et l'expérience le prouve, qu'un peuple tyrannisé par l'erreur et par les passions agit en insensé.

Aussi joint-on l'ironie à l'injure quand on appelle cette liberté de la presse la liberté du peuple. Malheureux peuple ! que ne connais-tu du moins tes fers ! Ceux qui te trahissent te proclament libre pour mieux t'enchaîner.Cette liberté dérisoire qui fait de toi un esclave, ils l'exaltent comme une conquête populaire,prétendant que tu jouis du meilleur des gouvernements.

121. —Brownson dit donc avec raison qu'en Amérique il y a plus de liberté qu'ailleurs d'après la constitu-

tion et sur le papier, parce que la constitution permet
tout, mais qu'en réalité il y en a moins, parce que,
l'homme vrai, l'homme moral y est plus exposé que
partout aux traits du sophisme et de la séduction. Il y
est exposé par nature, puisqu'il est borné; il y est
exposé surtout en raison de la corruption qui lui vient
du péché originel. Cette corruption, les mécréants
la nient à plaisir; les sophistes en font abstraction,
parce que, disent-ils, la philosophie n'entre point dans
les sacristies, mais cela n'empêche point l'homme de
rester tel qu'il est et la multitude d'être toujours aveugle. Il y a plus : tandis que, selon sa coutume, le Protestantisme nie la nature dans la constitution, la nature
se venge en détruisant celle-ci par sa force réelle. La
nature dit à tout homme moins intelligent : Puisque
vous êtes aveugle et faible, faites-vous guider et soutenir ; et cet homme, docile à cet avis de la nature, se
laisse guider par une autorité... Le Protestantisme, lui,
brise les chaînes des voleurs, parce que tous les hommes sont libres — Eh bien ! que vous en semble, lecteur ? Et laquelle de ces deux sociétés sera réellement
plus libre ?

425. — Présentons la même vérité sous une forme
plus concrète. Supposons deux villes qui ont à déterminer leur gouvernement municipal, l'usage de leurs
revenus, de leurs impôts, les lois de l'enseignement
public, etc... La première possède des registres de police
afin de distinguer les voleurs des honnêtes gens; deux
grands livres, l'un du passif, l'autre de l'actif; un corps
académique chargé de choisir ceux qui sont capables

d'enseigner. La seconde ne possède aucun de ces moyens de gouvernement. Elle se laisse conduire par les factions les plus bruyantes. — Laquelle de ces deux villes sera la plus libre : la première, soumise à la direction d'une autorité raisonnable, ou bien la seconde, qui se laisse entraîner aux clameurs populaires ? — Et si la seconde, enflée d'orgueil, mande à la première de brûler livres, registres, bibliothèque afin de pouvoir se donner librement pour gouverneur un fripon, d'affermer les biens publics à moitié prix, d'enseigner sans crainte de répression une doctrine déraisonnable, ne direz-vous pas que cette ville où l'on ne parle que de libertés est proprement un asile d'insensés ?

Il est vrai ; dans cette ville, tous sont libres de parler. Mais qui sont ceux qui crient le plus fort : les honnêtes gens habitués à peser leurs paroles ou les audacieux qui n'écoutent que leur caprice ? Je le sais ; tous les jours on déplore la faiblesse des gens de bien — et ces plaintes sont en partie fondées. Pourtant, il faut le reconnaître, souvent leur inaction est autant un devoir qu'une faute : car ils ne peuvent recourir à des moyens coupables ; et, quand ils agissent, ils doivent toujours respecter l'ordre et la probité. Leur activité sera donc toujours limitée ; celle des méchants aura pour elle et le nombre des agents et l'audace de l'action ? Or, si en tout temps la force appartient naturellement au nombre et à l'audace, cela est bien plus vrai à notre époque où la majorité prétend faire le droit. Donc, avec la liberté de la presse, les publications les plus capables de séduire et d'entraîner les multitudes pulluleront de toutes parts... Et ces multitudes seront esclaves, grâce à la licence des écrits et de la parole.

426. — Ces vérités réduisons-les à une formule qui embrassera dans sa généralité toutes les libertés sans frein tant vantées par les régénérateurs modernes. La voici : « La liberté, accordée à tous indistinctement, « n'est pas autre chose que le triomphe de la force sur « le droit, pas autre chose que le retour à l'état sau- « vage par l'abolition des droits et des avantages so- « ciaux ? »

En effet, quel est, dans les desseins de la Providence, le but naturel de l'association ? — N'est-ce pas que les hommes se secourent mutuellement afin que chacun d'eux puisse jouir de ses droits, sans avoir à redouter les oppressions de la force ?

L'état où la force prévaut sur le droit est donc un état antisocial. — Or, qui ne voit que, grâce à la liberté de la presse, les plus forts obéissant à leur nature cor-rompue seront aussi les plus poussés à s'unir afin d'op-primer les faibles. — Donc la liberté pour tous se réduit à l'oppression du faible par le fort ; à l'esclavage du peuple anglais sous la domination des lords (cela s'ap-pelle l'aristocratie politique); des artisans sous celle des entrepreneurs et des capitalistes (c'est l'aristocratie de l'argent); des petits commerçants sous celle des grands négociants (c'est la liberté du commerce) ; des hom-mes du peuple sans instruction sous celle des journalis-tes (c'est la liberté de la presse); des citoyens honnêtes sous celle des conspirateurs, c'est la liberté d'associa-tion) ; des croyants sous celle des sophistes (c'est la liberté des cultes). » En somme donnez la liberté aux forts et il est évident que, s'ils n'ont pas de conscience, ils opprimeront les faibles. — Or, pourquoi la société est-elle instituée ? N'est-ce pas précisément pour protéger les faibles contre les forts et les puissants sans conscience.

Je dis sans conscience : car le fort et le puissant consciencieux sont les bienfaiteurs et non les ennemis des faibles et des petits. — Donc la liberté pour tous est la destruction de la société, la ruine de l'esprit et de la fin de la société. — J'ai dit : destruction ; ce ne serait là qu'un moindre mal ; il faut dire : c'est un abus, une profanation, une perversion au moyen de laquelle on convertit la société en instrument de tyrannie, puisque, sans la tyrannie, l'état social deviendrait alors impossible.

Comprenez toute ma pensée, et considérez attentivement le mécanisme de la société. Elle est instituée non seulement pour venger des délits, mais encore pour promouvoir à toute sorte de bien et premièrement au bien moral, à la vertu... Et tous doivent coopérer volontairement à ce résultat. Eh bien ! quelle est la part apportée à cette coopération par la liberté moderne ? Elle déclare qu'il est licite à chacun de n'y point participer. Mais sans la coopération générale de la société beaucoup de bien ne sera pas accompli même par ceux qui en auront le désir... Car il faut peu de chose pour empêcher le bien dans les autres. — Donc, avec la liberté absolue, la presse devient dans la société un obstacle au bien que, loin d'elle, les hommes accompliraient sans peine.

Donnons de cette affirmation deux preuves tirées, l'une de l'ordre physique, l'autre de l'ordre moral. Si nous vivions comme au temps des Patriarches, et sans relations civiles avec d'autres familles, nous serions libres de dresser une tente où bon nous semblerait, mais en même temps nous serions privés de beaucoup d'avantages, secours et encouragements qui se trouvent dans la vie civile... Par ailleurs, en rapprochant leurs personnes, leurs propriétés, leurs maisons, il peut arriver que des hommes soient nuisibles à leurs voisins. Pour éloigner autant que possible cet inconvénient la société fait beaucoup de lois surtout en vue de la police et de la santé. — Or supposez ces lois fidèlement observées de tous, excepté de quelques esprits indépendants qui veulent user et abuser de leur liberté? Ne voyez-vous pas qu'un grand mal peut en résulter pour les citoyens honnêtes? Que servira à ces derniers d'observer les lois, d'éviter toute culture insalubre, de prendre toutes sortes de précautions contre l'incendie ou contre les maladies pestilentielles, si quatre ou cinq hommes sans conscience s'affranchissent de tout devoir, cultivent des rizières sous les murs de la ville et entretiennent des matières infectieuses ; exposent au feu par leur imprudence les maisons et les granges du voisinage, enfin correspondent sans précaution avec les pestiférés? La chose est évidente : ici les gens honnêtes ne tirent d'autre avantage de la société que de s'exposer au péril causé par leurs voisins et de se priver de beaucoup de choses pour éloigner de leurs concitoyens tout péril...

Dites-en autant de l'ordre moral... Ici l'exemple est de fraîche date : il se présentait en France au moment où nous écrivions ces lignes. A Lyon, à Toulouse et ailleurs nombre de négociants honnêtes ont formé une convention pour l'observation des jours de fête. S'il eût été isolé, chacun aurait pu suivre sa conscience, sans autre perte que celle d'un jour de repos. Mais ils sont membres d'une société, et dans cette société règne la liberté des cultes. A côté de ces marchands honnêtes, mettez en d'autres qui violeront scandaleusement la loi divine en travaillant et vendant les jours de fête. Non seulement ceux-ci détruiront publiquement par leur impiété la bonne édification donnée par leurs collègues : mais en vendant et en travaillant un jour de plus qu'eux par semaine, ils jetteront la perturbation dans le commerce et rendront la concurrence impossible. — Voilà donc la société privée moralement de cette liberté des cultes qu'on faisait sonner si haut dans la constitution, ou plutôt la voilà dans la nécessité de violer le culte catholique.

Ces exemples pourraient être multipliés indéfiniment : mais ils suffisent à faire comprendre aux lecteurs que si dans tout ordre de choses, la liberté pour tous veut dire le despotisme des forts sur les faibles, sur le terrain précis des intérêts sociaux, elle signifie la licence accordée à quelques malfaiteurs de poursuivre les honnêtes gens, avec défense à ceux-ci de saisir des armes que l'isolement leur aurait fournies pour se défendre.

427. — Voilà donc à quoi nous pouvons réduire la réponse de Brownson sur la liberté de la presse, que

quelques-uns regardent comme inoffensive en Amérique et en Angleterre : « Cette liberté de l'erreur serait pour ces nations un principe de servitude ; mais occupées de négoce, elles raisonnent peu ; mal instruites par le protestantisme, elles raisonnent mal ; de cette façon elles reculent devant les dernières conséquences que tirent des principes d'autres peuples plus amis du vrai éternel, plus logiques dans leur raisonnement et plus ardents dans l'application.

§ V

LES DISCORDES AU MOYEN AGE

Sommaire :— 428. La discorde ancienne en Italie ?— 429. Réponse : Elle ne naissait pas du catholicisme mais bien de l'état barbare antécédent.— 430. Le catholicisme combattait ces discordes.— 431. Le Protestantisme les fait revivre. — 432. Impuissance du Protestantisme en Italie jusqu'à nos jours.

428.—Reste à résoudre brièvement la troisième difficulté proposée plus haut : « Comment osez-vous, dit-on, reprocher à la liberté protestante de produire naturellement la division et la discorde, puisque l'Italie ne fut jamais en proie à des guerres intestines plus sauvages qu'au moyen âge, c'est-à-dire à l'époque où le Catholicisme était dans toute sa puissance ? »

429.— Voici ma réponse : Pour bien connaître les vraies influences d'un principe social, il faut distinguer attentivement ce qui lui est propre et ce qui lui est accidentel ; il faut le suivre dans ses développements, depuis son aurore jusqu'à son coucher.

Nous l'avons démontré plusieurs fois : par nature, le principe catholique d'autorité unit les hommes, tandis que l'indépendance protestante les divise. Si donc dans l'Italie catholique du moyen âge il y a eu plus de discordes que la Réforme n'en a produit dans les temps modernes, il faut en chercher la cause ailleurs que dans le Catholicisme. Et nous n'aurons pas de peine à la trouver. Au moyen âge la nation italienne en était encore à sa naissance. Elle s'était composée de ces milliers de tribus barbares dont l'indépendance était de tout point étrangère à la civilisation catholique... Aussi pour comprendre l'influence de cette civilisation, ne faut-il pas comparer la société du moyen âge avec la société moderne, mais bien avec la société barbare dont elle émanait. A ce point de vue, si terribles qu'elles aient été, les discordes du moyen âge apparaîtront toujours comme un vrai progrès par rapport aux guerres féroces des barbares ; au moins quand l'on considérera bien que le Catholicisme a établi dans ces populations la grande force de la société domestique, l'unité du mariage. On en sera particulièrement convaincu, si l'on se fait une juste idée de l'influence du christianisme. Il commence en effet par former l'homme intérieur, l'homme de foi et de conscience pour produire ensuite peu à peu l'homme de la famille, puis l'homme de la société civile, de la société politique et internationale... Quoi donc d'étonnant si cette œuvre progressive et lente laisse subsister dans les relations sociales beaucoup d'habitudes qui tiennent à la barbarie antécédente ? Dans un édifice ordinaire ne faut-il pas beaucoup plus de temps pour extraire, transporter, tailler et polir les matériaux que pour les coordonner et les unir ?

430. — On ne peut donc pas tirer du fait de ces divisions un argument contre la concorde, fruit naturel du Catholicisme. En se développant et en se perfectionnant elle avait merveilleusement uni les peuples de l'Europe en une famille dont les membres, animés d'une même foi, soumis aux mêmes lois et pénétrés des mêmes sentiments, donnèrent souvent au monde, sous l'impulsion d'un faible vieillard, le spectacle admirable de frères se levant pour la défense de leurs frères... Je vous laisse donc, cher lecteur, comparer vous-mêmes cette concorde efficace et généreuse de l'Europe catholique avec la concorde moderne produite dans la seule Italie par ces centaines de journaux et d'orateurs qui nous crient de courir comme un seul homme à la conquête de la liberté. Pour moi, je juge de la puissance des causes par la grandeur des effets; et je ne crains pas d'affirmer que le principe catholique auquel on doit le mouvement si spontané, si désintéressé, si général des croisades démontre avec évidence que les divisions de l'Italie, au moyen âge, ont eu une autre cause que le Catholicisme.

431. — Quand je pense, au contraire, à la complète séparation des nations européennes accomplies par la Réforme; quand je rencontre, aux confins des États, pour défendre cette séparation, des milliers de baïonnettes, des bataillons de douaniers pour exiger un tribut, des commissaires pour constater la nationalité des gens à leurs passe-ports, des nuées de magistrats chargés partout de marquer de l'estampille de l'État, c'est-

à-dire de son « placet » et de son «exequatur », les institutions catholiques, sans blâmer indistinctement toutes ces mesures devenues un mal nécessaire, je ne puis m'empêcher de regretter l'ancienne unité de l'Europe... Un clergé pour ainsi dire cosmopolite en était l'âme : ses membres, envoyés à toutes les nations indistinctement par le Saint-Siège, amenaient à chaque jubilé les représentants des peuples catholiques aux pieds du Saint Père. Rome était alors plutôt la patrie de tous les chrétiens que des seuls habitants de son territoire, tant elle renfermait, disséminés çà et là dans son enceinte, d'hospices et d'églises pour contenir tout le peuple fidèle. Ici chacun entendait sa langue maternelle, participait aux mystères de sa foi, aux sacrifices de ses pères, méditait les lois auxquelles il était soumis et lisait sur tous les murs les gloires de sa patrie religieuse. Bref personne n'était étranger à Rome et nombre d'esprits généreux, entreprenants, zélés en remportaient des trésors de lumières, des flammes d'amour dont les rayons vivifiaient le monde entier, entretenant du fond de leurs pays d'intimes et savantes correspondances avec les plus grands hommes de la catholicité.

432. — Prôneurs audacieux de la liberté de penser ! Venez maintenant avec votre presse et vos docteurs... Mettez-vous tous à l'œuvre ! Et produisez, même chez un seul peuple, une unité qui ressemble un peu à ce merveilleux concert de toutes les nations européennes si bien formées pour professer un même dogme, observer une même loi, s'asseoir à une même table, obéir à un même père, pour pratiquer entr'elles la vraie fraternité

et célébrer un même sacrifice : oui, venez; et pour accomplir cette œuvre étonnante, faites partout flotter une seule bannière et proclamez un seul programme ; écrivez une seule charte; poussez aux urnes électorales, entendez-vous tous pour décréter une seule constitution... mais cependant, fidèles à vos principes, laissez chacun libre de vous combattre par ses raisons, de lancer ses catilinaires, d'organiser des associations, de faire courir des pétitions ; puis réalisez l'unité dans vos congrès de la paix : ou au moins une nouvelle trêve de Dieu, je veux dire, le premier de vos desiderata : l'abolition des armées permanentes ! Oui, faites cela ; vous pourrez ensuite nous parler des discordes du moyen-âge... D'ailleurs, ne pourriez-vous pas comprendre, si vous le vouliez, quelle était sous la rude écorce des Guelfes et des Gibelins la réelle unité produite en Italie par le principe catholique. Ces dissensions, ces colères... le Catholicisme les condamnait, les mitigeait, les corrigeait peu à peu comme il condamne et corrige toute erreur et toute division quand il est libre d'agir. Et de fait n'a-t-on pas vu mille fois tomber ces dissensions à la vue d'une croix, au seuil d'un asile, à la proclamation d'une trêve de Dieu, au retour d'un jubilé ? Que si ces moyens agissent plus lentement que les bachanales révolutionnaires dans lesquelles on promet aux Italiens une liberté mensongère pour ne leur donner que la fièvre et la folie de l'indépendance, leur effet est plus sûr; ils réussissent à consolider l'édifice social, parce qu'on a commencé par en équarrir et polir les pierres selon les règles de la conscience... et qu'on leur a communi-

qué une tendance à prendre d'elles-mêmes et sans recourir au marteau ou au ciseau, la place qui leur convient.

CONCLUSION

Pardonnez-moi, cher lecteur, ce cri d'indignation et
d'amour. Quand je songe au mal immense et inévitable
que font sans motif aucun, à notre malheureuse Italie,
ces criminels qui, « la croix sur la poitrine, l'Évangile
sur les lèvres et la trahison dans le cœur », nous imposent
de force l'unité de l'athéisme et le droit de tout oser, je
ne puis m'empêcher de voir, dans leur conduite, de la
bassesse, de la folie, de la cruauté ! Les malheureux !
A certaines heures lucides, ils confessent que nous avons
été libres jusqu'au traité de Vienne, libres sous les
princes, libres sous le gouvernement de l'Église ; libres
au temps des privilèges de la noblesse, des corporations ;
en sommes libres avec toutes les institutions qu'ils veulent abolir afin de conquérir la liberté ! Mais alors pourquoi prêcher, au nom de la liberté, la guerre contre le
Catholicisme italien ?

Ce Catholicisme, tant que la presse n'était pas déchaînée contre lui, restait pour l'Italie un principe assuré
d'ordre et d'unité. Il rendait également possible, également solide, et, à peu de chose près, également heureux
tout gouvernement légitime, quelle que fût sa forme
monarchique, aristocratique, etc. Car le peuple sentait
que, sous un gouvernement quelconque, l'homme social
doit naturellement dépendre de la volonté du créateur

sans pour cela devenir esclave de celui que la divine Providence a revêtu de son pouvoir. Or, ce sentiment qui ennoblit l'obéissance et réprime l'orgueil du commandement, vous voulez le tuer dans le cœur de ce malheureux peuple. Pour cela vous lui faites croire qu'il a droit à la souveraineté, c'est-à-dire à une autorité impossible : vous lui faites croire que sa dignité consiste à se révolter même contre la religion : « sois infaillible, lui dites-vous ; et l'infaillibilité te donnera le droit de parler, d'écrire ; sois indépendant ; sois ton Dieu...» Et le peuple absorbe le poison ; il se croit semblable à Dieu : « Eritis sicut dii. » Allez, après cela, lui prêcher l'obéissance. Dites-lui que le bonheur est dans le droit de commander, mais qu'il y doit renoncer par amour pour la patrie ; qu'il n'a point de supérieurs, mais qu'il doit accepter même ceux qui sont durs et odieux ; qu'il peut, à sa guise, abroger toute sorte de lois à la condition que les révoltés soient le nombre ; mais qu'il doit bien se garder de pousser à la révolte la majorité... Oui ; accumulez jusqu'à la hauteur des montagnes toutes conséquences contradictoires qui découlent de l'indépendance protestante, toujours les effets aboutiront au même terme. En combattant la nature, vous amoncellerez les ruines.

Cher lecteur, vous m'avez accompagné parmi toutes ces ruines afin d'en rechercher la cause. Je ne sais quel est le régime politique que vous préférez. Mais si vous êtes bien convaincu que, sous un régime quelconque, la première nécessité de la société, c'est l'ordre et l'obéissance ; que l'homme n'obéit point s'il estime qu'obéir lui est chose libre et à plus forte raison nuisible ; que, la liberté de penser une fois proclamée, personne ne regardera plus l'obéissance comme un devoir et que très peu même s'accorderont à en reconnaître l'utilité ; oui, dis-je, si vous êtes bien convaincu de ces vérités, revenez aux grands principes de la raison et de la foi ; renoncez aux théories et au langage d'une hérésie ruineuse. Puis, ami comme vous l'êtes de votre patrie, de votre repos, de votre famille et de la paix de votre conscience, dites franchement à tous et professez hautement que la pensée est dépendante de sa nature, que l'Église la redresse par la foi... D'où cette conséquence : que l'expression de la pensée doit se conformer à la Foi. Alors nous aurons relevé non dans la charte, mais dans les consciences, le principe de l'unité sociale. Alors la concorde deviendra possible, et la société ne sera plus livrée aux coups de mille écrivains d'autant plus acharnés à la détruire qu'ils la connaissent moins.

CHAPITRE III

Théories sociales sur l'enseignement.

Qu'on ne s'y trompe pas : l'organisation de l'instruction publique devient dans ces temps d'anarchie la grande
question de l'avenir. Après la Belgique, l'Irlande, la
France, l'Angleterre, arrivera le tour de l'Autriche, de
l'Allemagne qui n'ont pas d'universités canoniquement
instituées. « La question est européenne. Il importe
qu'elle reçoive une solution. » (Correspondance de
« l'Univers », 28 janvier 1850).

§ Ier

Sommaire : — 433. Gravité de la question.

433. — Nous avons établi que la liberté de la presse
était un fruit de l'indépendance intellectuelle. Elle a
été, nous le savons, condamnée comme un délire des
temps modernes par le grand pape Grégoire XVI, de
sainte mémoire.

Mais en montrant la racine hérétique de ce mal,
nous nous sommes toujours tenus dans les bornes rigoureuses où un catholique est obligé de la condamner,
c'est-à-dire dans celles où elle refuse de se soumettre

à l'autorité de l'Église. Nous n'avons point voulu nous jeter dans des broussailless où nous eussions été arrêtés par des questions incidentes, par exemple sur le droit des gouvernements à censurer des ouvrages publics. La matière que nous abordons est compliquée, délicate; la traiter est chose épineuse et difficile. Pourtant ces raisons ne sont pas capables d'empêcher un auteur catholique de se lancer courageusement dans la lice, alors que le bruit et les dissentiments qui se produisent autour de cette question peuvent surprendre et perdre beaucoup d'âmes mal armées contre le péril.

Examinons-la donc d'après les vrais principes. Elle se rattache du reste à une autre plus générale, celle du droit des différentes autorités sur l'enseignement et sur la manifestation publique des opinions. Aujourd'hui plus que jamais (1) elle est universelle... et de sa solution dépendent les destinées futures de tous les peuples... Par ailleurs on sait quelles tempêtes de passions a soulevées dans notre siècle, mais surtout en France, le seul nom de monopole universitaire...

Il me sera donc permis, à moi, qui ne suis d'aucun parti politique et n'ai pour but que de défendre ou de remettre en lumière la pure doctrine catholique, de rechercher, en suivant les données de la raison, d'où dérive pour toute autorité le droit sur l'instruction publique. Je dis en suivant les données de la raison, et sans trop m'appuyer sur les décisions de la foi... Car, de nos temps, ils sont encore trop rares ceux qui consentent, pour discuter, à entrer dans les sacristies.

(1) C'est-à-dire en 1857. Combien c'est plus vrai en 1901 !

Ces pages pourront être utiles même dans les pays où ne règne pas la liberté de la presse : gouvernants et gouvernés y trouveront un avantage ; ceux-là pour mieux voir les défauts de leur législation, ceux-ci pour ne pas la calomnier injustement. Comme je l'ai fait jusqu'ici, j'éviterai dans ce sujet toute idée étrangère ou de pure imagination... Uniquement soucieux de la vérité, sincère et impartial, je m'efforcerai de mettre tant de clarté dans mes propositions et tant de suite dans mes raisonnements que ma doctrine soit comprise des esprits ordinaires et que tout adversaire loyal puisse prendre acte même d'une seule parole qui lui semblerait incorrecte.

§ II

Sommaire : — 434. L'enseignement est-il libre, c'est-à-dire un droit naturel de l'homme.—435. Nous n'avons pas l'obligation de développer toutes nos facultés. — 436. La parole est un moyen social. — 437. Destiné à répandre la vérité. — 438. On doit en user conformément à la fin.

434. — Voyons donc en premier lieu d'où vient et ce que vaut cette banale assertion trop souvent répétée par des gens qui n'ont pris la peine ni d'en chercher les raisons ni d'en mesurer la portée: « L'enseignement est un droit naturel de l'homme : l'enseignement est naturellement libre. »

Les moralistes comme Ahrens, Damiron, etc., qui font découler tout devoir de l'obligation de développer nos propres facultés ont leur preuve toute faite: « L'homme

« disent-ils, a reçu de la nature la faculté de mani-
« fester ses propres idées ; donc il en a aussi reçu le
« droit et le devoir ; donc c'est faire la guerre à la nature
« que de vouloir mettre des limites à ce droit. »

— Parfait argument si le principe supposé était vrai.
Mais, hélas ! l'homme n'a pas moins reçu de la nature
la faculté de se taire ou même de mentir, selon le mot
de Talleyrand, que la faculté de parler.

435. — L'homme pouvant donc ou se servir de cette
faculté ou bien en suspendre l'usage, selon la fin que lui
montre la raison, il est clair que c'est d'après cette fin
que nous devons mesurer et le devoir et le droit d'user
de cette puissance. Par conséquent, il nous sera licite
de l'employer, quand cet usage ne nous éloignera pas
de la fin ; et ce sera pour nous un devoir d'en user
toutes les fois que, sans cela, nous nous éloignerions de
cette fin.

C'est la règle universelle de tous les droits et de tous
les devoirs que l'on veut déduire des facultés de l'homme.

436. — Appliquons cette règle universelle à la puissance de parler à laquelle est liée celle d'enseigner : nous
verrons que l'homme ne parle que pour pénétrer, au
moyen des sons articulés si merveilleusement par sa
langue et ses lèvres, dans les intelligences qui l'entou-
rent, et projeter ainsi en elles un rayon de vérité.

En effet, créé par Dieu comme animal sociable et intelligent, l'homme doit avoir reçu de la nature le moyen
de s'associer avec ses semblables dans la plus noble et
la plus essentielle partie de son être, la raison : Par ses
sens et par sa puissance de locomotion, il s'unit à eux

dans sa partie animale. Quant à la raison, elle doit trouver aussi un objet propre qui l'excite et lui serve de lien entre deux intelligences faites pour s'associer, comme la vue et le toucher trouvent des corps colorés et étendus propre à éveiller en eux la faculté de voir et de palper. Retranchez la vie extérieure des sens, l'association matérielle des hommes n'est plus possible ; retranchez le mystérieux véhicule de la pensée, la parole qui présente aux intelligences leur objet propre, et vous rendez impossible l'association des esprits.

La nature humaine est donc organisée pour que les individus se communiquent réciproquement la vérité ? Aussi bien, qu'est-ce qui pourrait, en dehors de la vérité, réveiller et contenter notre raison ? Vous écoutez des sons, vous goûtez des saveurs ? Est-ce votre raison qui est satisfaite ? La raison est-elle une affection du cœur, un souvenir passé ? Non. Quand vous interrogez, vous avez soif d'une vérité ; quand vous répondez, vous contentez le désir de quelqu'un qui en est altéré comme vous...Ces cris : Ah ! Hélas ! qui s'échappent de vos lèvres pourront bien porter les cœurs à la compassion ; mais ils révèlent chez vous à la raison un état intime d'étonnement ou de douleur.

437. — La puissance de la parole est donc destinée à manifester la vérité ; et l'on ne peut pas, sans offenser la nature, travailler à infuser dans les autres hommes ce qui est le mal essentiel de leur intelligence, l'erreur.

438. — Mais l'homme est-il ainsi fait que toute vérité lui soit utile ou nécessaire ? Si oui, toujours il sera licite ou obligatoire de la publier... Mais on connaît le pro-

verbe : « Toute vérité n'est pas bonne à dire, » puisque mainte fois elle pourrait offenser les personnes soit présentes, soit absentes. Quant au silence et au mensonge, le premier est souvent un devoir ; le second n'est jamais permis.

Ainsi c'est chose licite de publier ses propres idées, quand la manifestation n'en est point nuisible ; et c'est un devoir lorsque ces idées renferment une vérité nécessaire à autrui pour quelque raison. — Et comment juger que cette vérité est nécessaire ? 1° Par son rapport avec le bonheur infini de la vie future, terme et raison des agitations de la vie présente ; 2° par son rapport avec les vérités qui nous montrent la voie à suivre et nous fournissent les moyens d'arriver... Le devoir de manifester une vérité quelconque dépendra de sa connexion plus ou moins étroite avec notre fin dernière et avec les moyens plus ou moins nécessaires pour y parvenir.

D'où cette conséquence dernière : l'obligation de parler sera d'autant plus grande que celui à qui elle incombe connaît mieux et plus exclusivement la vérité et qu'il lui appartient davantage de la faire connaître. Ainsi je ne serai point obligé d'avertir un étranger de ses défauts, comme je le serais à l'égard d'un fils ; dans un entretien familier je pourrai taire ce qu'il serait déloyal de dissimuler dans un contrat, parce qu'ici l'action des contractants s'appuie tout entière sur la vérité de leurs assertions réciproques ; ce sera prudence de me taire, si je suis incertain, et parfois je devrai parler, si je suis certain... Une vérité serait très utile aux hommes, et je suis seul à la connaître ; je devrai la découvrir. J'y serais moins obligé, si elle était connue d'un grand nombre. — Bref ; l'obligation de manifester à autrui la vérité naît du besoin qu'il a de la connaître et de la possession certaine de celui qui doit la publier : de sorte que le commerce de paroles et de discours entre les hommes n'est rien autre chose qu'un acte perpétuel de charité sociale, qu'une communion réciproque à leurs propres biens, qu'un rayonnement perpétuel de la vérité entre les intelligences.

§ III

SOMMAIRE : — 439. La parole est un enseignement. — 440. Parole et enseignement ont des lois communes. — 441. Absurdité du contraire. — 442. Bases des lois qui régissent la parole.

439. —Mais pouvons-nous raisonner de l'enseignement comme d'un entretien familier ? Pourquoi pas ? Dans l'enseignement, le discours, la parole ne sont-ils pas substantiellement la même chose que dans une conversation ? Autre, je le sais, est l'idée du vulgaire : Il juge de l'importance des choses par leur éclat extérieur. S'il ne voit un grand portique, de grandes salles, de hautes chaires, des loges, des bureaux, etc., etc., il ne saura pas où se donne l'enseignement. Et pourtant c'est un fait, le journaliste enseigne dans sa gazette comme le prédicateur dans sa chaire, comme le surveillant dans la rue lorsqu'il accompagne les enfants à l'école, comme la mère au foyer lorsqu'elle apprend le Décalogue à son fils, comme l'auteur dans le livre qu'il a publié...

car toute parole est pour ainsi dire un enseignement. Cela est tellement clair, et tellement évident que la force même des choses pousse l'Université de France à faire peser son despotisme sur toute manifestation de la pensée depuis qu'elle possède légalement le monopole tyrannique de l'enseignement. L'on prétend dicter au médecin ses recettes, à l'avocat ses discours, à l'institutrice les formules de la civilité, et le catéchisme à la femme du peuple qui forme ses enfants à balbutier les premières vérités de la foi. Et nous devons louer les Français de leur fierté ou plutôt de leur esprit catholique, lorsqu'ils rompent avec les conséquences d'un principe menteur comme on brise les anneaux d'une chaîne d'esclave... Autrement viendrait le jour où il ne serait plus permis au proto de corriger une erreur typographique, ni au passant de m'indiquer mon chemin, sans une patente de bachelier... Car cela n'est-il pas un enseignement ?

440. — Les faits démontrent donc ce que j'affirmais tout à l'heure : les lois essentielles que la nature impose à l'usage de la parole sociale doivent aussi s'appliquer à l'enseignement.

441. — Ne serait-ce pas en vérité la plus ridicule et la plus absurde des contradictions qu'un édit formulé de la manière suivante : « Débitez, écrivez, imprimez en toute liberté vos pensées ; la loi vous le permet, pourvu que vous ayez des milliers de lecteurs ou d'auditeurs de tout âge et de tout sexe ; mais gardez-vous bien de donner à votre tribune le nom de chaire, à votre lieu de réunion le nom d'école, à votre livre celui de traité,

de leçons, etc... Car ainsi affublée la parole devient esclave ; et elle ne peut paraître en public sans payer une amende ?

De bonne foi ne serait-ce pas là se moquer du peuple ?

L'enseignement, la parole sont donc, dans l'ordre moral, régis par les mêmes lois, puisqu'ils sont, en substance, une même chose : la seule différence, et encore accidentelle, vient de l'unité de matière et de la nécessité d'une méthode dans l'enseignement. Ajoutez, si vous le voulez, qu'on adhère à un enseignement tandis que l'on discute dans une conversation, et encore que le premier s'adresse à des enfants ou à des ignorants et toute autre parole publique à des hommes déjà formés.

442.—Encore cette dernière distinction ne se tient-elle pas debout : Car il y a dans les écoles des adultes, et parmi ces adultes des ignorants plus dépourvus et plus crédules que beaucoup d'enfants. Par conséquent, entre l'enseignement et un entretien ordinaire, point d'autre différence que celle qui tombe sur l'unité de matière et sur la méthode. Si dans une conversation et en passant vous expliquez à quelqu'un les lois de la lumière, l'application de la vapeur à la locomotive ; si vous lui démontrez le droit de propréité contre les insanités du communisme, vous avez avec lui un entretien familier ; si, traitant les mêmes sujets, vous déduisez des principes vos démonstrations, mais cela avec méthode, à des heures déterminées et à des auditeurs stables ; alors l'on dit que vous avez ouvert un cours, une école. Mais quelle différence entre l'école et la conversation? Point d'autre que la méthode et la continuité. Mais en substance il n'y a, dans l'un et l'autre cas, que la parole.

Donc le droit et le devoir d'enseigner ne peuvent pas se déduire d'autres principes que de ceux-là mêmes qui donnent des lois à l'usage de la parole.

Or, qu'avons-nous dit par rapport à cet usage? Nous avons dit : 1° qu'il est toujours défendu de mentir et qu'il peut être illicite, en certain cas, de faire connaître une vérité; 2° que l'obligation de manifester à autrui la vérité se mesure sur le besoin qu'il a de la connaître et sur la possession certaine de celui qui doit la publier.

Développons un peu ces deux propositions en appliquant la loi universelle qui régit l'usage de la parole au cas particulier de l'enseignement.

§ IV

443. — S'il y a des vérités dont la manifestation est prohibée par la loi morale; si de plus et par la même loi la publication de tout mensonge est défendue, il est évident que la liberté d'enseignement trouve ici un obstacle qui l'empêchera de se dire absolue, à moins qu'elle ne se renferme dans l'intime de la conscience, dans ce for intérieur où la loi morale peut être violée

en sécurité. Mais le mensonge aura-t-il droit à la même impunité si de la conscience il pénètre dans la famille et dans la société (1)?

Non, répondent unanimement toutes les nations civilisées : un négociant qui vend des marchandises falsifiées, un notaire coupable de stellionnat (2), un faux monnayeur, un faussaire en écriture sont partout punis pour avoir émis et soutenu publiquement un mensonge. Je voudrais bien savoir si ce mensonge public châtié parce qu'il est nuisible le sera moins lorsqu'il sera enseigné au moyen d'idées plus universelles, de raisonnements mieux enchaînés et avec plus d'assiduité ? L'affirmer serait absurde : ce serait affirmer qu'une épée causera d'autant moins de mal qu'on l'enfoncera plus avant dans le corps d'un plus grand nombre d'individus et d'une main plus vigoureuse. Je le sais, pareille assertion a été soutenue dans des temps de bouleversements publics — et en fait, dans les crises politiques, l'on a souvent affranchi de toute peine ces hommes qui, au lieu de prêcher la rébellion sur les places, comme un Cicervaccio, ont usé, pour la faire pénétrer dans les esprits, des formules savantes de Cousin, d'Ahrens. Mais ces exceptions sont le fruit des préjugés et de la perturbation sociale. La règle constante, c'est que le mensonge, lorsqu'il affecte l'ordre public, est souvent puni par des lois; punition très juste : puisque

---

(1) Ou il faut dire que la parole ne fait jamais de mal, et alors la liberté de tout dire est justifiée, ou il faut confesser qu'il y a des crimes de paroles, et alors il est certain que la société a le droit de les punir. « Univers », 4 février 1850.

(2) Crime de celui qui présente comme libres des biens hypothéqués.

l'erreur et la fausseté sont non seulement un mal pour l'intelligence qui les embrasse, mais encore un germe d'autres maux incalculables pour nombre de citoyens et pour la société. Voici par exemple une calomnie lancée par un faux témoignage contre une famille; elle fait jeter aux galères ou conduire à la potence le père de cette famille. Que cette calomnie soit due à la sottise d'un grossier personnage ou à la dialectique savante d'un maître enseignant dans sa chaire, quelle est la différence pour la malheureuse victime de cette infamie? Le mensonge public est donc très légitimement soumis à la justice sociale. Et si une proposition appuyée d'une démonstration a plus de force qu'une simple affirmation, il n'y a pas de doute, l'on doit punir plus sévèrement un mensonge qui revêt la forme de l'enseignement, car l'enseignement, en le rendant plus général et plus ferme, en perpétue aussi plus longtemps la malice.

444. — Je ne vois qu'une objection possible contre cette doctrine, celle-ci : « C'est que si d'un côté l'universalité de l'enseignement le rend plus pernicieux en raison de son étendue, de l'autre elle le rend moins pratique et par là moins nuisible, parce qu'il reste vague et comme flottant dans les abstractions de la métaphysique. Cette raison, j'en suis sûr, sera du goût des esprits bornés et des cœurs égoïstes, les premiers ne voyant point les effets dans leurs causes, et les seconds se souciant peu du mal des générations futures, pourvu qu'ils n'aient point à en souffrir présentement. Mais, en vérité, si de tout temps le signe d'un

esprit obtus a été de ne savoir pas déduire des idées spéculatives les conséquences pratiques, pareille ignorance doit nous sembler inférieure à l'instinct des animaux, aujourd'hui que les faits parlent d'eux-mêmes; aujourd'hui qu'un peuple entier et de nombreux partis en Europe prennent les armes pour réaliser les rêves du communisme. Quelle que soit donc, dans cette frénésie des masses, la part de la séduction et de la cupidité, personne ne peut en nier la vraie cause fatale, surtout dans les pays où le peuple sait lire et où le journalisme ment sans vergogne. Car laisser courir librement l'étincelle de l'erreur au milieu de ces masses pareilles à des matières explosibles et espérer en même temps qu'un rayon de vérité viendra un jour raviver les cendres d'un incendie qui aura tout dévoré... cela peut bien être une maxime de ces Voltairiens qui aiment avant tout à faire éclater la mine; mais aujourd'hui cet aphorisme n'est plus de mise ; puisque la liberté de penser n'est pas plus tôt décrétée quelque part qu'elle y est immédiatement suivie de ce spectre terrible : « l'état de siège ». Situation très favorable à ces publicistes qui, voulant flatter l'opinion, mais sachant par ailleurs que le mensonge social ne peut rester impuni, masquent sous un mot la condamnation qu'ils ne peuvent demander aux lois.

445. — Quant à ceux qui prévoient quels ravages produira l'erreur et cependant donnent à ce monstre droit de cité, pourvu qu'il ne se lance qu'après leur mort sur les générations futures, je ne veux point avilir ma plume à réfuter leur cruelle brutalité : ce sont des pères

barbares qui par apathie livrent leurs propres enfants. Je rappellerai seulement à ces hommes dénaturés qu'ils pourraient fort bien se tromper sur la puissance de la digue élevée, se disent-ils, entre eux et le torrent. Elle pourrait être minée et emportée tout à coup et eux-mêmes rouler dans ces gouffres où ils ne craignent de naufrage que pour leurs enfants.

446. — Je l'espère donc : tout lecteur de bon sens reconnaîtra comme moi des cas et des cas très nombreux où le mensonge, toujours défendu par la conscience privée, mais devenant public par l'enseignement, comme par tout autre mode de communication, peut être châtié par l'autorité légitime de la société : car cette autorité demeure toujours strictement obligée de protéger tout droit des citoyens et d'éloigner d'eux, autant que possible, tout dommage. — Mais que fais-je ici? Vous enfoncez, dira-t-on, une porte ouverte, au lieu de toucher le point vraiment difficile de la question. Car qui donc a jamais voulu donner droit de cité au mensonge? Et qui donc n'a pas compris qu'il est mauvais en lui-même et peut nuire beaucoup à la société? En fait, lorsque la vérité est évidente par elle-même et se rend sensible et palpable en s'incarnant pour ainsi dire dans la matière, tous, nous l'avons dit, accordent au gouvernement le droit de punir le mensonge. Ce n'est pas là le point en litige. Et celui qui demande la liberté d'enseigner la veut pour enseigner le vrai, non pour se faire de l'erreur un moyen de séduction; il la veut, parce que les gouvernements, absorbés par les soucis de la domination, sont beaucoup plus préoc-

cupés des intérêts de leur pouvoir suprême que de la diffusion de la vérité.

447. — L'objection est donc sérieuse et je ne prétends pas avoir achevé la preuve de ma thèse... J'ai voulu seulement établir des propositions évidentes et des principes admis communément afin d'en déduire des conséquences irréfragables. —

Je retiens donc comme hors de conteste que l'enseignement public du mensonge dûment reconnu comme tel peut être prohibé par la société, au moins quand il devient nuisible au bien commun et contraire aux droits des individus.

§ V

SOMMAIRE : — 448. Le gouvernement peut-il le connaître ? — 449. Il semble que non. — 450. Peut-il le défendre comme nuisible au bien public ? — 451. Pas davantage.

448. — Je vois très bien la force de l'objection : On la tire de la nature même des hommes chargés de l'autorité. L'on dit : pour défendre d'enseigner le mensonge, il faudrait le connaître. Or, la condition de ceux qui gouvernent les en rend d'ordinaire tout à fait incapables, emportés qu'ils sont comme une paille par le tourbillon bruyant des affaires extérieures...Les vérités les plus sublimes (et ce sont elles précisément qui donnent le branle à la vie morale de l'homme), ces vérités, dis-je, ne brillent que dans une atmosphère très pure. Pour y atteindre, le philosophe doit se dégager des embarras matériels, des préoccupations du cœur,

des soucis du luxe et de tout autre embarras qui arrêterait son essor. — Par conséquent lorsqu'un gouvernement s'avise de vouloir régler l'enseignement des
philosophes, il ressemble à un écolier qui prétendrait
redresser la doctrine de ses maîtres. Prétention on ne
peut plus absurde. — Quoi ! les hommes les plus
remarquables par leur intelligence se sont réunis pour
former une Académie; après de longs débats, ils
ont arrêté et publient maintenant des doctrines scien-
tifiques sublimes... Et voilà un ministre qui, sans connaître même les premiers éléments de cette science,
lance son veto contre les déclarations de ce corps
savant... Ne s'expose-t-il pas à condamner la vérité et à
sanctionner l'erreur ? — Donc tant qu'un gouvernement
n'aura pas trouvé le moyen de devenir et de se prouver
infaillible, il doit renoncer à la prétention de diriger
l'enseignement et les opinions ; à moins qu'il ne veuille
devenir et despotique et ridicule ; despotique s'il dit
à de plus savants que lui : « Je puis me tromper ; mais
vous devez croire à mes erreurs comme à la vérité ; »
ridicule s'il leur dit : « Je suis infaillible. »

— Mais j'y pense. Le prince pourra peut-être encore
recourir à deux raisons pour soutenir son droit sur
l'opinion : 1° Il appellera, dit-il, dans son Conseil d'État
tous les savants capables d'exercer naturellement une
grande influence sur les esprits. Et l'on ne pourra plus
alors résister sans arrogance à la sagesse, à la science,
aux vues profondes de ce Conseil qui concentrera en
lui-même, comme dans un foyer, la pure lumière de la
vérité qui éclaire la nation.

L'argument, je ne le nierai point, paraît au premier abord très conforme à la vérité et à la justice, surtout si l'on considère qu'un gouvernement a non seulement le droit, mais encore le devoir d'assurer la tranquillité. Pourtant on le comprendra facilement... cet argument si redoutable de loin n'est qu'un colosse aux pieds d'argile. Aussi n'y a-t-il qu'à reproduire ici la réplique que les vrais libéraux français ont opposée mille fois aux libéraux hypocrites de l'Université. « Vous composez votre Conseil d'État de ce que vous appelez l'élite du génie : mais qui donc sera le garant de leur infaillibilité ? Point d'autres que les élus eux-mêmes, ou le prince qui les a choisis, ou bien l'opinion dominante qui les respecte. »

Ce sera le prince, dites-vous. Mais alors, nous l'avons dit plus plus haut, ce sera l'ignorance qui jugera de la science des savants, puisque le prince, absorbé par le soin des affaires publiques n'a point le temps de scruter la philosophie. Si vous dites : ce seront les élus eux-mêmes : vous faites belle part à la jalousie ; l'esprit de parti exclura de votre conseil le mérite le plus incontestable, alors qu'il éclipsera les gens médiocres ou refusera de se fourvoyer avec les factieux... Ça été, vous le savez bien, le vice et la honte de l'Académie française tant que le Voltairianisme y a régné en despote... Sera-ce enfin l'opinion dominante dans la nation ? Mais alors, voilà de nouveau l'inconvénient de faire sanctionner la science des doctes par la voix des ignorants ; ensuite nous tombons dans toutes les difficultés de ce suffrage universel qui d'ordinaire parle assez sincèrement sur la tombe des grands hommes, mais qui, durant leur vie, n'en a jamais épargné aucun. En notre temps en particulier, où l'esprit de parti favorise tout autre intérêt, où les idées personnelles divisent les citoyens jusque dans les questions fondamentales de la morale, demander aux gouvernements, aux Académies, à la soi-disant opinion publique d'être les oracles de la vérité, n'est-ce pas, comme dit le proverbe, « demander à ses hôtes si le vin est bon » ?

On le sait ; point de parti qui ne prétende réunir dans son sein l'élite du génie, tandis que le parti opposé compte à peine quelques esprits pareils à des feux follets ou à ces étoiles filantes sorties de leurs orbites.

On le voit donc : la première raison qu'on allègue pour attribuer au gouvernement le droit de régner sur la pensée se réduit à ce cercle vicieux : le gouvernement répond de la science des docteurs et les docteurs de la sagesse du gouvernement : touchante alliance, en vérité, qui rend les uns et les autres si dévoués à défendre leurs intérêts réciproques. Mais le gouvernement pourrait encore s'appuyer sur l'obligation de défendre l'ordre public. « En réglant l'enseignement, dira-t-il, je ne prétends point être infaillible dans les doctrines que j'impose ; je ne veux que diriger mes sujets dans la poursuite d'un bien dont je leur suis débiteur.

449. — Il ne manque point de bonnes réponses à faire à cette raison : la 1re est celle-ci : Quel que soit l'avantage obtenu par une erreur, elle ravit toujours à l'homme le plus grand de tous les biens, un bien incomparable, la vérité...

Ensuite est-il vrai que l'erreur puisse procurer le bien public? Selon le cours naturel des choses le mensonge ne saurait être, pour les individus, la source d'un véritable bien... A plus forte raison est-il contraire au bien général de la société. Un individu dont la fugitive existence peut être éprouvée et brisée par le conflit de tant de lois universelles avec des lois secondaires sera plus d'une fois placé dans l'alternative ou de violer la loi universelle ou d'être victime de l'exception... Alors il pourra, s'illusionnant lui-même, croire que, cette exception devant durer autant que sa vie, il retirera d'une faute contre la loyauté un avantage qui durera bien jusqu'à sa mort... « Je le sais, se dit-il, mon mensonge pourrait se découvrir, et, dans ce cas, je perdrais les fruits de cette calomnie, de cette imposture; mais j'ai tout calculé. Il y a cent à parier contre un qu'en me déposant dans la tombe l'on croira confier à la terre la dépouille d'un parfait honnête homme... Après ma mort la vérité sera connue? Peut-être... Mais que m'importe une infamie posthume ! » Ainsi peut raisonner un individu mortel. Mais la société ne meurt pas. Pour elle les exceptions ne se transformeront jamais en lois constantes et le trépas ne viendra point rompre le cours des causes naturelles. Si donc l'erreur n'est pas par elle-même une cause de bien, il est impossible qu'à la longue elle ne produise de tristes effets, puisqu'elle en est naturellement la racine.

Accidentellement, il en sortira peut-être quelque avantage matériel, mais il ne durera point... Tôt ou tard la nature reprendra le dessus, et la funeste semence portera dans la société ses fruits empoisonnés. Elle lui fera sentir la privation de tous ces biens que le gouvernement a étouffés dans leur germe en empêchant l'enseignement de la vérité et en imposant l'erreur.

450.—Qu'on ne s'avise donc pas de défendre le monopole [de l'enseignement au nom du bien public : cette raison ne tient pas debout. Ici point de milieu: ou vous devez soutenir que le gouvernement est infaillible, ou lui interdire de régler l'enseignement en ce qui regarde la vérité et l'erreur. S'il revendique pareil droit au nom du bien commun, qu'il nous démontre auparavant que ce bien peut naître du mensonge et de l'erreur ou qu'au moins l'espoir d'un avantage matériel l'autorise à jeter la société dans tous les périls et à pénétrer lui-même dans la pensée et la conscience de ses sujets. Faute de cette démonstration, sa prétention sera et paraîtra deux fois tyrannique : premièrement il pénétrera dans un sanctuaire où la vérité seule a le droit de régner ; en second lieu il violentera l'intelligence créée pour le vrai afin de lui faire épouser le mensonge.

451. — Cher lecteur, vous êtes, j'en suis convaincu, de ces honnêtes gens qui mettent le bien public au-dessus de leurs idées et de leurs affections. Pourtant, je vous le confesse, je crains de vous voir ouvrir de grands yeux et même vous signer en entendant un de vos pareils soutenir une telle opinion; mais le comble du malheur pour moi serait que vous fussiez par hasard un de ces hommes qui ont fait de la légalité l'ancre nécessaire du salut de l'Etat, que cette légalité soit ou non

conforme aux principes éternels qui seuls peuvent vivifier une société.

Esclaves d'une vie tranquille et toujours prêts à imposer silence aux cris de la vérité comme à ceux de l'erreur, surtout aux premiers parce qu'ils sont plus ardents et plus efficaces, ces hommes ne cessent de se recommander au Pouvoir quel qu'il soit, et d'où qu'il soit, et d'où qu'il vienne, afin qu'il maintienne sur toutes les questions un public et inviolable silence.

Dix-huit cents ans se sont écoulés depuis que le Fils de Dieu est venu sur la terre. Ils ignorent encore qu'Il est descendu du Ciel pour jeter le glaive entre les hommes ; et que la paix achetée au prix de la vérité morale est cent fois plus funeste que la guerre, puisqu'alors ce n'est pas « la tranquillité dans l'ordre, mais la tranquillité dans le désordre », c'est-à-dire la paix la plus fausse et la plus trompeuse.

Pour moi je suis désabusé depuis longtemps de ces espoirs mensongers, je les ai vus tant de fois trahir ceux qu'ils avaient d'abord fascinés !

Mais une autre espérance me reste, celle qui repose sur la vérité légitimement et catholiquement proclamée : voilà l'unique rocher où je veux attacher l'ancre de salut pour la société... Et si alors elle me paraît menacée du naufrage, sans me laisser épouvanter par le péril, j'interrogerai avec tant de soin l'ordre naturel, le bon sens, l'autorité des sages et surtout de la révélation que je finirai par démêler un écheveau si embrouillé. Suivez-moi dans cette étude, cher lecteur, et vous n'aurez point, j'espère, à demander à l'erreur le salut de la société.

§ VI

452. — D'abord la voix de la nature et la voix du sens commun ont proclamé dans toute l'Europe, et c'est une conviction établie aujourd'hui, qu'une loi de répression et souvent même une loi préventive est absolument nécessaire au salut de la société : d'un autre côté, nous avons bien prouvé que les gouvernants n'étant pas infaillibles manquaient par là même de compétence pour reconnaître et sanctionner les doctrines ; mais cela ne veut pas dire que l'opinion n'a pas besoin de frein... Nous-mêmes, avant de démontrer l'incompétence du gouvernement en cette matière, n'avions-nous pas fait voir la nécessité d'un frein pour les sujets ? Or, cette seconde proposition ne détruit point la première, puisque ce ne sont pas deux contradictoires. Et c'est ici, selon moi, que raisonnent à faux ceux qui revendiquent pour le gouvernement civil le droit de juger et de régler l'opinion... En effet, voici leur argument : La société devient impossible si l'on ne met un frein à la liberté des opinions ; or, personne autre que le gouvernement ne peut imposer ce frein ; donc il appartient au gouvernement de régler l'opinion. »

Vieux syllogisme que celui-là et qui sent de 100 lieues

la Réforme, cette grande admiratrice de la liberté, cette prétendue libératrice des peuples... La pratique ne lui suffisant pas, elle a réduit en théorie l'art de la tyrannie intellectuelle dans ce fameux opuscule de Grotius (1), opuscule devenu le 5ᵉ Evangile des cabinets non seulement protestants, mais encore catholiques.

453. — Et pourtant ce syllogisme est sans valeur aucune — puisque si la première proposition est solide et incontestable, la seconde au contraire est purement gratuite, ou même absurde. Car qui a dit à ces politiques qu'en dehors des ministres souvent médiocrement instruits et moins soucieux encore de la vérité, il n'y a point dans le monde une autre force capable de refréner les opinions? Une Académie, un journal, un professeur, ne sont-ils pas à cela plus aptes que les hommes du gouvernement... ? Il est vrai; l'on n'accepte que spontanément leur autorité : mais elle n'en est que plus réelle, plus douce, et plus efficace et par là préférable aux décrets et aux baïonnettes. Qui ne voit surtout que la morale sociale a des traditions universelles d'une force encore beaucoup plus grande. Et que si un gouvernement entreprend de les étouffer au cœur de la société, il entreprend une lutte de plusieurs siècles?

454. — Les législateurs qui ont soumis les délits de presse aux tribunaux du jury semblent avoir tenu compte de ces traditions. Or, ces tribunaux étant établis presque partout et jouissant, sinon de la plénitude du droit, mais au moins de la soumission des sujets, comment soute-

______

(1) *De imperio summarum potestatum circa sacra.*

nir que seul le gouvernement a le pouvoir de refréner les opinions? Il n'a contre elles aucune puissance ni en droit ni en fait, sinon celle de mettre sous les verroux les écrivains imprudents et de brûler leurs livres, mais sans brûler le moins du monde les opinions. La doctrine protestante, qui fait loi de nos jours pour un trop grand nombre même chez les catholiques, n'a donc aucun fondement ni dans la nature ni dans le sens commun. Bien plus, ces deux témoins irrécusables de la vérité combattent sinon avec l'évidence de la raison, mais au moins d'instinct, le despotisme d'un tel principe? Ce que nous voulons, disent-ils, c'est qu'on mette un frein à la fureur de ces hommes qui agitent et ruinent les nations; non pas un frein qui, en bâillonnant les lèvres, irrite les passions et multiplie les erreurs, mais un frein qui lie l'intelligence en la persuadant!! Oui, voilà ce que réclame la nature; voilà ce que veut le bon sens. — Or, quel sera ce frein légitime auquel les esprits se soumettront volontiers et avec respect.

455. — Interrogeons là dessus le bon sens des anciens: car l'histoire nous offre une époque où la docilité des esprits à la vérité était chose aussi commune que l'est de nos jours une orgueilleuse indépendance. Je ne sais, à vrai dire, si l'antiquité païenne pourrait nous fournir quelques lois sur l'opinion, au moins quelques lois que la liberté chrétienne osât bien citer en sa faveur: car les Vedas, les Zend Avesta, les livres Sybillins et autres documents de l'idolâtrie tenus pour sacrés par les despotes du paganisme, ne me paraissent guère propres soit à défendre la vérité, soit à relever le sentiment de

l'honneur. Un seul entre les peuples anciens était armé pour mettre un frein à l'opinion, celui qui avait le mieux gardé la tradition primitive... Mais comment proposer à nos gouvernements laïques de se modeler sur un gouvernement théocratique? Laissons donc de côté l'antiquité, et contentons-nous de remonter à l'origine des sociétés modernes de l'Europe... Toutes, on en convient, sont nées sur le Calvaire au pied de la Croix; toutes ont entendu parler de cette chaire Celui qui est l'infaillible sagesse de Dieu lui-même... Ici, pas de doute : nous devons rencontrer une complète soumission à la voix qui retentit. Et jusqu'aux dernières limites du temps et de l'espace, ses échos auront toujours la puissance de refréner les esprits tant qu'on adorera comme Dieu celui qui a parlé.

456. — Sans pouvoir temporel, persécutée, cette voix ne cesse d'enseigner ses fidèles... Et jamais elle n'impose à leurs opinions une loi absolue qu'ils ne la reçoivent avec respect. Y a-t-il ignorance ou lâcheté d'incliner son front sous la main de Dieu, et de se soumettre à sa parole?

Je vous laisse, cher lecteur, à donner la réponse... Et d'avance je la fais mienne, fussiez-vous incrédule, musulman ou bouddhiste.. — Vous pourrez bien me reprocher de voir un Dieu dans Jésus de Nazareth... Mais supposé que telle est ma croyance ou, comme vous direz peut-être, mon préjugé... vous n'oserez jamais me blâmer de soumettre mon intelligence à un Dieu, c'est-à-dire à la vérité : car quelle puissance, en dehors de la vérité, pourrait revendiquer un droit sur les intelligences ? Ce droit sera plus ou moins certain selon que sera plus ou moins incontestable la possession de la vérité : mais le droit est toujours proportionné à la vérité.

Donc tant que dans un pays subsistera vif et profond le sentiment catholique, les lamentations de ceux qui regardent comme impossible de mettre un frein à l'opinion ne seront autre chose qu'une abberration, ou qu'une hypocrisie pour cacher une tyrannie entêtée. Et c'est, hélas ! cette dernière cause qui est la plus ordinaire comme la plus funeste.

457. — Les gouvernements (qu'ils soient monarchiques ou républicains, constitutionnels ou absolus) ont tous la préoccupation naturelle de leur propre salut : ils le font nécessairement dépendre d'un pouvoir sans contrôle ; toujours ils répugneront par instinct à ce terrible « non licet » proclamé par une autorité supérieure et qui pourrait devenir l'écueil de leurs grandes entreprises... D'où il suit que plus cette parole, oracle de la justice elle-même, pénétrera dans les consciences, et plus ces gouvernements s'efforceront de lui fermer tous les chemins de la publicité.

458. — Aussi plus il est illégitime et plus un gouvernement resserre les chaînes de l'Église catholique, en dépit de ses protestations de libéralisme... Les exemples en sont encore tout récents.

Le libéralisme italien rivalise avec celui de Robespierre ; et si, sous le régime absolu qui a précédé, un évêque ne pouvait sans crime tenir un synode, publier une pastorale, aujourd'hui que la liberté règne, un journal ne peut pas même parler en faveur du catholicisme. Je ne regrette point l'impudent démenti que se donnent ainsi à eux-mêmes les rodomonts de cette liberté. Ils comprenaient d'ailleurs que nous catholiques nous étions fermement déterminés à défendre nos droits et notre foi contre toute agression : ils savaient qu'au premier décret de vol des biens ecclésiastiques nous rappellerions hautement que les legs généreux de nos ancêtres ont été faits à l'Église et non pas à l'État ; qu'au 1er ordre d'ostracisme contre un évêque, une congrégation religieuse, etc., nous en aurions appelé, sans procès, à cette loi de l'*habeas corpus* et à cette légalité dont ils s'étaient faits les héraults ; enfin que toute leur calomnie leur vaudrait une amende — et leur tentative impie un procès. — Mon Dieu ! combien ces régénérateurs antichrétiens de l'Italie se seraient trouvés à l'étroit au milieu de populations sincèrement catholiques pour la plupart, armées du suffrage universel par les novateurs eux-mêmes et poussées par un clergé sympathique et respectable à la défense de leurs autels déjà chancelants sous les coups du Luthéranisme !

Aussi, comme tous les prudents despotes, ont-ils résolu d'enlever à l'Église cette influence que lui assurait, à leur grand dépit, le respect des peuples — de ces peuples qu'on proclame souverains et tout puissants... mais à la condition qu'ils règnent et ne gouvernent pas. — Au contraire, ils ont laissé tout pouvoir à ces maîtres qui se font forts d'avoir bientôt modelé sur le leur tous les cerveaux italiens.

Etrange contradiction, en vérité : L'on fait les révolutions au nom du peuple, parce que, dit-on, il les désire; l'on soutient qu'elles sont nécessaires parce qu'en affranchissant la presse elles lui font connaître ses droits.

Après cela dites à ces réformateurs que le peuple catholique reconnaît à l'Église la puissance de régler l'enseignement, parce qu'elle est précisément le guide infaillible des opinions en tout ce qui touche à la morale; dites-leur qu'il existe un tribunal compétent, respecté, dont la force s'appuie non point sur la crainte des gendarmes, mais sur la conscience catholique—et, par conséquent, que la tutelle qu'ils veulent exercer sur nos intelligences est pour eux une chose ingrate, dispendieuse; un protectorat de haine dont nous les prions de se dispenser —, oui, dites-leur tout cela; vous gagnerez tout autant que si vous dispensiez un voleur de vous faire visite en lui disant que vous êtes satisfait de votre caissier. — D'autant plus que ce ramassis de journalistes sans lecteurs, d'avocats sans clients, de griffonneurs sans talents et de gens sans religion sentent très bien que confier à l'Église le gouvernement de l'opinion serait se condamner eux-mêmes à un éternel silence.

Laissons donc ce parti, triste avorton du libéralisme et de la tyrannie mariés ensemble à l'autel de la liberté... Et parlons sérieusement aux libéraux sincères et aux légitimistes catholiques.

§ VII

459. — Que les premiers répondent loyalement à cette question de fait : « Déterminés comme vous l'êtes de laisser non pas à une faction, mais au peuple tout entier le gouvernement de lui-même, oserez-vous lui contester le plus sacré des droits : la liberté de sa conscience, l'éducation religieuse et le salut de ses enfants? Tout cela dépend pour lui du respect accordé à la religion, et ce respect est la racine même de la soumission à ses enseignements. Un peuple catholique désire donc nécessairement qu'aucune publication ne vienne troubler ou l'éclat de sa foi ou la pureté de ses mœurs. Ces croyances, ces lois lui sont transmises par l'autorité de l'Église enseignante... Il les accepte spontanément de sa bouche comme de la bouche d'une maîtresse infaillible ; et, par une conséquence rigoureuse, il accepte d'autant mieux un frein à ses opinions morales que l'enseignement lui viendra de plus haut et plus incontestable.

Quelle partie de ce raisonnement mettrez-vous en doute ? Affirmerez-vous qu'un catholique ne tient pas l'Eglise comme le Docteur de la religion et de la morale? ou bien qu'il lui importe peu que cette religion et cette morale soient publiquement respectées ? ou enfin qu'il confie d'un côté sa conscience et ses enfants à l'Église pour ce qui regarde l'ordre de la famille — mais que de l'autre, et pour ce qui regarde l'ordre social, il attend son salut éternel des gouvernants ?

L'Indépendance belge, dans un article pris de la Gazette piémontaise, mais abrégé (6 mars 1850), faisait à ces questions une réponse évasive — qui, réduite à une formule générale, serait précieuse pour tous les oppresseurs de l'Église, dans les nations catholiques. Après avoir dit qu'en Belgique l'enseignement finit en 1840 par devenir un objet de rivalité entre les communes et le clergé, elle ajoute : « Mais il faut le reconnaître : bientôt la commune laissée à ses propres forces abandonna l'enseignement secondaire ; et le clergé annulant l'action municipale marcha vers le monopole.

Cher lecteur, vous trouverez un peu singulière cette rivalité qui aboutit à l'abandon de l'enseignement par la commune !... Mais écoutez la suite et vous serez stupéfait : « Car les documents officiels prouvent que, dans un grand nombre de communes, les administrations municipales abandonnèrent volontairement leurs droits en faveur du clergé... (quelle courtoisie !) et qu'il y eût même pour ce désistement une sorte d'émulation entre les communes : sur 77 établissements libres et recevant des subsides le clergé en posséda 51 : la rivalité s'était changée en émulation pour favoriser le clergé. — Après cela ne voyez-vous pas l'évidence de ce que j'avançais plus haut, savoir : que le peuple catholique veut l'enseignement aux mains de l'Église — et

que, par conséquent, qui veut le laisser se gouverner
lui-même doit admettre cette condition ? — Il est vrai :
ce n'est pas l'avis de l'Indépendance : après avoir accusé
de faiblesse les administrations municipales, il ajoute :
« Le ministère du 30 juillet 1835, présidé par M. Van
de Weyer, d'accord avec les chambres, désapprouva le
principe auparavant établi, celui de l'omnipotence de la
commune en fait d'instruction publique ; ou au moins
défendit-il que la liberté de la commune sur ce point
allât jusqu'à se renoncer elle-même (1) ».

Quel jeu de paroles ! On ne dit pas : le gouvernement
enlève aux communes la liberté de confier l'enseignement
au clergé — mais d'abdiquer sa propre liberté. « Comme
si c'était la perdre que d'en user à sa guise pour faire
un contrat avec quelqu'un. D'après cette nouvelle juris-
prudence un mineur perd sa liberté du jour où, étant
émancipé, il commence à administrer par lui-même ses
propres affaires... et il conviendrait que son tuteur le
remît sous le joug afin de lui restituer sa liberté.

Mais nous n'en avons pas fini avec ce tissu d'outra-
geantes dérisions : « La majorité du conseil soutenait
que l'enseignement de la religion, déclaré obligatoire
dans les collèges de l'État, devait être confié exclusivement aux ministres du culte... Non, répondait M. Van
de Weyer ; l'indépendance absolue des ministres du culte
garantie par la constitution ne permet pas que l'on oblige

____

(1) L'Illustre de Broglie est plus indulgent : « Il n'y a, dit-il, que les
libertés révolutionnaires dont on soit forcé d'user malgré soi. Les libertés libérales sont plus généreuses, et la liberté de penser, bien entendue s'étend jusqu'au droit de ne pas penser librement. » *Revue des
Deux-Mondes*, t. IV, 19ᵉ année. Nouvelle période.

le clergé à paraître dans les collèges... — Ainsi l'on défend la liberté du clergé quand on l'exempte de l'enseignement religieux et l'on combat la liberté des communes quand elles ont la faiblesse de confier l'enseignement à ce même clergé.

Voilà comment certains hommes entendent la liberté : Pour vous, catholiques libéraux, sincères et logiques comme vous l'êtes, vous serez toujours hostiles à une pareille tyrannie — et vous conviendrez qu'un peuple catholique doit au moins demander qu'en vertu du droit public sa religion soit respectée... Sans cela il consentirait à ce que la société fût une entrave pour son salut(1).

460. — On pourrait ici me faire deux objections : la première, « que si la liberté est du droit d'un catholique, elle appartient également à un non-catholique, et qu'interdire à ce dernier de publier ses opinions ou, ce qui revient au même, confier à l'Église la censure des opinions serait une injustice. Cette objection, dans notre cas, contient une contradiction ou de fait ou de principe : contradiction de fait, si l'on suppose que dans un peuple catholique les dissidents sont nombreux : car alors ce peuple ne peut plus être apppelé catholique ; contradiction de principe, si l'on dit que, ces dissidents étant en petit nombre relativement à la grande majorité des catholiques, ceux-ci sont cependant obligés de faire et de proclamer une loi qui, d'après leur doctrine, ouvrirait

____

(1) Une nation vivement pénétrée des vérités religieuses ne pourrait rien dire, ni rien faire où l'inspiration religieuse débordant en quelque sorte ne se fît aussitôt sentir. *Revue des Deux Mondes*, t. IV, 19e année. Nouvelle période..., page 689.

sous leurs pieds et ceux de leurs concitoyens les bouches de l'enfer : car, en demandant cette loi, l'on renierait le principe sacro-saint des législations modernes : le droit découlant de la pluralité des voix.

Dans ce raisonnement l'on accepte cette proposition absurde et qui devrait faire bondir tout bon catholique, à savoir : « que la liberté est chose aussi juste pour le mensonge que pour la vérité. » Nous l'avons dit au début de cet article : accorder la liberté à une erreur certaine, au moins quand elle est nuisible, c'est une doctrine intolérable. — Or, pour un catholique, l'erreur des dissidents est absolument certaine et souverainement désastreuse ; donc auprès des catholiques la liberté des dissidents ne peut jamais être un droit naturel. Au plus serait-ce parfois un droit légal si une sage législation avait de justes motifs de tolérer l'erreur... Mais, dans notre cas, la loi juste, selon les principes mêmes des catholiques libéraux, la loi de la majorité condamne l'erreur manifeste et prend la défense de la vérité certaine. Donc les dissidents ne trouvent rien ni dans le droit naturel ni dans la légalité pour revendiquer la liberté de publier des opinions dangereuses ou plutôt des opinions qui battent en brèche les intérêts les plus vitaux d'une nation entière.

461. — La conclusion est donc évidente. — Et Romagnosi lui-même, qui ne déborde point, on le sait, de dévotion pour le Pape et pour l'Inquisition, Romagnosi n'ose faire reposer sur cette base la liberté de la parole : il va, plus fidèle à la logique qu'à l'honnêteté, jusqu'à dire aux dissidents : « Gardez votre opinion. —

Mais changez de langage : *linguam mutet, sententiam teneat.* »

462. — Pour moi, si j'avais à conseiller les partisans de la liberté des opinions, je leur *suggérerais* de donner à leur prétention un appui peu digne, à coup sûr, des Italiens, — mais peut-être plus solide qu'on ne pense ; je veux dire le progrès effrayant de l'incrédulité, particulièrement dans les premières classes de la nation. — Comme un torrent qui a rompu ses digues, cette incrédulité ne peut plus désormais être arrêtée par les lois — Et elle va rendre l'Italie pareille à ces pays d'au delà des Monts où l'Église, respectée par les uns, persécutée par les autres, ne peut plus exercer son empire ni voir les esprits se soumettre spontanément à ses lois.

L'Italie en est-elle réduite à cet état ? Je ne sais — mais si le cas était réel, il faudrait alors parler des lois comme on en parle pour un peuple qui n'a plus l'unité de croyance ; pour un peuple qui ne reconnaît plus d'autorité infaillible et chez lequel il serait moins déraisonnable de regarder comme impossible de mettre un frein à la liberté des opinions.

Mais tant que nous nous renfermons dans le cercle d'une nation vraiment catholique, d'une nation à laquelle un libéralisme sincère et loyal veut donner le droit de se gouverner elle-même, impossible, je le dis sans crainte, de rester juste et de l'empêcher de recourir à l'Église pour mettre un frein à la liberté des opinions ; impossible de favoriser quelques particuliers sans tyranniser la société et sans aller à l'encontre d'une majorité que l'on proclame maîtresse de ses destinées.

Le libéralisme ne peut donc invoquer aucun droit en faveur d'un petit nombre de dissidents qui prétendent bouleverser les idées et ruiner, pour plusieurs générations, les intérêts les plus chers d'une société, en greffant dans les esprits des opinions qui ne sont, elle le sait avec évidence, que le délire de cerveaux malades.

463. — Venons maintenant à la seconde objection, aussi faible que la première : — « Que l'Église, nous dit-on, ait le droit de tracer les règles de la croyance théologique, nous le voulons bien ; nous n'avons nulle envie de revenir aux guerres du consubstantiel ou de la transsubstantiation ; ni nous ni le peuple ne donnerons dans ces délires, nous croyons qu'il vaut mieux régler le salaire, organiser le travail, etc., que de dogmatiser sur la Trinité ou sur les Sacrements — Oui, nous l'accordons, l'Église a le droit de censure sur la pensée en matière religieuse. Que suit-il de là ? De deux choses l'une : ou elle ne décidera rien dans ces questions politiques qui bouleversent la société — de sorte que la rivalité des opinions continuera de la pousser aux abîmes ; ou l'Église voudra prononcer sur le droit politique et sur l'économie publique.

Or dans ces matières que les prêtres en général connaissent moins, l'Église n'est pas plus infaillible que nous ; de sorte que son autorité ne sera ni compétente, ni respectée, ni efficace. Il sera donc toujours nécessaire que le gouvernement prenne la direction des idées et des questions qui regardent le bien commun de notre vie terrestre, tout en laissant à l'Église le droit héréditaire d'enseigner la science de Dieu et de la vie éternelle. »

Si confiante que paraisse cette objection à nos diplomates, je vous confesse qu'au point de vue du dogme
et de la philosophie elle me prête à rire après ce que
nous avons établi de l'incompétence et de l'impuissance
absolue des gouvernements politiques à définir la vérité.— Que diriez-vous d'un simple soldat qui, dans une
guerre, voyant la grosse artillerie impuissante à faire
sauter un rocher des Alpes, irait trouver son général et
lui dirait : « Général, vos canons n'auront point raison
de ces masses de granit : permettez-nous de les faire
sauter avec nos mousquets et nos fusils ! » Est-ce que
le général pourrait contenir son rire à une telle proposition ? Ne lui répondrait-il pas que les deux armes
étant impuissantes il vaut mieux épargner la poudre et
cesser toute attaque ?

Voilà précisément mon cas : si l'Église est incapable
et le gouvernement beaucoup plus incapable encore de
refréner l'opinion dans ces matières, restons tranquilles... et n'ajoutons pas à la discorde des idées le travail
des censeurs et l'injuste vexation de leurs victimes.

464. — Mais votre assertion, dirai-je au catholique
libéral, est loin d'avoir, au jugement d'un bon philosophe et surtout d'un bon catholique, cette clarté et cette
évidence que vous lui supposez : elle manque d'évidence
précisément parce qu'elle manque de clarté. — « L'É-
glise, dites-vous, n'est point infaillible dans les questions
économiques et politiques — et partant n'a aucune
autorité pour nous imposer ses décisions. »

Cette proposition embrasse toute la science sociale dans
ses principes et dans ses déductions et elle les confond

dans une même négation. Or, ne savez-vous pas que souvent les principes d'une science particulière sont les corollaires d'une science supérieure, que la nautique, par ex., s'appuie sur la mécanique et sur l'astronomie, et que l'architecture repose sur les mathématiques et celles-ci sur la métaphysique? Si cela est vrai — et personne ne peut le nier — vous comprendrez que refuser toute valeur aux enseignements de l'Église sur l'économie et sur la politique emporte nécessairement l'une de ces trois erreurs : ou que ces sciences ne sont pas des sciences morales ; ou que les sciences morales ne dépendent pas des lois morales ou enfin que l'Église n'est pas l'autorité préposée par Dieu à l'observation des lois morales.

Vous sentirez la fausseté de la première proposition, en vous rappelant que dans n'importe quelle Université vous avez toujours annexées aux sciences morales des chaires d'économie et de politique.

Quant à la seconde, c'est une contradiction dans les termes. Et la troisième est, pour toute oreille catholique, une hérésie qui par suite ne peut trouver place dans la société en question. Infaillible pour tout catholique, quand il s'agit de la moralité des lois, l'Église ne l'est plus nécessairement dans les applications de ces lois : par ex. elle me dit, sans se tromper, que tel contrat est défendu, parce qu'il est injuste, mais elle ne peut me dire avec la même garantie s'il sera nuisible à mes intérêts. »

Exposée avec cette distinction, votre proposition est pleinement évidente, et, ce qui vaut mieux, elle obtient de tout catholique un plein assentiment. Par ailleurs je vois bien qu'il y a dans votre cas un grave défaut, celui de ne plus tirer aucune conclusion favorable à ce despotisme de la pensée si cher à certains hommes politiques.

465. — En effet, les publications subversives des sociétés ne touchent point d'ordinaire, au moins directement, à l'ordre matériel... Et si Proudhon, par ex., au lieu d'enseigner « que la propriété est un crime » et « la rapine un droit » avait enseigné que les « spoliés deviennent riches et les voleurs pauvres », je gage qu'il n'aurait pas fait cinquante prosélytes. Dans les choses qui dépendent de la liberté humaine les erreurs générales de fait sont punies bien vite par le fait lui-même. Par intérêt on les rejette. Et voilà pourquoi la Sagesse infinie a donné à l'Eglise pour l'ordre moral une infaillibilité qu'elle lui conserve par un miracle perpétuel... Mais elle a jugé inutile de la lui donner pour les choses qui sont purement d'ordre matériel.

466. — Affirmez donc, si vous le voulez, qu'en ce sens l'Église n'a pas le droit de régler l'opinion..., vous ne diminuerez en rien l'autorité du catholicisme sur la pensée publique dans l'ordre moral. Que si l'enseignement d'une erreur dans une science d'ordre matériel créait par hasard un danger pour le salut public, point de doute que le gouvernement n'ait alors le droit d'intervenir pour détruire cette erreur et sauver la société... comme il intervient pour prohiber la vente d'un poison qu'on donnerait pour un remède véritable, — ou bien pour empêcher un architecte maladroit d'élever un édifice ruineux.

467. — La grande difficulté n'est pas de bâillonner l'erreur dans l'enseignement des sciences qui touchent uniquement à la matière, mais bien dans l'enseignement des principes universels qui regardent le droit : car ici l'erreur n'est pas sensible et souvent elle ne produit ses effets qu'après plusieurs lustres ou même après des siècles.

C'est donc ici que d'un côté les gouvernements sont impuissants à les prévoir et à les prévenir, et que de l'autre l'infaillibilité de l'Église constitue le plus grand des bienfaits... Car la définition d'une vérité ne peut manquer d'être finalement très salutaire. Aussi croyez-le, cher lecteur, si les gouvernements catholiques, au lieu de se laisser séduire par des adulations et des promesses judaïques, avaient maintenu dans le peuple le respect de l'Église et de son enseignement, la société européenne n'aurait pas à se débattre aujourd'hui et contre le poignard des sectes secrètes excommuniées depuis longtemps et contre les baïonnettes d'un communisme audacieux, né de l'impiété philosophique.

468. — Concluons donc que, s'il est nécessaire de mettre un frein à l'opinion, même dans les questions d'économie et de politique, l'Église nous en offre un très puissant et très respecté dans son infaillibilité ; que là où elle se déclare incompétente, c'est que la répression n'est pas nécessaire ; ou bien que, vu la nature de l'erreur, les gouvernants sont armés pour les détruire. — Cela vous fera comprendre la vraie réponse à la seconde objection présentée plus haut par des hommes toujours très sensibles aux intérêts matériels, mais indifférents

aux vérités abstraites. « Que m'importe, disent-ils, de savoir que le 7e commandement proscrit tel genre d'usure, le 4e telle tentative de rébellion, si nous devons, en attendant, mourir victimes de la faim ou de la servitude ; au lieu de nous débiter vos principes abstraits, vous feriez mieux de nous apprendre à multiplier notre monnaie et à nous débarrasser des communistes. » — Ainsi parlent, de l'Église, pour la taxer d'impuissance à défendre l'ordre public, des esprits grossiers, uniquement préoccupés des maux qu'ils sentent, et sans souci des principes dont ils découlent. Je pourrais répondre à ces hommes que l'Église offre à eux-mêmes des remèdes de patience et de courage héroïque dans leur malheur. Mais ce serait sortir de notre question : l'enseignement public. — Et pour le but que je me suis proposé il me suffit d'avoir montré à tout libéral sincère comment, dans une société catholique, il appartient de droit à l'Église de gouverner l'opinion — au nom de la majorité, et que dans le fait son action est efficace, puisque cette majorité la respecte.

§ VIII

Sommaire : — 469. Les légitimistes sont intéressés à ne pas rejeter le tribunal de l'Eglise. — 470. C'est le moyen de garder aux princes le caractère sacré de leur autorité. — 471. Caractère qui n'est plus en sûreté si le catholicisme n'est pas libre. — 472. L'influence politique exercée par les gouvernements sur l'Eglise l'affaiblit. — 473. Et c'est logique. — 474. Objection. — 475. 1° L'Eglise n'a pas la force. — 476. Elle l'a dans un peuple catholique. — 477. Et lors même que les catholiques agissants n'ont pas la majorité, l'Eglise exerce toujours une heureuse influence sur la doctrine. — 478. Et aussi contre les réfractaires. — 479. Surtout si elle était soutenue par la puissance temporelle, comme cela devrait être. — 480. Conclusion de la réponse à la

469. — Adressons-nous maintenant à ces légitimistes catholiques qui, oublieux de la grande promesse d'indéfectibilité faite à l'Église, placent leur espoir dans les puissances de la terre et, fiers de leur protection, se réjouissent de les voir enchaîner l'Épouse du Christ, afin de mieux la protéger.

Qu'il me soit permis de leur faire entendre avec une égale franchise cette vérité quelque peu déplaisante : « C'est sous un gouvernement de légitimité qu'est née dans l'Église et avec son concours la censure des opinions émises publiquement de vive voix ou par écrits. C'est à l'aurore de la civilisation qu'elle a été respectueusement acceptée par un barbare couronné, comme par les simples fidèles, — alors qu'un Prince de l'Église lui dit dans l'ardeur de sa foi et avec la majesté de sa dignité : « Fier Sicambre, brûle ce que tu as adoré, et adore ce que tu as brûlé. » De ce jour, vénérée par le chef de la nation et par le dernier de ses sujets, l'autorité de l'Église humilia le monarque sans l'abaisser, ennoblit le sujet sans l'enorgueillir ; puis les unissant par un lien commun transforma l'État en une famille, les sujets en enfants et le monarque en père. De ce jour un sentiment fait d'amour et de respect, un sentiment de dévotion pour leur roi comme pour une personne sacrée et pour l'Oint du Seigneur s'éveilla dans les cœurs généreux et magnanimes sous le souffle de la foi et de la charité catholiques. Nous le retrouvons encore, mais, hélas ! presque éteint et mourant au pays qui nous vit naître. Jadis, au contraire, « Dieu et le Roi, — l'autel et le trône » étaient des formules chères à tous les catholiques... c'étaient les échos fidèles non pas d'une basse adulation, mais d'une foi vive et indépendante.

Eh bien ! qui donc avait formé ce sentiment ? L'Église, le catholicisme. Et qui donc l'a étouffé ? Le Protestantisme qui, en jetant le ridicule sur la sainte ampoule et sur les serments du Roi en son couronnement, a fait de de vos princes « les fonctionnaires de la nation, » a mis dans leur main un sceptre de fer, et leur a dit avec un orgueil brutal : « Vous êtes rois par la grâce, non pas de Dieu, mais du peuple ; disposez de son intelligence, de sa volonté, de ses bras, de ses richesses, de sa vie : il vous la confie les yeux fermés ; créez la justice à votre guise ; l'État, c'est vous, » — Idolâtres des rois, politiques de cabinets, êtes-vous contents ? Acceptez-vous cette omnipotence, née de vos métamorphoses ? Et dites-moi qui vos paraît préférable d'un roi omnipotent, premier fonctionnaire de la nation, ou d'un roi lié par la justice, lié par ses serments et premier serviteur du Dieu que la nation adore ?

470. — Dans d'autres temps, un ministre, un diplomate, je ne dis pas un vrai catholique, auraient été fort empêchés. Vivant et commandant à l'ombre du manteau royal, ils n'avaient qu'une préoccupation : l'étendre toujours davantage... Politiques d'empirisme, ils s'inquiétaient peu de ces deux formules : roi par la grâce de Dieu ; roi par la grâce du peuple... Ils ne

voyaient dans la substitution de l'une à l'autre qu'une exergue à changer sur la monnaie, qu'un titre sans valeur pareil à celui de « Fils du ciel » donné à l'empereur de Chine. Mais la logique des sociétés ne s'en tient pas aux surfaces : et les générations font sortir des principes, avec une rigueur inexorable, toutes les conséquences qu'ils renferment... Voilà pourquoi elles ont tiré de la seconde et incarné dans des faits des conclusions à faire trembler tous les courtisans des princes :

— Le roi est fonctionnaire de la nation, ont-elles dit : Donc la nation est souveraine : donc il lui appartient de le juger, de le condammer, de le dépouiller, de le châtier, de le... Politiques, vous savez le reste !... Eh bien ! montez maintenant sur l'échafaud encore fumant du sang de vos princes, et à la vue de cette tête coupée, de ce tronc palpitant, répondez à ma question : « Qui vous parait préférable : d'un roi omnipotent, premier fonctionnaire de la nation, ou d'un roi lié par la justice, lié par ses serments et premier serviteur de Dieu ?

Pour moi, loyal conseiller et non vil courtisan de l'Oint du Seigneur, jamais je ne souhaiterai à mon prince cette omnipotence, fille du mensonge, mère du despotisme et aïeule de la rébellion. Pour vous, adorateurs des rois, mais catholiques sincères, est-ce ainsi que vous pensez ?

471. — Ne voyez-vous donc pas qu'avec vos doctrines vous enlevez vous-mêmes à votre prince tout moyen de commander aux intelligences ? Car pour que l'Église prescrive efficacement aux sujets de respecter

l'Oint du Seigneur, elle doit être tenue pour infaillible, impartiable ; regardée comme un tribunal sans appel, indépendant dans ses jugements sur les opinions ; et par suite supérieur dans ces matières à tous les tribunaux humains. — Telle fut en effet l'Église pendant ces siècles où, véritablement reine, elle faisait resplendir sur la terre un rayon de la majesté divine. Alors elle veillait sur les doctrines, couronnait les maîtres, fondait les Universités, condamnait les erreurs, en un mot dominait tout le monde intellectuel et moral avec cette douce mais irrésistible formule : « Ainsi a-t-il paru au Saint-Esprit et à nous-mêmes. — Visum est Spiritui Sancto et nobis. » Oracle plein d'une magie divine, cette parole charmait l'aspic qui ne se bouchait pas obstinément les oreilles, elle était un frein pour la langue et pour la plume, pour les Universités et pour les docteurs, et lorsque Guttenberg paraissait dans le monde avec son invention capable de multiplier non seulement les sources de lumière, mais aussi les foyers d'incendie, l'Église saisissait les rênes de la pensée impatiente de se jeter dans les voies nouvelles, imposait ses lois à la presse et était obéie.— A la vue de ce prodige, les politiques s'imaginèrent qu'eux aussi seraient beaucoup plus puissants pour exécuter leurs desseins, si, comme l'Église, ils parvenaient à dominer la pensée humaine. Du reste, esprits renfermés dans le cercle des faits et des intérêts matériels, il ne leur semble point trop difficile d'imiter les magiciens de Pharaon et par l'application des forces de la nature de contrefaire les merveilles du libérateur d'Israël. Autoriser une imprimerie, brûler une presse, n'était pas une œuvre à faire reculer un cabinet.. L'Église par là dominait les esprits ; — on prendrait les mêmes moyens et l'on arriverait au même résultat. — Étrange et sotte conclusion dans laquelle on confondait la cause avec l'effet ainsi que l'ont fait d'ailleurs, depuis Épicure jusqu'à Helvétius, ces philosophes matérialistes qui nous ont constamment donné le mouvement pour la cause de l'âme.

Les politiques, réalisant donc leur dessin, élevèrent un nouveau tribunal pour juger les opinions. Tout d'abord, il est vrai, par un reste de pudeur catholique et de la foi traditionnelle, ce tribunal fut mixte dans la monarchie espagnole alors prépondérante en Europe... Mais les deux autorités qui y étaient représentées n'y furent point égales en influence.

L'élément de la force matérielle, comme il arrive d'ordinaire, prit le dessus dans cette institution, à tel point que le pape Sixte IV jugea nécessaire d'en tempérer l'austérité, et de confier à la fidélité courageuse d'un ordre religieux le soin d'y maintenir les principes de la force morale. Ce n'est pas ici le lieu de rechercher si le but du souverain pontife fut atteint. Ce que nous avons à faire remarquer c'est la grande force ajoutée à une institution politique par l'addition de quelques principes et d'un peu d'esprit catholique : tant il est évident pour tous que ce n'est pas à la force matérielle, mais bien à l'intelligence, qu'appartient le droit de commander à la pensée.

472. — En fait, partout ailleurs, quand les gouvernements ont voulu s'associer à l'Église pour régner sur

les intelligences, voici ce qui est advenu : « Au censeur ecclésiastique l'on a joint d'abord un censeur politique ; ensuite on a abaissé le premier pour faire prévaloir le second ; puis finalement l'on a exclu le premier... De sorte que dans un pays catholique l'index du concile de Trente s'est trouvé rangé parmi les livres défendus. Alors l'usurpation fut consommée.

Mais quelle a été la suite ? S'apercevant que la force brutale s'était adjugé le gouvernement des esprits, ceux-ci se sont rappelé le Phaéton de la fable. Ils ont trouvé ce maître intrus trop faible pour guider les coursiers du soleil ; ils ont compris qu'il était sorti des routes de la lumière pour retomber dans les bas-fonds des intérêts terrestres ; dès lors la censure politique et après elle la censure religieuse ont vu faiblir leur autorité devant la conscience ; finalement, un cri de colère universelle contre la tyrannie exercée sur les intelligences a provoqué cet immense incendie dont les feux sont loin d'être éteints...

473. — Politiques, nierez-vous que tels sont et la série des faits et le dernier résultat de votre prétendue souveraineté sur la pensée ? Nierez-vous que les esprits aient tout droit et toute raison de secouer le joug que vous vouliez leur imposer ? Oserez-vous jamais donner cet ordre à une société d'êtres intelligents : « Pensez comme moi, parce que je suis infaillible » — ou : « Pensez comme moi, parce que je suis faillible ? » Réfléchissez tant qu'il vous plaira sur le ridicule de ce double parce que ; examinez la proposition sous toutes ses faces... ; toujours vous conclurez avec moi, et avec la raison elle-

même, qu'en dehors de l'autorité ecclésiastique vous n'avez pas d'autre moyen de gouverner la pensée.

Vous voilà donc réduits à cette alternative : « Ou bien « admettre avec toutes les nations chrétiennes que « seule une autorité infaillible a le droit de dicter des « lois à l'intelligence ; que l'Église catholique est infailli- « ble et par conséquent accepter avec respect ses ensei- « gnements comme guide de l'opinion publique... ; ou « bien vous résigner à voir se coucher pour toujours « cette belle lumière « de Roi par la grâce de Dieu » venue d'Orient avec la doctrine catholique ; et à con- damner vos princes avilis à la condition de serviteurs du peuple, en attendant qu'il les récompense de leurs ser- vices ou par le bannissement ou par l'échafaud.

Tout autre espoir est vain : car, en dehors du catho- licisme, aucune puissance n'est capable de rendre un prince vraiment souverain — aucune, disons-nous, sinon l'idolâtrie stupide ou la basse adulation qui divinisait les monstres de la Rome impériale.

Non, jamais vous ne répondrez à ce dilemme : « Ou le gouvernement doit être infaillible ou il n'a aucun droit sur les intelligences. »

474. — Mais, je le sais, deux graves difficultés vous rendront toujours hésitants : « L'Église dites-vous, n'est qu'une société spirituelle : et que pourra-t-elle sans l'aide de la puissance politique ? Par instinct, l'erreur s'attaque avant tout à l'autorité ; elle ne craint que la force matérielle. En second lieu, si l'Église est par elle- même assez puissante, n'avons-nous pas à craindre qu'elle abuse contre nous de sa force ? Elle assujettira

le trône à l'autel ; elle fera revivre les Hildebrand et les Boniface... Entre la tyrannie du pontife souverain et celle du peuple souverain il faut choisir.

475. — Dénouons ces deux difficultés qui font le scandale des catholiques politiques :

L'Église, dites-vous, ne sera jamais assez forte avec son autorité spirituelle pour détruire une race d'hommes qui parlent, écrivent, répandent par la presse toutes les calomnies dans le but arrêté de la déshonorer et de lui arracher le sceptre.

476. — Comment pouvez-vous soutenir cette asser- tion ? Vous avez oublié, paraît-il, qu'il est ici question d'un peuple en très grande majorité sincèrement et fer- mement catholique. Dans cette hypothèse, je puis sans crainte nier ce que vous affirmez en m'appuyant même sur les ennemis de l'Église. Car feraient-ils tant d'ef- forts pour anéantir la censure s'ils la croyaient telle- ment inefficace ? Ne seraient-ils pas heureux de la ren- dre odieuse en droit et ridicule en fait par la nullité de ses résultats ? Mais non... La grande majorité d'un peuple catholique ne se laissera point envahir par l'er- reur si la voix respectée des pasteurs dévoile et stig- matise à temps les écrits qui cachent le poison ; la honte même de la condamnation découragera les écrivains et les éditeurs de ces mauvais livres. — Et c'est ce qui a toujours eu lieu lorsque des pasteurs énergiques ont défendu la lecture de journaux empestés qu'on trouvait même dans les mains de personnes pieuses, mais non averties jusque-là du danger.

477. — Il n'en va pas de la sorte aujourd'hui : je le

sais trop. Et dans des pays catholiques, la défense de l'Église est pour certains un attrait à cueillir le fruit d'une science mortelle...

Mais quoi d'étonnant, si le catholicisme d'un grand nombre est plutôt un nom qu'une réalité? Si cette défense est plutôt considérée comme un acte politique que comme l'avertissement d'un pasteur? Quoi d'étonnant si les appels comme d'abus, les procès et les condamnations sans nombre de l'État ont réduit les pasteurs eux-mêmes à garder malgré eux un funeste silence? Et néanmoins dans des temps aussi calamiteux, il reste, et il restera toujours un certain nombre de vrais croyants qui seront arrêtés par l'autorité de l'Église et protesteront contre le mensonge en faveur de la vérité. Cela, l'Église le fait, le fera toujours et sera toujours assez puissante pour le faire, si humiliée qu'elle paraisse, tandis que vous, gouvernement politique, même à l'apogée de votre puissance, vous ne le faites ni le ferez jamais. Pourquoi donc vous réduire à une impuissance radicale, et refuser même une petite partie parce que vous ne pouvez obtenir le tout? Ne serait-il pas moins triste — ou plutôt ne serait-il pas souverainement avantageux de conserver vivant le germe de la vérité, forte et respectée une classe d'hommes dévoués à la répandre?

478. — Mais j'ai accepté votre assertion dans son sens le plus défavorable; et je vous ai concédé que l'Église ne peut rien contre les réfractaires. C'est là pourtant une erreur manifeste, quand il s'agit d'un pays catholique, c'est-à-dire d'un pays où l'Église use librement de tous ses droits, où librement elle imprime au front

des réfractaires un de ces stigmates de réprobation qui épouvantent toujours, quand son autorité y est encore généralement respectée. Oui, l'excommunication qui faisait trembler les Henri et les Barberousse, dans un monde esclave de la force brutale ferait aussi trembler les Mazzini dans un monde civilisé, respectueux du droit catholique : et si ces hommes au front d'airain étaient assez éhontés pour ne pas rougir et ne passe soumettre, on les verrait fuir la société des honnêtes gens et errer comme des spectres livides dans le désert.

479. — L'Église, dites-vous, n'a pas le pouvoir de refréner cette race d'hommes! Mais que direz-vous, ô politiques, si cela vient de ce que vous ne lui prêtez pas le secours de votre bras? Je le sais, je le soutiens et je l'ai démontré plus haut; ce n'est point à la politique de définir la doctrine de la vérité. Mais lorsque l'Église l'a définie, lorsqu'elle a condamné, frappé l'erreur, si les réfractaires sont assez forts pour lui résister, qui empêche que réclamée par l'Église, la force publique ne vienne à son secours? Cette force publique qui assiste tout individu, toute association particulière pour obliger ceux qui ont promis de tenir leur parole? Quoi ! L'Église, la plus auguste des sociétés, la société divine par excellence n'obtiendrait pas d'un gouvernement catholique qu'il défendît ses droits comme il défend ceux d'une société de comédiens et de saltimbanques? La première chanteuse venue sera contrainte par l'amende ou par la prison à tenir le contrat qu'elle a fait avec un théâtre et l'on permettra au chrétien de violer impunément la foi qu'au jour de son entrée dans la société catholique

il a jurée à l'Église par un acte qui est la base même de tous ses droits civils?

480. — Je sais que de nos jours nombre de philosophes et de catholiques pensent ainsi... Mais avant de donner les mains à une pareille tolérance, je voudrais voir démontré par eux, ou que l'autorité publique n'est pas obligée de défendre les droits de toute association reconnue, ou que l'Église n'est pas une association reconnue dans un pays catholique, ou que la promesse de lui obéir et de la servir ne lui donne aucun droit sur ceux qui ont fait ces serments. Que si le gouvernement est obligé de protéger les droits de l'Église lorsqu'elle se réclame de lui, qui pourra douter de sa puissance à réprimer l'erreur, puisque son autorité, très efficace sur les esprits, sera unie à la force matérielle du pouvoir civil?

481. — Cette réplique à la première objection éclaire déjà la seconde difficulté. « L'Église, dit-on, pourrait abuser de son autorité contre les desseins du principat civil? »

Mais, dites-moi de grâce : contre quels desseins?... contre des desseins injustes, arbitraires, tyranniques; contre l'usage despotique de la force brutale? Ce serait dans ce cas l'usage légitime d'un droit et non pas un abus...

482. — Je sais que dans d'autres temps tout droit devait courber le front devant le sabre et que la résistance même passive du catholique lui valait la mort. Mais aujourd'hui point de droits qui ne se fassent entendre hautement et en toute sécurité aux pouvoirs supérieurs.

Pourquoi·donc les catholiques seuls devraient·ils trembler et se taire?

483.—Parlez-vous au contraire de desseins justes et légitimes de la part du pouvoir civil et dans cette hypothèse croyez-vous qu'il ait à redouter l'opposition de l'Église? Ce serait injuste et ridicule. Injuste, car pareille crainte l'a été de tout temps; mais elle le serait surtout à notre époque où la réputation des Hildebrand et des Boniface a été vengée des calomnies philosophiques non seulement par des savants catholiques, mais encore par des érudits protestants ; aujourd'hui que l'on a trouvé, sous les ruines des institutions du moyen âge, la preuve manifeste du despotisme royal des Barberousse et des Henri IV. De nos jours cette crainte serait ridicule, tant sont rares les adorateurs de la force spirituelle, et tant est solide, aux mains du Prince, qui, dites-vous, en est la source, cette force matérielle contre laquelle l'Église travaillerait.

484. — Concluons. Donc dans un pays vraiment, sincèrement, pleinement catholique, l'Église, et l'Église seule, est assez puissante et assez respectée pour commander aux intelligences et imposer un frein à l'erreur. Cela posé, ni le libéral sincère ne peut taxer d'injustice l'usage de cette puissance, ni le légitimiste catholique redouter de sa part des envahissements. Si donc vous sentez la terre trembler sous vos pieds, cessez de vous lamenter et de répéter à tout venant que vous ne pouvez trouver un frein contre l'erreur dans les nations catholiques. Dites plutôt (vous aurez au moins le mérite de votre loyauté) que vous êtes libéral pour votre parti

— que vous êtes légitimiste, mais d'ailleurs prêt à sacrifier le roi lui-même, pourvu que vous enchaîniez l'Église. Si, au lieu d'éclairer le peuple pour son malheur, vous voulez vraiment en satisfaire les légitimes désirs, si, au lieu de dominer en ministre despotique sous le couvert du monarque, vous pensez, au milieu de perturbations incessantes, à affermir dans la conscience publique l'autorité de votre roi, vous vous estimerez heureux de trouver toute prête à vous secourir une voix généralement respectée, une voix qui est celle de Dieu lui-même. Que si, parfois, emportés par le délire de la passion, vous aviez à redouter que cette voix ne vous fît entendre le terrible « Non licet », ce serait encore pour vous une raison de réclamer l'appui de son autorité... Car ne devez-vous pas préférer la voix de cette puissance pacifique et désarmée qui vous défend un crime au couperet de ce peuple souverain qui peut-être vous proclamera digne de mort ?

§ IX

485. — Tout ce que je viens de dire concerne un pays

sincèrement et pleinement catholique ; un pays, hélas ! aussi difficile à trouver aujourd'hui que le Phénix ou que l'Éden lui-même interdit aux mortels prévaricateurs ! Passons donc dans le monde moderne, dans ce monde où la Providence place désormais toutes les générations actuelles, et où n'est plus écoutée cette voix qui retentissait jadis au fond des consciences, dominait le mugissement des océans furieux et le crépitement des flammes incendiaires.

Non, non, l'Europe ne connaît plus l'unité de pensée. L'arrogance d'un Luther s'est communiquée comme un venin de génération en génération à la race audacieuse de Japhet... Et la société européenne est menacée, comme aux jours de Babel, de la confusion des langues. A peine reste-t-elle sauvé chez les catholiques eux-mêmes, cette unité de croyance nécessaire aux articles de foi déjà définis. Un libertinage d'esprit contempteur de la tradition et de l'autorité a pour ainsi dire étouffé ce respect religieux qui portait les générations précédentes à penser comme l'Église même dans les matières non définies. Aujourd'hui cela serait le fait d'esprits affaiblis par l'âge, ignorants, obscurantistes et rétrogrades... Au milieu d'une tempête où les vents les plus furieux ne redoutent ni un Neptune qui apaise les flots, ni un Éole qui emprisonne les aquilons, quel parti prendre devant cette alternative inévitable : ou déchaîner la libre pensée pour la ruine de la société, puisque le gouvernement ne peut pas la réprimer, ou substituer au droit qui manque la force des baïonnettes, afin que la société ne tombe pas tout à fait ?

486. — Des deux côtés, l'alternative nous montre béant un abîme à faire frissonner tout cœur honnête. Quoi! lancer contre la société l'horrible Cerbère de l'anarchie? Ne serait-ce pas le plus abominable des parricides? Mais par ailleurs que gagnerons-nous de confier la chaîne de ce Cerbère à une main sénile — soucieuse non de la vérité mais de sa propre sécurité, attentive à empêcher qu'on ne la tire de sa léthargie — (c'est ce qu'elle appelle le « bon ordre »). Cette autorité prendra la voie la plus facile. Elle enchaînera les amis et les défenseurs de la vérité toujours plus dociles que les sectaires.

487. — Tel se montre à première vue l'état de toute société dans laquelle l'autorité spirituelle se tait ou n'est plus écoutée... Et cet état est si lamentable que l'on serait tenté d'accuser la bonté divine d'avoir abandonné la plus noble de ses créatures visibles à la merci de son ennemi le plus terrible — je veux dire l'erreur.

Un pouvoir infaillible, dirait un philosophe, n'est « pas une plante qui pousse naturellement sur la terre d'Adam ». Dieu a donc créé en nous une vivante et perpétuelle contradiction en nous formant pour la vérité et en nous plaçant dans l'imposibilité de l'atteindre; car comment concilier avec l'infinie bonté du créateur cette soif toujours inassouvie d'un Tantale qui sent l'eau effleurer ses lèvres et ne peut jamais en aspirer une goutte?

488. — Pour répondre clairement à cette difficulté, j'ai besoin de remonter à certains principes : quelques-uns les croiront étrangers à mon sujet; mais un lec-

leur attentif n'en jugera point ainsi : tant la question de l'enseignement dans une société mixte est intimement liée à celle du mode naturel de propagation de la vérité parmi les hommes, lorsqu'ils vivent dans des conditions normales. Car une société sans autorité religieuse positive en est réduite aux seuls moyens que dans notre hypothèse lui fournit la nature. Et elle devra nécessairement les employer, afin de maintenir, si faibles et si diminués qu'ils soient, les avantages de l'unité intellectuelle, dernière planche de salut dans le péril d'une complète dissolution.

489. — Revenons à l'objection que d'aucuns tiennent presque pour insoluble. Remarquons d'abord qu'on peut la considérer soit par rapport aux sociétés modernes hérétiques ou infidèles, soit par rapport aux sociétés anciennes ou dans l'état d'innocence ou tombées dans la corruption.

S'agit-il de la société dans l'état d'innocence ? L'objection tombe d'elle-même : car dans cet état Dieu avait révélé positivement aux hommes les vérités de l'ordre moral, leur laissant le soin de les développer et d'en faire l'application. Et ce travail leur eût été facile et doux, grâce à l'énergie native dont leur intelligence était douée. — L'Écriture en témoigne, lorsqu'elle nous montre Dieu réunissant tous les animaux devant Adam et celui-ci donnant à chacun son nom propre après avoir considéré sa nature. — Adam, selon le premier plan de Dieu, devait donc transmettre à ses descendants le trésor des vérités primordiales augmenté des fruits de son travail. Et cette semence, tombant dans la terre encore vierge des intelligences, non point esclaves de leurs sens mais maîtresses de leurs passions, se fût multipliée au centuple.

490. — Dans cet état, la nature proposait à l'homme. comme but de son activité, un bien intellectuel. Et grâce aux énergies dont le créateur l'avait doué non seulement comme être raisonnable individuel et social, mais comme être vivant essentiellement de tradition, l'homme pouvait acquérir et posséder ce bien en toute sécurité.

491. — Notez, en passant, l'importance des influences sociales et traditionnelles pour la connaissance de la vérité. Vous comprendrez alors l'admirable dessein de la sagesse créatrice dans la formation de l'homme. Ce dessein, méchamment travesti par les protestants, est aussi très défiguré dans l'esprit de beaucoup de catholiques. En effet regardant comme un axiome « que l'homme doit arriver à la vérité par ses propres forces, ils entendent, par là, ses seules forces individuelles ; fidèles en cela d'ailleurs à cet individualisme pernicieux qui vicie jusqu'au fond toutes leurs doctrines ; comme si recevoir de ses parents la connaissance de la vérité n'était pas pour l'homme chose aussi naturelle que de l'acquérir par l'étude et par les efforts personnels de son intelligence! C'est de cette erreur fondamentale, nous le savons, que découlent nombre de conséquences funestes, en particulier celle de la liberté de penser dont nous parlons maintenant. — Donc dans l'état d'innocence, il y aurait eu proportion entre les forces de l'intelligence humaine et les vérités à connaître. Dieu

avait créé les hommes pour le vrai ; il les aurait gouvernés selon leur nature ; et ceux-ci, recevant tout entière de la société la révélation primitive, puis la cultivant avec un esprit encore exempt de la fascination des sens ou de l'imagination, auraient par le travail perfectionné cette plante vigoureuse.

492. — Direz-vous : mais l'homme pécheur, c'est l'homme diminué ? — Je pourrais vous répondre que ce résultat n'est point la faute du créateur. Il n'avait point placé l'homme sur la terre pour qu'il péchât. S'il pèche, il mérite un châtiment ; s'il veut obtenir une science qui surpasse ses forces, il perd justement une partie de celle qui lui convient ; et le désordre qui trouble et afflige sa nature doit être rejeté, non pas sur Dieu, mais sur la perversion de sa transgression volontaire.

493. — Cependant Dieu, dans sa bonté infinie, n'a point fait sentir à l'homme tous les droits de sa justice : il ne l'a point laissé sans ressource à la merci de cette ignorance où il s'était réduit par sa faute. Dans le naufrage de son innocence, sa nature a été affaiblie, non détruite. Elle a gardé en partie l'héritage de la révélation primitive. De plus, le Seigneur a continué de rappeler aux générations les traditions de l'Éden et chez beaucoup de peuples elles furent déposées dans des livres sacrés, objet inviolable de la vénération des sages ou pour mieux dire des prêtres. Car (l'histoire du reste le constate) la science est un fruit naturel du sanctuaire et toute science a reçu ses principes d'un enseignement primitif inviolablement conservé dans ces monuments des peuples. Ceux-ci, par leur travail personnel, ont bien

pu développer ce trésor de la tradition; ils n'auraient pu le créer par eux-mêmes. L'homme avait donc dans les traditions sacrées une première source de vérités immuables. Elles se transmettaient de famille en famille, y brillaient comme un phare au milieu des ténèbres et s'y perpétuaient par respect pour la parole de Dieu et pour l'enseignement des ancêtres.

Que si, dans la suite des âges, l'humanité, répudiant tout respect de la parole infaillible, a vu la lumière de la vérité diminuer dans la même proportion au milieu de ses enfants, oserez-vous en rejeter la faute sur un Dieu dont les lois ont été foulées aux pieds ou bien sur les ancêtres qui avaient gardé fidèlement le dépôt de la vérité?

494. — Toutefois il ne faudrait pas croire que, même dans les ténèbres des derniers siècles payens, tout astre fut éteint dans le monde, et que tout chemin fut fermé entre l'homme et la vérité. Si corrompue, si barbare, si sauvage qu'elle soit, une société garde toujours une certaine somme de connaissances premières, qu'aucune force ne pourra jamais détruire sans ruiner cette société elle-même. Elles sont comme le pivot sur lequel elle tourne. Et un peuple en sent si bien la disparition qu'il ne consentira jamais à s'en priver, même lorsqu'il est trompé par les erreurs les plus subtiles ou tyrannisé par le plus violent despotisme.

495. — J'en conviens : aux traditions les plus raisonnables viennent se mêler avec le temps des erreurs qui, malgré leur énormité, finissent par être respectées comme des vérités irréfragables. La bizarrerie de ces erreurs

excite le rire, la pitié, le dédain des esprits plus éclairés et plus indépendants, et ils confondent dans un même mépris et le mensonge et la vérité, cet objet commun des croyances populaires...N'importe: ni leurs discours, ni leurs écrits ne feront jamais que toute vérité sombre totalement : car au moment du péril suprême la désolation et la mort se dresseront comme deux furies effrayantes... Et le peuple, apercevant l'abîme au bord duquel l'erreur a conduit et les individus et la nation, s'arrêtera glacé d'effroi sans vouloir faire un pas de plus. N'est-ce pas ce que nous voyons de nos jours : la France, poussée à toutes les aberrations par le philosophisme voltairien, l'Allemagne affolée de panthéisme ne reculent-elles pas à l'aspect du communisme prêt à les engloutir ?

La nature nous offre, au moins comme dernier rempart, une force sur laquelle pourront s'appuyer toujours ceux dont le cœur encore pur aime sincèrement la vérité.

496. — Mais le chemin de la vérité, même pour le petit nombre d'hommes qui se conservent purs, est long et ardu... et leurs pieds chancellent perpétuellement entre le faux et le vrai. Voilà pourquoi, grâce à la bonté divine, à mesure que la lumière de la tradition primitive baissait chez les nations, un nouveau flambeau toujours grandissant s'élevait sur l'humanité, celui de la seconde révélation qui atteignit la plénitude de son éclat par l'Incarnation du Verbe. D'Adam à Jésus-Christ toutes les voies conduisant à la vérité ne furent donc point fermées pour l'homme, bien que par sa faute elles fussent encombrées de pierres et d'épines.

497. — Depuis que Jésus-Christ, le Fils unique, qui est dans le sein du Père, et le Saint-Esprit, qui procède du Père et du Fils, ont révélé et confié à l'Église toute vérité, l'objection n'a plus aucune force... Les esprits droits voient tout ouvert sous leurs yeux la source du vrai... S'ils ne courent pas s'y désaltérer, ce n'est point la faute du Seigneur. Il les avait jadis introduits dans le sanctuaire des vérités naturelles — et de là, comme d'un vestibule, il leur avait fait entrevoir les mystères d'un ordre divin dont les splendeurs surnaturelles avaient fortifié la nature elle-même.

La plainte, formulée plus haut contre la Providence créatrice, n'a donc plus de fondement : Bien plus, elle n'aurait pas même l'ombre de la vraisemblance si les adversaires ne partaient de cette hypothèse fausse et arrogante, à savoir : « Que l'homme, isolé de toute génération antérieure et sans secours d'aucun maître, doit arriver par les seules forces de sa raison à la connaissance de la vérité intégrale... ». Proposition aussi fausse, on le sait, qu'est indubitable la proposition contraire, c'est-à-dire « que l'homme vient à la vie par voie de génération et s'instruit par l'enseignement ».

Cette doctrine n'est pas seulement fausse : elle est coupable, pernicieuse et de nos jours menace de devenir assez commune. — Voilà pourquoi il est bon, au milieu de tant de dissentiments, d'examiner quels peuvent être les droits de l'individu et l'autorité du gouvernement.

§ X

498. — Nous l'avons dit : tout individu possède le droit d'enseigner la vérité autant qu'il la connaît avec certitude et que les autres ont besoin de l'apprendre ; mais ce devoir oblige à plus forte raison celui qui gouverne, puisque, de par l'essence même de la société, il est expressément chargé de procurer le bien commun.

Voilà donc deux droits, l'un dans l'individu, l'autre dans le gouvernement, qui ont la même fin et s'appuient sur le même principe : il faut en peser la valeur d'après la règle universelle de la collision des droits.

499. — Et d'abord qui peut ici sans conteste revendiquer la possession de la vérité ? S'il s'agit de vérités nouvelles et qui n'ont point encore subi le contrôle de l'expérience, la présomption sera certainement pour les plus doctes ; mais si les doctrines disputées appartiennent à l'ordre des vérités universelles, bases de la société, alors plus de doute, c'est la société qui est en possession. Héritière d'une doctrine traditionnelle con-

sacrée par la prescription, forte d'une expérience qui a toujours eu d'heureux fruits, quand cette doctrine a été suivie et toujours de mauvais quand elle a été négligée, la société possède pleinement le droit de la maintenir intacte, si les raisons mises en avant par l'individu pour la combattre ne s'appuient que sur son opinion personnelle en désaccord avec le sentiment de tout le monde. « Qui vous donne le droit, peut lui dire la société, de bouleverser l'ordre jusque dans ses fondements et de travailler à ma ruine? Si vos spéculations avaient la puissance d'éteindre le soleil, d'arrêter les astres dans le ciel et de replonger la création dans le chaos, n'aurais-je pas le droit d'empêcher et de réprimer la propagande de vos idées, afin de me sauver de la destruction ? Vos idées ne peuvent rien, il est vrai, sur l'ordre matériel de l'univers, — mais elles ont une funeste influence sur les esprits faibles et sur les cœurs corrompus. Et prétendre que je dois me laisser bouleverser pour accorder à un citoyen la liberté de débiter impunément ses délires, c'est une prétention non seulement déraisonnable, mais contraire à tous les droits. » Que veut en effet cet arrogant lorsqu'il traite d'ignorants la masse de ses concitoyens? Renouveler follement le rôle de Samson; faire tomber sur leurs têtes l'édifice social en ébranlant les deux colonnes maîtresses qui le soutiennent, la justice et la vérité. Ce dissident aura beau dire. « Non : je veux éclairer, délivrer, régénérer la société.... » Quiconque comparera les deux droits donnera toujours raison à la société. Car elle a pour elle la sagesse des siècles et l'avantage du nombre. Et puisque la société n'est juge et arbitre de son action propre qu'autant qu'elle est une dans la personne physique ou morale de l'autorité... c'est au possesseur de cette autorité que, dans les sociétés mixtes, appartient le droit de réfréner les langues dissidentes ; non pour imposer ses opinions privées, mais pour sauvegarder le trésor commun des vérités traditionnelles.

500. — Quant aux doctrines nouvelles, ou bien elles n'ont pas avec celles-ci de lien évident, et, dans ce cas, il faut leur laisser la liberté ; ou bien elles en ont un ; et dès que ce lien a été reconnu publiquement elles sont soumises à la règle précédente. — Par où l'on voit que le droit de réprimer non pas la pensée, mais la langue, ne sort point à proprement parler, dans les sociétés mixtes, du jugement de celui qui commmande — mais de l'adhésion générale des citoyens à telle vérité... Cette adhésion n'est qu'un écho affaibli de la révélation primitive. Et il n'y a rien d'étonnant que le droit dont nous parlons soit très imparfait, puisqu'il s'appuie sur un titre si discuté.

501. — Cette doctrine, je le sais, semble contraire aux raisons que nous avons apportées pour démontrer qu'un gouvernement d'ordre temporel ne peut pas commander aux intelligences. Mais qu'on y regarde de plus près ; et l'on ne trouvera plus ici d'opposition directe... sinon quand l'autorité civile voudrait exiger l'assentiment de l'esprit à son enseignement... Car l'esprit ne peut adhérer qu'au vrai ; et comme l'autorité civile est faillible et par suite incompétente, exiger l'assentiment serait de sa part un acte de despotisme.

502.—Aussi le droit que nous lui avons reconnu plus haut est-il le droit de réprimer non pas la pensée, mais seulement la langue. Et sous ce rapport personne qui n'accorde à la société un droit plus ou moins étendu... En d'autres temps on lui a reconnu le droit... de sévir contre les hérésiarques, les blasphémateurs, les séditieux, les libertins imprudents ; et de nos jours personne ne réclame quand elle frappe les faussaires, les calomniateurs, les témoins imposteurs. Ceux-là donc qui revendiquent pour la langue et pour la plume une liberté sans frein ou ne comprennent pas ce qu'ils disent ou ne parlent pas sensément, ou bien constituent, par leurs opinions exorbitantes, des monstres et des fous dans l'ordre moral.

503. —La société, comme l'individu, possède le droit à sa propre conservation. C'est là le principe même de son action extérieure. Et cette vérité est si universellement admise qu'il est impossible de l'arracher des esprits : elle y est implantée par la nature : Le même instinct qui dit à l'un : « Ne tue pas », dit à l'autre : « Tu as le droit de te défendre. » — Et comme il n'y a point d'exception qui permette au premier de tuer avec la langue ou avec la plume, tandis qu'il leur est défendu de tuer avec le couteau et le revolver, de même il n'y en a point qui dise au second : « Défends-toi contre le poignard, mais ne te défends pas contre la langue ou contre la plume. » Cette voix de la nature prenait naguère un accent barbare, mais net et précis, dans ces bouleversements publics ou des hommes audacieux maudits par la presse libre s'armaient de torches,

détruisaient les imprimeries et disaient aux écrivains : «Si vous avez la liberté de nous malmener, nous avons celle de nous défendre... » Et de nous défendre avec des armes qui nous sont propres, comme vous nous attaquez avec les vôtres. — Et je le demande : Dans le silence des tribunaux et supposée vraie la plainte de ces sauvages, que pourrait-on raisonnablement leur répondre en restant dans les principes du droit purement naturel? »

504. — « La vérité, disent-ils, n'est nuisible à personne : Elle est la source de tout. » — Soit ; mais ce n'est pas sur ce point que roule le litige entre la société et l'individu. » — La question est de savoir si c'est l'individu qui possède la vérité contre la société ou vice-versa... Sans doute, aucun des deux adversaires n'est infaillible, tous deux même peuvent être dans l'erreur. — Toutefois, quand il s'agit de vérités sociales, les probabilités militent en faveur de la multitude contre l'individu : car la première peut se réclamer de la tradition et de l'antiquité — tandis que l'individu n'a qu'une science privée. — Bien plus, abstraction faite de la possession plus ou moins fondée de la vérité, la présomption et l'avantage sont encore en faveur de l'autorité pour un autre motif... qui est le vrai point de vue du débat. En effet, la société, qui se défend contre les innovations des dogmatisants, ne le fait pas comme maîtresse, mais comme protectrice du peuple. Elle ne décide point si le nouvel enseignement est faux ou vrai, mais seulement s'il est utile ou pernicieux.... En quoi, nous l'avouons, elle pourrait se voir attaquée par ses sujets

s'ils possédaient avec certitude la vérité... Mais cette certitude leur manquant, le droit social se dresse d'autant plus fort contre l'individu que l'expérience parle d'ordinaire en faveur de la société.

505. — Ces raisons sont évidentes ; et parce qu'elles sortent de la nature des choses, elles produisent toujours ce phénomène dont nous sommes encore les témoins, — la répression arbitraire, des lois inflexibles, l'état de siège à côté de la liberté absolue de la presse. Blâmez à votre guise, condamnez, maudissez ces agissements du pouvoir ; arrachez à la société l'arme qui lui sert à défendre son existence, c'est-à-dire la censure des discours et des écrits, vous ne triompherez pas : car la nature est invincible — et le droit de défense reparaîtra sous d'autres formes — ou la société périra.

506. — On me dira : mais s'il en est ainsi l'oppression sera donc éternelle ; puisque le pouvoir abuse si facilement de son droit ? puisque, dans la confusion inextricable des opinions, nous marchons à l'abêtissement des nations musulmanes et que tout prince peut devenir « un vieux de la montagne » ?

Je le sais trop : plus un droit est fort et sacré, plus il est facile à la malice humaine d'en faire abus. — Mais si de l'abus d'un droit vous concluez à la légitimité de son abolition, y en aura-t-il un seul à pouvoir subsister sur la terre...? Autorité, propriété, paternité, mariage, religion, tout sert d'instrument aux passions. — Par conséquent, il faudra tout abolir. Et cette conclusion, disons-le à l'honneur de la vérité, les communistes, plus logiques que les demi-croyants, la tirent fidèlement de leurs principes. — « S'il est permis, disent-ils, de se révolter avec la langue et avec la plume, il ne l'est pas moins de le faire avec le poignard et avec le canon; si l'autorité doit être abolie parce que l'on en abuse, il faudra pour le même motif abolir la propriété... Cette conséquence effraie aujourd'hui tout honnête homme?.. Mais alors comment admettre le principe dont elle découle, afin d'enlever à la société le droit de défendre son existence... C'est le propre de toute arme, de l'épée par ex., de pouvoir servir au soldat et au sicaire. Faire disparaître l'épée serait certainement un excellent remède contre les sicaires. Mais alors comment les soldats pourront-ils combattre?

507. — Nous avons examiné le droit de la société contre l'individu. Ce droit s'appuie sur l'autorité du nombre et de la tradition et il peut lier la langue de l'homme privé qui serait en dissidence avec la masse du peuple.

Mais changez les conditions; isolez la société : séparez-la de ses ancêtres et du genre humain : Vous viendrez ainsi au secours de l'individu réfractaire, et vous verrez découler de cette situation nouvelle des conséquences tout autres. — En effet, supposez, pour un moment et par impossible, qu'une des nations les plus civilisées de l'Europe se soit laissé fasciner par la doctrine de Proudhon et de Ledru Rollin et qu'elle échange tout à coup sa vie honnête et polie pour la vie des Caraïbes : chez elle plus de mariage, plus de propriété, plus de gouvernement; elle a fait litière de tous les avantages de son ancienne politesse... Le pouvoir ne saurait subsister au milieu de ces bêtes... Mais elles pourraient un jour se trouver réunies dans une campagne quelconque. Faisons cette supposition... Puis imaginons qu'un de ces anciens citoyens échappé par miracle à l'antre de Circé se présente tout à coup à cette multitude indomptée : à la vue de son abrutissement, il est pris de compassion pour elle. Et au milieu de ses frémissements il se met à lui rappeler avec courage ces éternels principes de la justice et du bon sens qui jadis lui avaient valu tant de grandeur ! — Et bien ! dans ce procès, à qui des deux contendants donnerez-vous raison ? — Accordez-vous à la société (si tant est qu'on puisse encore l'appeler de ce nom) l'horrible droit du suicide ? Et pourrait-elle raisonnablement répondre à celui qui vient l'enseigner : « Pour vous, vous êtes seul ; taisez-vous ? — Seul, moi ? répondrait l'héritier de l'ancienne civilisation : seul, moi qui vous parle avec la multitude des peuples les plus cultivés ! Moi, l'écho de 50 générations ! Moi qui m'appuie sur les monuments les plus admirables de l'art et de la sagesse ! Moi qui viens vous apporter la paix au sein de vos discordes, des aliments à votre faim, un honnête repos pour votre vieillesse, les secours de l'hospitalité dans vos maladies, la vérité dans vos doutes et vos erreurs ! Moi qui veux vous arrêter aux bords de cet abîme où votre nation va trouver sa ruine ! Je suis seul et je dois me taire ?... »

508. — Aucun de mes lecteurs, j'en suis sûr, n'osera concéder à une société ennemie d'elle-même jusqu'à se détruire, le droit d'imposer silence à celui qui veut la sauver ; elle en aura la force ; soit ; elle pourra écar-

teler, décapiter ce prophète de malheur; mais en a-t-elle le droit? Non... Elle n'a plus pour elle ni titre ni possession, elle ne peut revendiquer ni l'ancienneté, ni l'universalité de ses croyances, ni l'expérience, ni la nécessité de se défendre... Celui qui lui parle appuie sa promesse de salut sur l'expérience de mille géné-tions... Et toutes les probabilités pesées, c'est lui qui possède la vérité, sans qu'il ait besoin, pour s'en attri-buer les droits, de recourir à des arguments spécula-tifs ni à des promesses d'avenir; écho de la sagesse traditionnelle, il invite cette population à se procurer des biens visibles et palpables dont jouissent d'autres peuples civilisés, qui sont le fruit de la vérité et de l'honnêteté morale, et dont enfin ses anciens conci-toyens, malgré leur sauvagerie, ont encore conservé le germe.

Combien donc sont mal fondées les récriminations des mécréants et les terreurs de ces chrétiens chance-lants qui voudraient établir, même chez les peuples pleinement catholiques, la tolérance de toute erreur — dans la crainte, disent-ils, que les hérétiques ne se li-vrent envers nous à de justes représailles. « Voici leur raisonnement : si un gouvernement catholique a le droit d'imposer silence à l'erreur parce qu'elle trouble la paix publique, comment refuser le même droit à un gouvernement hérétique ou infidèle contre les apôtres de l'Église romaine! N'appartient-il pas également au prince soit hérétique, soit catholique de maintenir la paix dans ses états! N'est-ce pas une des propriétés de l'être social? Et ne disiez-vous pas plus haut qu'ici le prince agit comme protecteur de l'ordre et non comme maître de la vérité (1).

509. — Cette objection n'a pas de valeur pour quiconque a bien saisi la raison du droit dans notre seconde hypothèse. Car, pour donner à l'autorité sociale le droit d'imposer silence aux dogmatisants, deux choses, avons-nous dit, sont requises : la possession au moins probable de la vérité, puis la nécessité de sauvegarder le bien public. Or l'apôtre de l'Église catholique possède avec certitude la vérité... et la prêche pacifiquement. Il s'appuie sur des traditions plus ou moins anciennes admises par le peuple auquel il parle; il confirme sa doctrine en versant non pas le sang de ses adversaires, mais le sien propre ; il parle le langage du ciel par la voix des miracles et celui de mille autres peuples par la voix de l'Église ; il adresse ses enseignements soit à des payens qui tournent bientôt en ridicule leurs divinités passées, soit aux juifs, à qui il emprunte les préliminaires du Christianisme, soit aux hérétiques qui l'admettent en partie, soit à des incrédules partisans de la libre-pensée. Dans tous ces cas, on le comprend, le catholique armé d'une certitude divine est parfaitement d'accord avec ses principes, lorsqu'il défend ses frères contre l'erreur, tandis que l'infidèle et le mécréant, avec des absurdités et des erreurs, se contredisent, s'ils veulent prohiber des opinions. Même au point de vue social, il n'y a rien que de ra-

(1) Ainsi raisonnait à la Chambre de Turin le député Chenal (14 mars): « Ce serait justifier la conduite des payens qui punissaient les) premiers chrétiens de leur refus à saluer les Statues de Jupiter. »

sonnable à dire : « Croyez-moi ; car je suis certain... » tandis qu'il serait souverainement absurde et ridicule de dire : « Croyez-moi, je ne suis pas certain. »

La récrimination dont nous avons parlé n'a donc rien de redoutable — et des représailles contre les catholiques seraient tout à fait injustes. Pourtant, je le sais, dans bien des cas ces représailles se produiront de fait. Et voilà précisément pourquoi la prudence pourra conseiller aux gouvernements catholiques d'accorder une tolérance que la justice ne réclame point. Mais cette question de prudence est en dehors de notre sujet : nous ne le traitons qu'au point de vue du droit strict. Or je crois avoir prouvé clairement qu'un État, où l'on ne possède pas un principe raisonnable de certitude admis de tous, n'a aucun droit de s'opposer à l'enseignement d'un catholique dont le symbole est professé dans tout le monde, s'appuie sur la tradition de soixante siècles, porte en lui-même tous les trésors de cette civilisation qui s'est développée partout à l'ombre de la Croix. Qu'un gouvernement, qu'un peuple isolés s'avisent d'opposer à la prédication catholique les absurdités de leur croyance et leurs erreurs ; qu'ils la traitent d'enseignement erroné, qu'ils la prohibent au nom du bien public, cela s'est vu et se verra encore... Mais ce n'en sera pas moins un défaut manifeste de logique et une criante injustice.

Dans un état infidèle le catholique a donc pleinement le droit d'enseigner sa doctrine.. Mais ce droit est-il en collision avec celui que d'autres pourraient avoir de publier des doctrines opposées? N'oublions pas notre hypothèse : nous parlons d'un peuple mixte... où il y a dissidence dans les opinions religieuses. Et la question est celle-ci : « Le gouvernement peut-il imposer silence aux uns à l'avantage des autres? — Il y a pour l'affirmative un motif, c'est que le catholique enseigne une doctrine vraie et par conséquent utile au bien public. Mais quelle preuve et quel garant un gouvernement peut-il avoir de cette vérité? La notoriété, l'unanimité?... Nous l'avons dit. Elles n'existent pas. — Le jugement personnel du prince? Il n'est pas d'ordre public et n'a pas droit de s'imposer à l'intelligence de ses sujets. — Le commandement de Dieu? Non; Dieu ne s'impose pas par la coaction publique aux consciences individuelles : il veut être accepté par elles volontairement. On n'obéit pas à Dieu par respect pour le prince, mais bien au prince par respect pour Dieu. Je ne trouve donc aucun titre sur lequel un prince puisse s'appuyer pour empêcher, de sa seule autorité, chez un peuple infidèle telle ou telle doctrine de se produire.

510. — Dans une telle société, chacun a donc la liberté de publier ses propres doctrines. Et cette liberté n'a pas ici d'autres limites que celles que nous lui avons assignées chez les païens : là, les premières vérités traditionnelles absolument indispensables à toute réunion d'hommes et transmises de génération en génération, fournissent encore aux chefs du peuple un titre non pour enseigner eux-mêmes, mais pour défendre ce faible reste de la doctrine primitive et pour garder à la société cette planche de salut! C'est également sur cette base que s'appuiera le missionnaire catholique

lorsque la nation déchirée par les convulsions et ayant épuisé jusqu'à la lie le calice de l'erreur commencera enfin à comprendre qu'elle a été trahie par ses prétendus libérateurs. Jusqu'au jour de cette résurrection morale, un gouvernement civil ne peut mettre un frein à l'indépendance des esprits, ni en vertu de sa propre conviction, il est incompétent ; ni en vertu du consentement de la nation, elle est divisée ; ni au nom de la vérité qui parlerait par sa bouche ou de Dieu qui le commande, puisque ces deux voix augustes réclament non pas une obéissance contrainte, mais un assentiment intérieur et libre.

511. — Voilà qui nous montre avec évidence combien est raisonnable l'orgueil des nations hétérodoxes qui nous accusent de servilisme et vantent si haut cette précieuse liberté de penser dont elles se croient seules en possession. Malheureuses ! Oui, vous la possédez et vous la possédez seules la misérable liberté de l'erreur. Oui, à vous seules il est permis d'arracher du sol où il avait germé le principe même de votre vie sociale et de vous soustraire par l'isolement à l'influence bienfaisante des relations internationales, vous seules pouvez ouvrir la porte à ces maniaques en délire qui élèvent des chaires de mensonge et entraînent dans leurs rêves la multitude ; vous pouvez vous glorifier que désormais tout est vacillant dans vos esprits, que toute notion d'ordre et de justice y est presque effacée ; vous seules enfin vous vous précipitez librement à votre ruine, puisque vous avez perdu tout droit de dire au forcené qui vous entraîne : « Arrête, parricide. »

Telle est finalement la prétendue gloire de cette société que rien ne peut plus préserver de l'anarchie intellectuelle et morale dès qu'elle a perdu l'unité de la foi catholique. Qu'il se félicite tant qu'il voudra, le malheureux qui court librement à sa perte et l'insensé jaloux de périr avec lui. Pour nous, catholiques, nous resterons atterrés à la vue de cette horrible liberté du suicide social, châtiment épouvantable d'un orgueil sans frein, mais devenu presque un véritable droit, comme nous l'avons établi. Nous regarderons avec compassion ces peuples infortunés ; nous leur tendrons une main amie et le jour viendra où ils ne dédaigneront pas ce secours fraternel. En attendant, faisons brièvement l'application des considérations précédentes à l'enseignement public.

§ XI

Sommaire : — 512. Application de tous ces principes à l'enseignement. — 513. Chez un peuple catholique. — 514. L'évêque veille sur les doctrines. — 515. Paternellement, canoniquement et selon l'Evangile. — 516. Le synode veille sur l'Evêque, et le Pape sur le synode. — 517. Utilité d'une telle influence. — 518. Danger qu'il y a de l'abolir. — 519. L'Eglise, promotrice de toute sorte de bien en formant à l'obéissance. — 520. Les politiques eux-mêmes commencent à le comprendre.

512. — Appliquons maintenant ces principes au sujet particulier de l'enseignement : ce sera facile.

— Qu'est-ce que l'enseignement ? C'est, avons-nous dit, la parole humaine ayant pour but, en suivant une méthode plus exacte, de produire dans l'esprit une vérité déterminée... Mais puisque la méthode et l'ordonnance plus parfaite des raisonnements ne changent en rien la nature de la parole, celle du maître reste toujours soumise aux lois qui régissent toute autre parole humaine;... aux lois de la morale dans les relations privées, à l'autorité du père au foyer domestique, et, quand elle devient publique, au chef de la société.

513. — Si donc vous gouvernez un peuple catholique où l'autorité civile est par elle-même incompétente à définir la vérité, mais où celle-ci trouve dans l'Église une maîtresse infaillible reconnue comme telle et par le prince, et par les sujets, alors rien de plus juste que de confier à cette Église la direction de l'enseignement public en tout ce qui touche aux sciences morales et philosophiques, à la religion et aux coutumes (1). — Et que pourra répliquer un sujet lorsque cette autorité vénérable arrêtera sur ses lèvres une parole erronée ou libertine? Dira-t-il qu'il ne reconnaît pas le tribunal de l'Église? Il cesserait d'être catholique. Qu'il le reconnaît, mais ne veut pas lui obéir? Il violerait les engagements sacrés de son baptême et les droits de tous ses concitoyens qui veulent être publiquement catholiques. Si donc le prince intervient pour imposer silence à ce maître, il ne fera pas autre chose que protéger le droit existant de l'Église et des citoyens contre une flagrante violation de

(1) C'est au fond la pensée des Journalistes les plus avancés : Que l'Etat ait la prétention d'enseigner, quand l'Etat professe une croyance, quand il a des doctrines, quand il connaît ou croit connaître d'où il vient et où il va, cela peut avoir des inconvénients, mais cela du moins n'est pas déraisonnable; il veut donner aux générations nouvelles une éducation en harmonie avec la destinée sociale, il veut façonner les âmes et les intelligences aux fins de la société, telles que la société elle-même les conçoit. La République — 15 janvier 1850.

la loi.Pareille tutelle n'est pas seulement un droit chez le prince ; c'est un devoir. Il n'agit point ici comme un intrus qui viendrait imposer une doctrine, — mais simplement comme le protecteur et du maître légitime de cette doctrine et des disciples qui l'ont embrassée volontairement. Aux États-Unis, dans certains cas, l'autorité n'accède aux requêtes des sujets que lorsque ceux-ci ont fourni la preuve qu'ils ont accompli leurs obligations religieuses envers les ministres de leur culte respectif : Dirons-nous que, dans ce pays de liberté, le gouvernement prétend régler les consciences? Contraindre un catholique à tenir les promesses faites à son Église n'est pas chose plus contraire à la vraie liberté que de l'empêcher de violer un contrat ou d'être infidèle à toute autre association... Vous taxeriez de faiblesse et de lâcheté un gouvernemen' qui ne réprimerait pas la mauvaise foi dans une société de négociants ou de lettrés, l'infidélité dans le mariage, etc. Traitez de même tout gouvernement qui laisserait à des professeurs catholiques la liberté d'insulter publiquement leur mère.

514. —Notez par ailleurs que la maîtresse des catholiques est l'Église en tant qu'Église, c'est-à-dire les pasteurs de second et de premier ordre formant un seul corps sous l'autorité du Souverain Pontife ; avertissement très important, afin que l'autorité civile ne croie point avoir satisfait aux exigences et calmé la conscience d'un vrai catholique, en nommant pour inspecteur des études un clerc ou un évêque, — mais avec une mission purement civile : car quelles que soient

sa science et sa sainteté, quel que soit le respect des catholiques pour le caractère sacerdotal ou pour l'épiscopat, ils ne verront jamais, dans ce porte-voix du gouvernement, l'autorité de l'Église. Un instinct secret de défiance les tiendra toujours en éveil contre un enseignement qui aura toujours pour eux un relent de lucre et de servilité. Car il est évident que ce porte-voix serait immédiatement disgrâcié s'il s'avisait de changer une syllabe à son mandat.

515. — Que l'Église enseigne donc librement les éternelles vérités sur lesquelles reposent, comme sur leur base, toute justice, toute autorité, tout gouvernement. Que l'Évêque veille, comme son nom l'exige, sur le catholicisme de tout enseignement; qu'il veille non comme un commissaire de votre police, mais comme un successeur des Apôtres... Et qu'il prenne ses instructions non dans un bureau laïque, mais dans l'Évangile et dans la Tradition. Alors le peuple reconnaîtra en lui la voix de son Pasteur, et lui soumettra à la fois et ses lèvres, et son intelligence... Que si quelqu'esprit superbe et revêche ose attaquer une voix révérée par tout le peuple comme l'écho de la voix divine, cet homme ne tardera pas à se voir abandonné, maudit et proscrit par l'opinion publique mieux que par vos décrets.

516. — Vous craignez, dites-vous, la fragilité personnelle même dans des pasteurs catholiques revêtus des hautes dignités ? — Rappelez-les aux anciens usages et aux prescriptions canoniques ; ou plutôt laissez-leur pleine liberté de se réunir et d'examiner les questions

de doctrine et de discipline dans ces synodes presque toujours préservés d'erreur, parce qu'ils étaient particulièrement protégés par l'Esprit-Saint. Un synode est le juge légitime de l'évêque ; il peut le corriger sans l'avilir. Enfin au-dessus des synodes Jésus-Christ a placé l'autorité irréfragable de son vicaire à qui tout fidèle obéit... Il est, dans un peuple catholique, l'organe de la vérité, l'oracle des maîtres et par eux la règle vivante des idées de tout ce peuple. Quel bonheur pour vous qu'une telle puissance soit toujours prête à vous secourir, toujours prête à vous maintenir dans la voie du vrai et du juste! Ne serait-il pas plus sûr pour vous, plus honorable pour les évêques, plus utile pour les peuples d'être redressés, en cas d'erreur, par un oracle du Vatican que par un ministre de la police dont la lettre passera par les mains de cinq ou six employés laïques, sera revêtue de leurs signatures et viendra finalement dicter la loi à un Évêque de la part du roi qui doit comme le dernier de ses sujets être enseigné par lui?

517. — J'entends la réponse d'un ministériel : « Votre brave homme d'Évêque, dit-il, empêchera, je le veux, l'hérésie, l'immoralité, la rébellion. Mais, étranger à ma politique, il ne saura point diriger l'enseignement du royaume au but que je me propose d'atteindre et où je fais converger tous les moyens dont je dispose. Le gouvernement perdra donc du même coup la force souveraine et irrésistible qui est le fruit de la conviction intime des sujets. Car en entendant sans cesse célébrer la gloire des conquêtes, si le gouvernement est conquérant, les jouissances de la paix, s'il est d'humeur tran-

quille, les avantages de l'industrie, s'il préfère le travail des manufactures, ceux de la marine soit guerrière soit marchande, etc., les sujets finissent par se pénétrer, s'enivrer de ces idées. Et ils en deviennent les aveugles exécuteurs. »

Telle est, si je ne me trompe, la raison véritable et profonde des politiques qui prétendent avoir le droit de gouverner l'enseignement(1). Ils l'ont publiée sans mystère par la bouche des protestants en Allemagne, et des Universitaires en France ; ils la dissimulent, sans pouvoir la cacher, partout où ils rougissent encore de l'injustice... Mais tel est toujours, hypocrite ou franc, le mobile du monopole de l'enseignement public et laïque. Ils ne peuvent pas enchaîner les intelligences avec des menottes; ils veulent les former à leur guise par une science obligatoire et faite pour leurs visées politiques, au lieu de les gouverner au nom de l'autorité divine et de les former selon les principes de la véritable science et du droit. Confusion détestable de la fin et des moyens, fruits de l'orgueil protestant qui se révolte contre la maîtresse légitime de la vérité : il affranchit la raison et n'aboutit qu'à l'émanciper à sa honte; il la soumet à un pouvoir incompétent; il la soustrait au sceptre de la vérité, sa souveraine légitime, pour la captiver à son profit et en faire, sous les liens de l'erreur, l'aveugle instrument de ses volontés.

(1) Dans un de ses opuscules M. Bautain disait : « La Restauration, en ce qui concerne l'instruction publique, a donc fait fausse route comme l'Empire et à son exemple. Elle a tenté aussi d'exploiter l'éducation de la France au profit de son principe, pour l'affermissement de son règne et pour sa gloire. »

518. — Mais désormais l'artifice est usé pour les Européens modernes... Dès longtemps ennemis du joug même le plus légitime, celui de l'Église, investigateurs audacieux et jaloux de ses intentions les plus droites et d'ordre surnaturel, croyez-vous qu'ils ne sauront pas deviner, quand il s'agira de leurs intérêts naturels, le mobile très utilitaire de vos décrets, lors même que vous les présenterez tout affublés de l'amour de la vérité ? Les faits parlent si haut, la société est devenue du premier du patricien au dernier des manœuvres un censeur si inexorable et partant si injuste des actes des gouvernements, la rage impitoyable du journalisme a communiqué à la critique une publicité si retentissante que, sans une naïveté rare, personne ne serait plus assez simple pour espérer d'obtenir, par cette voie, l'approbation du public. Plus vous tenterez de conduire les esprits par la contrainte, plus vous trouverez de résistance dans ces talents vigoureux qui sentent vivement et leur force, et votre faiblesse sur ce champ de bataille.

519. — Voulez-vous au contraire recourir à l'autorité légitime qui seule a le droit de commander l'adhésion à la vérité ? La plupart des sujets obéiront, puisque nous parlons ici d'un État catholique. Et ils obéiront d'autant mieux qu'ils seront bien persuadés que l'évêque ne vient pas suivi de gens d'armes ni le code à la main, mais avec l'Évangile et au nom du ciel. Il ne discutera certainement point sur l'utilité de telle ou telle mesure prise par le gouvernement ; il ne fera point sortir de l'Évangile le système de Cobden ou de tout autre que lui.

Il portera les sujets à obéir par conscience. Et ne nous sera-t-il pas alors mille fois plus facile de les guider par un commandement juste que de les convaincre par des raisons? — Du reste ou vos raisons sont vraies et utiles à la société... et dans ce cas elles confirment la voix de l'Église, sans qu'on puisse lui reprocher de s'occuper à tort de la politique ou d'économie; ou vos raisons sont démenties par les faits, et alors l'opposition des sujets arrêtée par l'autorité de l'Église trouvera une digue dans les consciences et restera dans les esprits à l'état de pure spéculation; — toujours donc la voix et le concours de l'Église tourneront à l'avantage de votre politique. Mais vous n'êtes peut-être pas tout à fait convaincus de cette doctrine... Et vous voudriez en faire la preuve? Soit. Qui vous empêche alors d'employer tous les moyens que la raison vous suggérera, que la justice approuve et auxquels votre pouvoir public peut donner tant d'efficacité? Qui vous défend de stipendier des journaux, de faire des œuvres, d'avoir vos chaires à vous et de multiplier les essais pour obtenir l'assentiment de tout un peuple à une doctrine que vous lui imposerez comme vraie... Oui, essayez cela; mais en laissant l'opinion contraire libre de se propager; s'il s'agissait d'un système économique ou admininistratif, et qu'avec tant de moyens de persuasion il fût repoussé généralement par un peuple, il faudrait en convenir, ce système devrait être ou profondément mauvais, ou injuste, ou déraisonnable, ou nuisible à la société. — Eh bien! formulez une doctrine gouvernementale —étayez-la, tant que vous voudrez, du monopole et de la cen-

sûre ; jamais elle ne vous rendra les maîtres intellec-
tuels des multitudes, à moins que ces multitudes ne
soient plus composées que d'esclaves ou de brutes...
Vous les abuserez pendant quelques semaines, quelques mois peut-être... Mais vu les dispositions actuelles
de l'Europe, l'illusion ne durera pas une année.

Il est bon que ces vérités se répandent de plus en
plus en Europe — pour redresser les idées des politiques et faire crouler ces barrières que le Gallicanisme,
le Joséphisme, et l'impiété libérale ont opposées partout
à l'action de l'Église... Déjà beaucoup sont tombées...
A la lueur des torches incendiaires promenées dans
les rues de Paris, de Vienne, de Rome, de Bude, de Livourne, de Gênes, etc. (1848), les esprits les plus opposés à la liberté catholique ont compris que les évêques
avaient été établis pour gouverner l'Église. — Et partout, même en Angleterre (1), on commence à avouer
que le gouvernement civil n'est point compétent dans
l'œuvre de l'enseignement public (2).

520. — Espérons qu'en méditant plus sérieusement et
plus longuement encore sur l'état de révolution per-
manente des peuples les plus éclairés par la raison, sur
le péril qu'il y a à rendre les baïonnettes intelligentes,
sur la nécessité d'infuser dans les masses des principes

---

(1) Voir *l'Univers*, 25 février 1850.

(2) Ce retour au droit et à la vérité, dont parle ici le P. Taparelli, a
produit en France la loi de 1850 et la faculté d'ouvrir des collèges libres à côté des lycées de l'Etat ; — la loi de 1875 pour la fondation des
Universités libres... Mais ces restaurations sont loin d'être complètes ;
on le sait trop. Et la loi de l'instruction primaire et obligatoire a été
une revanche haineuse de la libre-pensée contre ces premières victoi-
res des catholiques.

de justice, de moralité, de conscience (œuvre, il est vrai, supérieure aux forces humaines), espérons, dis-je, qu'on finira par se persuader qu'il faut nécessairement recevoir la vérité de Dieu et de l'Église, au lieu de s'appuyer toujours sur l'intérêt et sur un utilitarisme mensonger.

Alors, mais alors seulement, dans tout état catholique, l'on pourra dire que les esprits sont libres et soumis à la loi.

§ XII

SOMMAIRE : — 521. L'enseignement chez un peuple mixte. — 522. Frein qu'on peut lui imposer justement. — 523. Et liberté inviolable assurée. — 524. Sans faire violence à ceux qui sont dans l'erreur. — 525. Faveur privée qu'un prince, un chef de gouvernement peut et dans un sens doit accorder à la vérité, par conséquent à l'Eglise.— 526. L'instruction publique est un devoir pour un gouvernement juste. — 527. Parce que les particuliers n'y peuvent suffire par eux-mêmes. — 528. Institution d'un corps enseignant. — 529. Il doit avoir l'unité d'esprit. — 530. Parce qu'il détermine les jugements. — 531. Dirige les volontés. — 532. Et les actions. — 533. Enseignement et éducation... inséparables. — 534. Il ne suffit pas d'avoir l'unité dans les principes universels. — 535. Ni d'accorder aux étudiants la liberté. — 536. Car ceux-ci sont nécessairement dépendants de leur maître. — 537. On répond à une difficulté. — 538. L'unité d'esprit est une chose impossible dans le magistère ou le corps enseignant d'un peuple mixte. — 539. L'institution d'un corps enseignant est injuste.—540. Objection. Comment concilier le devoir et l'impossibilité... ? — 541. Réponse; d'une hypothèse absurde sort nécessairement une conséquence absurde. — 542. L'unité intellectuelle est le moteur naturel de la société humaine. — 543. Briser l'unité de croyance chez un peuple c'est ruiner dans une mesure égale l'instruction publique. — 544. Il est licite à un gouvernement d'établir un institut de hautes études. —545. Pourvu qu'il respecte les vérités fondamentales et que le choix des maîtres ... soit impartial. — 546. Que si ces conditions étaient impossibles, il faudrait laisser les particuliers le créer et le soutenir à leurs dépens. — 547. Résumé de notre doctrine sur l'instruction publique. —548. Le faux libéralisme abuse de la liberté. — 549. Le catholiscime la respecte.

521. — Parlons maintenant d'Etats où le catholicisme,

réduit à la condition de religion privée, fait encore entendre sa voix dans les consciences, mais non plus dans les lois... Là, l'enseignement public ne peut être catholique, puisque l'autorité de l'unité catholique n'y est pas reconnue par l'universalité des citoyens. Il serait impossible d'y laisser à l'Église la censure des doctrines. Il ne reste au gouvernement que d'exercer à l'égard de celle-ci les droits que nous lui avons reconnus comme protecteur des vérités premières et de se montrer strictement impartial pour toute autre doctrine, au sens où nous l'avons expliqué plus haut. Le droit de protéger ces vérités premières et traditionnelles s'appuie sur le consentement du plus grand nombre, — sur le besoin d'ordre public. Et le gouvernement est autorisé par là à soutenir les restes d'une tradition catholique dont la destruction violente jetterait partout l'effroi et mettrait en péril la société (1).

522. — Il n'y aura donc rien de tyrannique, spécialement dans les états de suffrage populaire à exclure des chaires l'athéisme de Proudhon, le déisme de Straus, le Panthéisme de Hégel.

« Faible palliatif sans doute que cette exclusion, car ce n'est autre chose que le palliatif protestant des articles fondamentaux... », ces articles, on le sait, qui pous-

<hr>

(1) « L'État, disait M. de Broglie (*Revue des Deux-mondes*, t. IV, nouvelle période...) ne peut pas grand'chose pour aider la religion dans cette œuvre.. (l'enseignement). Il doit continuer à remplir les devoirs qui seuls lui donnent le droit de commander, se rattachent avec force à ces croyances communes à la raison comme à la foi et dont les religions se glorifient d'affermir les bases et d'épurer la pratique; laissant du reste à la religion le champ libre pour répandre sa propagande et l'appelant à son aide dans la mesure que permet le respect des consciences. »

sent par degrés les esprits indépendants jusqu'au rationalisme d'outre-Rhin... Et bientôt la libre pensée aurait envahi la législation et toutes les institutions sociales, si les vérités premières n'étaient défendues que par les gendarmes et la police. »

523. — Je le sais : Aussi réclamé-je en second lieu comme un devoir strict de ces gouvernements la plus sincère impartialité. Quand une société n'a plus l'unité de croyance religieuse, elle est tellement sortie de sa voie naturelle, tellement ballottée en tous sens que quiconque est ami du vrai bien social, et surtout obligé par office de le procurer, doit faire des efforts héroïques pour arracher sa nation à cette effrayante incertitude.

524. — Mais, nous l'avons vu, l'état social en question ne permet pas aux gouvernants d'user de la force publique pour soutenir le droit de l'Église ; et l'Église d'ailleurs ne veut de la part des dissidents qu'une soumission spontanée... Voilà pourquoi le solide appui qu'un gouvernement doit fournir à la vérité positive afin qu'elle pénètre dans la société et y rétablisse l'ordre et la paix se réduit finalement à une stricte et loyale impartialité. — Grâce à elle, la vérité combattra librement l'erreur, et, protégée contre les vexations, elle mettra en lumière les raisons de sa doctrine malgré les oppositions furieuses du mensonge.

Cette protection, vous le comprenez, n'est viciée par aucune partialité pour l'Église : elle consiste simplement à lui accorder ce qui est dû à tout honnête citoyen, la liberté et la sécurité. Telle est la protection que l'Église demande au gouvernement d'un peuple non-

catholique. Elle ne veut ni contrainte, ni privilège...
La possession de la vérité et son dévouement lui suffisent pour lutter victorieusement.

525. — Toutefois cela ne doit point empêcher un chef
ou un ministre catholique, dans une nation mixte, d'user
de son influence privée en faveur de l'Église : car s'il
reste certain qu'un homme honnête doit toujours protéger la vérité et que les charges, les richesses donnent
aux grands plus d'influence, pourquoi serait-il défendu
à un chef d'État de parler personnellement en faveur du
vrai et du bien ? Aurait-il par hasard perdu son intelligence dans ses relations privées, dès lors qu'il est chargé
par la Providence de gouverner publiquement en vue du
bien commun ?

Qu'il soit juste envers tous; impartial dans les questions
d'intérêts ou d'emplois publics. Oui. Mais quand il s'agit
de charges, de relations domestiques, de liens d'amitié...
ce serait une injuste prétention que de vouloir lui enlever à lui ce qui est le droit et souvent le devoir des autres
citoyens.

Nous l'avons dit au commencement : « Le droit et le
devoir de publier la vérité découlent d'un côté d'une
connaissance certaine, de l'autre du besoin d'autrui. Si
donc le Prince n'est pas dépourvu d'intelligence, s'il est
certain par la foi qu'il est, lui, dans le vrai, tandis que
ses sujets sont dans l'erreur, si par suite il est obligé de
les éclairer et de les secourir, il doit autant et même plus
plus que tout citoyen ordinaire employer personnellement tous les moyens pour les convaincre et les persuader.

— Mais laissons les devoirs d'ordre privé et revenons à l'ordre public.

526. — Maintien et défense des vérités fondamentales, liberté pour les opinions qui ne les attaquent pas directement et ne compromettent pas la tranquillité publique — tel sont les devoirs qui dérivent de l'hypothèse d'une société mixte telle que nous la considérons.

Par ailleurs la liberté n'est pas l'unique droit des membres d'une société, et le gouvernement n'est pas seulement établi pour empêcher la violence et le désordre : la nature demande à des associés, en raison même de leur union, de contribuer positivement au bien commun, par la concorde et l'harmonie des efforts individuels ; et cela suppose nécessairement et une intelligence pour former l'idée de cette concorde et un pouvoir moral pour en exiger l'application. Il n'y a, par exemple, que le gouvernement qui puisse faire produire aux sciences ou aux arts les grands avantages procurés par nombre d'institutions, celles des postes, des voies publiques, des tribunaux, etc. Les particuliers ne pourraient créer ces institutions. Et souvent d'ailleurs leur indifférence et leur égoïsme s'en désintéressent, en disant : « Cela ne me regarde pas. »

527. — N'est-ce pas ce qui arrive trop souvent et trop naturellement quand il s'agit de descendre aux dernières classes de la société et de propager dans leurs rangs une science saine adaptée à leurs besoins ?.. C'est là une fonction humble et pénible... On la laisse volontiers à ses voisins, même après avoir débité devant le peuple des discours tout vibrants de philanthropie. Ne nous

faisons pas illusion. Et ne croyons pas que quelques essais de philanthropie pratique sortis d'une société incrédule en faveur du peuple ébranlent le moins du monde notre doctrine.

Ce qui est vrai, c'est que l'étincelle du catholicisme encore conservée sous les cendres refroidies continue de se faire sentir aux cœurs bien nés ; qu'elle les fait reculer d'horreur devant l'abandon des malheureux à un complet abrutissement ; et que, même abstraction faite de cette influence charitable, elle provoque chez les hommes de parti, mais sans générosité, l'imitation matérielle et extérieure du catholicisme. Et voilà ce qui explique les courses prétendues apostoliques des fils de l'infidélité et du rationalisme... Ils pénètrent jusque dans les îles sauvages de l'Océanie. Non certes pour en christianiser les habitants, mais pour en fermer l'accès aux vrais apôtres de Jésus-Christ.

— Enlevez donc de la société moderne toute influence catholique, faites-en disparaître l'émulation jalouse des partis et vous n'y trouverez d'autres éléments que ceux des sociétés païennes d'autrefois, des Parias repoussés par des Brames ; des Ilotes sous la législation tant vantée d'un Lycurgue, et des esclaves avec les jurisconsultes romains.. Depuis lors la religion catholique a répandu dans le monde les splendeurs de la vraie civilisation... Mais les éléments païens ont de nouveau reparu chez les nations modernes et l'on y voit revenir à leur suite, spécialement à Londres et à Paris, malgré les gouvernements et les chambres, l'abrutissement des ouvriers et des prolétaires.

Qu'arriverait-il donc si, supposition impossible, le catholicisme venait à sombrer, et s'il n'y avait plus ni lois ni autorité pour promouvoir l'instruction du peuple ?

528. — C'est donc un devoir naturel pour tout gouvernement de procurer dans les classes du peuple le développement d'une science proportionnée à leurs besoins — et par conséquent de pourvoir à ce que le peuple ne manque pas de moyens d'instruction. — Mais comment accomplira-t-il, selon les lois de la justice, ce devoir d'une importance souveraine ? — Scindera-t-il l'enseignement entre ceux qui y prétendent? — Et renouvellera-t-il le jugement de Salomon ? Essaiera-t-il, en choisissant des maîtres d'opinions diverses et opposées, de former avec justice un corps enseignant ?

529. — On le comprend : l'on ne saurait pas plus former un enseignement avec des doctrines opposées qu'on ne saurait former un corps sans un esprit et sans un esprit qui soit un... Ou bien si vous voulez l'appeler un, parce que les membres en seront unis matériellement, ce sera l'un de ces monstres que l'on rencontre parfois dans la nature et dans lesquels deux êtres de même espèce sont unis pour leur supplice pendant leur vie passagère.

530. — Un tel corps enseignant est l'incarnation d'une vivante contradiction — Il nie et affirme en même temps une même chose : chez lui ce que l'un déteste, l'autre l'exalte.. Et il est par essence incapable de produire jamais ni conviction ni persuasion dans des disciples dont l'assentiment s'appuie avant tout sur l'autorité du maître.

Une telle société, je le déclare, ne méritera jamais le nom de corps enseignant capable de former les idées générales d'un peuple... Au plus pourra-t-il former une sorte d'académie où des esprits plus ou moins éminents viendront discuter leurs doutes, faire jaillir par là quelques étincelles de vérité et provoquer les élans plus hardis de quelque intelligence d'élite.

531. — Cette affirmation, cher lecteur, vous deviendra plus évidente encore, si vous voulez bien réfléchir à la nature propre de l'instruction populaire. Selon le plan de la divine Providence, elle est destinée à produire avec la lumière dans l'esprit, l'amour dans la volonté et l'action dans la vie.. Sans doute la connaissance d'une vérité, même d'ordre matériel, est d'un grand prix. Cependant une chose est claire aux yeux du bon sens, celle-ci : « Dans l'homme toute science n'est qu'un moyen et par suite ne tire sa valeur que de sa direction à la fin. »

532. — Or, en fait, pour quelle fin Dieu a-t-il créé et ordonné l'univers? Pour sa gloire, comme les plus sages philosophes l'ont parfaitement démontré... Et cette gloire d'où résulte-t-elle, sinon de l'ordre merveilleux de cet univers?. — Eh bien! ne l'oublions pas, cet ordre, qui, considéré dans le monde matériel, nous ravit pour ainsi dire en extase, a pourtant besoin d'être complété par l'ordre moral... Car sans celui-ci l'intelligence ne pourrait rien concevoir à l'ordre matériel (1),

(1) Kant est loin d'être le plus savant des philosophes. Toutefois il établit qu'on ne peut expliquer la création matérielle sans la subordonner à l'intelligence. — Religion dans les limites de la raison, p. 85.

Et les impies eux-mêmes le prouvent à leur manière quand ils nous répètent qu'il est impossible d'admettre un Dieu auteur d'un monde où règne le crime — et qu'il n'est pas d'objection plus forte contre l'existence et la Providence de Dieu. — Or à cette objection répondez qu'il y a dans le monde, malgré le monde, malgré le péché, un ordre moral. — Aussitôt l'étonnement cesse en voyant comment la matière se rattache à l'intelligence et comment l'idée complète d'un ordre universel nous incline pleins de respect aux pieds du créateur.

Mais cet ordre moral à la fois si admirable et si nécessaire pour procurer la gloire de Dieu, fin unique de la création, d'où résulte-t-il finalement sinon des opérations morales, fruit du libre arbitre de l'homme? L'acte libre est donc le but dernier auquel toutes les facultés humaines sont ordonnées. Et la science faite pour perfectionner l'intelligence n'est vraiment dans l'ordre que si elle aide l'homme à diriger ses affections et ses actes.

533. — C'est donc à diriger les actes et la volonté de l'homme que devra tendre en dernière analyse une instruction publique saine, droite et qui veut être complète : cette tendance est une propriété si essentielle à l'enseignement qu'aucune force humaine ne les séparera jamais. En montrant à l'homme raisonnable un devoir quelconque à accomplir, la nature unit sagement à la lumière de la vérité une impulsion de la volonté vers le bien. Et nous sentons instinctivement qu'un enseignement exclusivement spéculatif serait chose impossible. Qu'un maître, par exemple, ne traite devant

ses élèves que de la science purement mécanique : il ne manquera point tôt ou tard de s'élever jusqu'à la sphère des idées plus générales : de l'enveloppe matérielle qui cache la vérité jaillira un rayon de l'esprit créateur.... Et cet éclair ou ravira l'âme de ce maître, s'il n'est pas corrompu, ou la remplira de colère, s'il est vicieux : car celui qui enseigne ne peut échapper à la haine et à la fureur ou bien à l'adoration et à l'amour et il entraîne après lui son disciple dans ces sentiments. L'instruction est donc par nature une éducation... Et il est aussi impossible de séparer ces deux choses qu'il est impossible de séparer la volonté de la pensée et l'acte extérieur de la volonté.

534. — Après cela, qui ne voit du même coup l'impossibilité d'un corps enseignant composé d'éléments hétérogènes au point de vue religieux? Que vaudra pour le bien du peuple l'accord des professeurs sur certaines vérités premières très universelles, si dans l'application de ces vérités (et c'est là le but capital de l'enseignement), ils sont divisés et en contradiction? Si l'un appelle juste ce que l'autre traite de criminel? Si l'un condamne comme un délit ce que l'autre proclame comme le plus saint des devoirs? Si le Coran est pour le premier un livre divin et pour le second le code de l'obscénité même (1) ?

(1) Pour que l'instituteur puisse enseigner sérieusement la religion, il faut qu'il y croie ou soit censé y croire. — Eh bien ! je vous le demande, si le même instituteur, après avoir enseigné le catéchisme d'après le culte catholique, après avoir enseigné le dogme de l'autorité et de la foi catholique, vient enseigner le libre examen, dire qu'on ne doit se soumettre à aucune autorité; et si un quart d'heure après, il vient dire à des enfants israélites que tout ce qu'il a dit aux autres est une

535. — Prétendriez-vous que les élèves seront libres de choisir entre toutes ces opinions celle qui leur plaira ? Ce serait un abus grossier des termes : l'intelligence perd sa liberté toutes les fois qu'on lui rend la vérité inaccessible ; — et l'on ne dira pas qu'il soit possible à un écolier ni même à une classe entière de résister longtemps à la parole d'un esprit subtil et d'un habile discoureur, s'il veut enlacer ses disciples dans les rets de ses sophismes ? Un homme est libre de ne pas céder sa bourse à un Cagliostro quelconque qui cherche à le tromper. Et cependant pour venger les victimes de la fourberie, un gouvernement honnête punit sévèrement les escrocs ; parce que la liberté n'est plus entière, quand dans les relations sociales intervient une fraude qui est cause d'une ignorance ou d'une surprise involontaire.

Le maître habile et rusé qui surprend de cette façon l'assentiment de ses élèves abuse de la supériorité de son intelligence et commet une injustice plus funeste et plus répréhensible que celui qui abuse de la supériorité de sa force matérielle : car il y a, pour déjouer la fraude d'un fripon, le droit, les passions de l'homme honnête et jusqu'à l'objet volé : tandis que, dans les questions ardues et transcendantes, un professeur qui trompe ses élèves peut appeler leur bonne foi et leurs passions au secours de ses sophismes.

536. — L'influence éducatrice d'un maître est donc

superstition, qu'il ne faut croire ni ce qu'il a dit aux catholiques, ni ce qu'il a dit aux protestants, que le Messie n'est pas encore venu, etc... je vous demande si cela n'est pas détruire toute idée religieuse dans la jeunesse ? (Chouvin.. Assemblée française, 14 fév. 1850.)

irrésistible, au moins moralement; et l'on ne peut pas plus séparer l'éducation de l'instruction qu'on ne peut séparer, dans l'âme, la puissance intellective de la puissance affective. Par conséquent un corps d'enseignement est à la fois un corps d'éducation... Et si vous le composez d'éléments contradictoires, non seulement vous atteignez au cœur l'enseignement (ce qui est déjà pernicieux), mais vous ruinez encore l'éducation; ce qui est, pour l'ordre public, le plus funeste et le plus grand de tous les maux.

Je dis : vous ruinez l'éducation : car, puisque forcément l'intelligence du disciple dépend de celle du maître, donner aux enfants et aux jeunes gens, dans une nation, des maîtres qui se contredisent, c'est priver par avance ces esprits encore neufs et candides de tout principe déterminé, de toute direction précise. Or, qu'est-ce que faire l'éducation de la jeunesse, — si non orienter et déterminer en elle vers le bien les tendances, les habitudes, les inclinations que la nature y avait laissées indéterminées?

537. — Ces dernières paroles renferment la solution d'une difficulté proposée par le comte de Broglie dans dans un bel article sur l'instruction publique (1). Il commence par dire que l'État ne peut commander à des professeurs d'avoir et d'inspirer une religion à leurs élèves; puis admettant que l'État a le devoir de diriger, dans une certaine mesure, l'enseignement public, il raisonne de la manière suivante : « Il serait grande-

____

(1) *Revue des Deux Mondes* : Nouvelle période, xixᵉ année, tome IV, 15 nov. 1849, page 688.

ment à souhaiter que, dans les actes publics du gouvernement, l'idée religieuse intervînt pour leur donner et plus d'autorité et plus de force : la chose est impossible aujourd'hui avec la liberté de conscience. Pourtant le gouvernement doit veiller à conserver un certain ordre matériel et la décence extérieure dans toutes les institutions publiques, par exemple dans les œuvres de bienfaisance officielle, dans les maisons pénitentiaires, etc... Sur ce point personne de bon sens qui ne l'approuve. De même, continue-t-il, il serait désirable que l'instruction fût en même temps une éducation religieuse... Mais, puisque la chose est impossible, le gouvernement doit au moins se conserver un droit d'inspection sur les écoles, afin d'empêcher des excès d'irréligion. D'où il suit, conclut-il enfin, que les difficultés qui s'opposent à l'influence religieuse du gouvernement sur l'éducation n'ont aucun caractère spécial et propre : Elles sont communes à tous les actes extérieurs qui réclament le concours de la conscience. — Voici d'ailleurs les paroles du noble Comte : « Cette décence « extérieure est peu de chose, nous en convenons; mais « n'y a-t-il qu'en matière d'éducation qu'il faille regret-« ter l'absence d'un principe religieux positif? Est-ce « que dans tous les actes que l'État fait au nom de la « société, il ne serait pas désirable que la religion inter-« posât entre la loi qui commande et le citoyen qui « obéit cette autorité mystérieuse qui rend la contrainte « inutile? Faut-il donc en conclure, par un raisonne-« ment analogue qu'un État qui professe la liberté des « cultes, dépourvu de croyance officielle, est par là même

« incapable d'exercer sur la société qu'il commande
« aucune action morale ?

« Il n'y a donc dans les difficultés qu'on nous pose rien
« de spécial à l'éducation. » — Ce raisonnement est
certainement sorti d'une âme pénétrée de l'importance
de la religion : mais par ailleurs il ne présente pas assez
distinctes les idées sur lesquelles reposent les fonctions
sociales de l'enseignement.

En premier lieu, l'on assimile ici deux fonctions assez
diverses, celle de former l'intelligence et celle de parler
à l'intelligence. Il serait certainement désirable que
l'homme adulte fût toujours nourri de mets sains et sub-
stantiels. Mais qui ne voit que cela est beaucoup plus
nécessaire pour le petit enfant nouveau-né que pour
l'homme déjà formé, déjà aguerri et robuste, puisque
celui-ci n'a besoin que de se nourrir, tandis que l'enfant
a besoin de se former entièrement ? Sans doute, il serait
désirable que toute parole des gouvernements aux sujets
rappelât à ceux-ci les vrais principes de la morale renfermés essentiellement dans l'idée religieuse. Mais, dans
l'éducation, il ne suffit point de les rappeler, il faut les
enseigner et pour ainsi dire les créer... Oui, les créer.
Et cela est tellement nécessaire que, si on ne le fait, on
en rend l'acquisition comme impossible aux malheureux jeunes gens.

— Autre disparité entre les deux termes de comparaison proposée par l'Ill. Auteur : Quand il est question
de prisons, de magistratures, de codes, etc..., le gouvernement agit dans le cercle de sa compétence et personne ne pourrait suppléer à son inaction ; il doit donc

ici se contenter d'un moindre mal, quand il ne peut procurer un bien positif. — Il en va tout au contraire, quand, par le monopole de l'instruction, il s'ingère dans les fonctions de la société domestique. Alors il sort du cercle de sa compétence ; il envahit avec une violence plus ou moins cachée, mais toujours injuste, les droits des pères de famille. Ce serait déjà une énormité lors même que cet état serait capable de bien user des droits usurpés. Que sera-ce s'il est dans l'impossibilité radicale d'atteindre le but essentiel de l'enseignement? Si les actes publics, par lesquels le gouvernement se propose directement l'ordre extérieur, ne sont point présentés avec l'idée religieuse, ils manquent, il est vrai, d'un assaisonnement très fortifiant... Mais enfin chacun des invités au banquet de la vie publique peut y suppléer par lui-même. Dans l'éducation au contraire la religion est la partie substantielle du festin : chacun des convives y compte et à bon droit ; de sorte qu'une instruction sans éducation ressemble à un repas où l'on trouverait force sauces et ragoûts, mais sans pain ni viande.

— La troisième opposition entre les actes moraux de l'État et l'enseignement vient de ce que celui-ci est long et continu : lorsqu'un acte isolé n'est point positivement entaché du mépris de la religion, il n'est point regardé comme irréligieux — parce que l'on doit présumer que la conscience individuelle suppléera au silence du gouvernement.... Mais supposez qu'un homme s'entretienne avec vous des mois et des années et qu'il ne vous parle jamais de religion... Ce silence absolu n'équivaudra-t-il pas à une négation positive et à une démonstration d'incroyance ? En fait si vous êtes vraiment religieux vous ne voudriez point que cet homme vécût sous votre toit et cohabitât avec vos enfants, tandis que vous l'admettriez sans peine à votre table une ou deux fois en passant. Pourquoi? Parce que l'homme le plus pieux peut très bien, dans une conversation passagère, ne point aborder la question religieuse, tandis qu'un incrédule ne pourra dissimuler pendant des mois et des années les vrais sentiments de son cœur.

L'instruction dont une des propriétés essentielles est d'être continue est donc nécessairement ou religieuse ou irréligieuse. Et une instruction qui n'inspire pas l'un ou l'autre de ces sentiments est chose aussi impossible à trouver qu'un maître sur lequel ses élèves ne porteraient aucun jugement, qu'un maître qui ne passerait auprès d'eux ni pour savant ni pour ignorant, ni pour clair ou obscur dans ses leçons, ni pour exact ni pour négligent, etc...

Un corps enseignant sans unité de doctrine est donc incapable de remplir sa double fonction ; incapable d'asseoir des principes dans l'esprit de ses élèves ; incapable de diriger leur volonté vers le bien. Or, remarquez-le, dans une nation où la loi accorde à chacun la liberté de penser et de publier ses opinions, il est radicalement impossible de composer d'éléments homogènes un corps enseignant... Par suite, comment arriver à l'unité? Le gouvernement commandera-t-il à ses professeurs de croire ce qu'il croit ? Nous l'avons vu, ce serait absurde. — Leur ordonnera-t-il de se mettre d'accord entre eux ? Ce serait plus absurde encore, à moins que l'autorité ne leur imposât cet accord. Car c'est avant tout pour mettre l'unité dans les intelligences que l'autorité est indispensable. — Choisira-t-il, entre tous les sujets, des maîtres attachés à une même opinion ? Ce serait battre en brèche, dans son principe, la liberté de penser accordée par la loi. Tournez et retournez le problème sur toutes ses faces. Vous verrez toujours plus clairement qu'avec la liberté de penser, dans un peuple, un corps enseignant avec unité de doctrine est tout à fait irréalisable... toujours surgiront des opinions divergentes, hostiles ; toujours elles se neutraliseront, toujours elles rendront nulles du même coup l'instruction et l'éducation. Elles formeront un peuple uni peut-être encore par le territoire et par les intérêts, mais sans esprit national. — Et vous voulez que pour atteindre un si maigre résultat le gouvernement fasse d'immenses dépenses, assume toutes les sollicitudes et toutes les responsabilités d'un magistère officiel ? Et vous direz qu'en enseignant le doute et en sapant par la base l'œuvre de l'éducation il a satisfait à son devoir ?

538. — La création d'un corps enseignant est donc absurde en raison et funeste en politique. D'où il suit que le despotisme si rusé d'un Napoléon peut bien lui avoir promis la vie : mais ce n'est là qu'une de ces réminiscences qui survivent au catholicisme même dans les pays où il a été le plus troublé... Grâce à ces réminiscences, l'on veut retrouver quelque chose de l'unité enseignante de l'Eglise ou du moins la remplacer par

l'unité nationale. Qu'arrive-t-il ? Ces réminiscences agitent le cœur de ce peuple apostat de sa foi ; elles percent dans toutes les manifestations de sa vie et font de lui une contradiction monstrueuse. D'où ces souffrances perpétuelles, cette agitation intérieure et cette fureur d'innovation qui n'auront de terme que le jour où la nation embrassera pleinement, avec l'autorité de l'Église sur la pensée, le véritable principe de sociabilité.

539. — Un corps enseignant tel que nous le considérons est une institution condamnée par la raison et la sagesse politique. Il n'est pas moins clair qu'elle est inique civilement, puisqu'elle est manifestement contraire à la justice distributive. En effet, cette vertu est proprement la vertu de ceux qui gouvernent. Or, que leur demande-t-elle avant tout ? De répartir les charges en proportion des avantages, de façon que chaque citoyen contribue de sa personne au bien public en raison des avantages que lui procure la société. Par conséquent, chez un peuple où règne l'unité de foi sous l'autorité d'un seul pouvoir spirituel, ce que celui-ci approuvera ou condamnera sera d'avance accepté par tous ; par le prince aussi bien que par les sujets... Et le prince pourra dire à chacun : « Contribuez pour votre « quote-part aux dépenses d'un enseignement qui est « nécessaire à la société, et garanti par une autorité « que vous savez vous-même infaillible. » — Mais voici un pays où la loi protège également les opinions les plus contraires. Comment le gouvernement aura-t-il le front d'exiger de ses sujets un impôt afin de faire la guerre à leur foi et à leur conscience ? Et est-il tolé-

rable qu'un ministre de l'instruction publique vienne m'intimer cet ordre : « Vous avez une opinion que je dois respecter ; cependant vous paierez une contribution pour l'entretien d'un corps enseignant qui combattra cette opinion et corrompra l'intelligence et la volonté de vos fils ? » Où est ici l'avantage qui contrebalancera la charge dont on m'accable ? — Prétendrat-on par hasard que ce corps enseignant ne corrompra point, mais éclairera le peuple ? Ce serait refuser de protéger la liberté de penser. Qu'on dise plutôt, sans détour, que le gouvernement veut couler dans le moule de son idée les idées de tout un peuple, et que tout réfractaire paiera d'une amende le malheur de vivre sous la liberté constitutionnelle. — Car enfin est-ce autre chose qu'une amende, cet impôt levé pour le corps enseignant sur un sujet à qui sa raison, sa conscience, ses affections font un devoir d'être en désaccord avec l'enseignement public — et qui, après avoir, malgré lui, contribué de ses deniers à faire vivre un adversaire et souvent un ennemi, devra pour ses enfants payer et entretenir un maître particulier... ?

Eh bien ! telle est pourtant la condition lamentable des catholiques d'Irlande. Ils paient des contributions pour faire subsister les Anglicans leurs ennemis — et ils sont contraints de s'imposer un autre budget pour conserver et faire vivre leur clergé catholique... Et qui pourrait croire que c'est à un pareil avilissement que sont réduits les catholiques de France depuis 60 ans (1), c'est-à-dire depuis que la « liberté d'enseignement a été

____

(1) Dites : *bientôt un siècle.*

proclamée chez eux et écrite dans tant de constitutions successives soit avec de l'encre, soit avec des larmes, soit avec du sang... ? Pourtant, il en est ainsi : aux yeux du gouvernement, ces catholiques sont depuis lors taillables à merci au profit d'un corps enseignant qui, comme tel, est leur ennemi et qui ne pourrait plus vivre sans l'énorme budget dont on les accable.

Est-ce chez un peuple d'esclaves que l'on peut trouver une violation aussi flagrante de tout principe de liberté et de justice !

540. — Mais, me dira-t-on, Comment restez-vous d'accord avec vous-même ? Vous avez démontré qu'un gouvernement avait l'obligation de promouvoir le progrès de la science. Or, cela n'est pas possible sans un corps enseignant. Donc dites : ou que le gouvernement est obligé à l'impossible, ou qu'il n'y a pas de répugnance absolue à ce qu'un pays de croyances mixtes possède un enseignement public.

541. — Je réponds à cette difficulté : La contradiction n'est qu'apparente — et elle ne démontre rien sinon l'absurdité de l'hypothèse établie par mes adversaires — à savoir : l'hypothèse d'un peuple sans religion. Vous connaissez l'adage : « D'un principe absurde sortent nécessairement des conséquences absurdes. » Supposez, par exemple, un triangle quadrilatéral, ou bien une société composée d'un seul individu, puis, sur ces données, bâtissez, si vous le pouvez, un cours de géométrie, un cours de droit public. — Vous verrez quel chef-d'œuvre sortira de votre cerveau ! Eh bien ! par hypothèse, vous avez imaginé dans une nation, et

chefs et sujets indifférents à ces principes et à ces lois de vérité auxquels tous les hommes sont naturellement soumis. Est-il étonnant après cela que les chefs ne puissent plus gouverner, et que les sujets ne se sentent plus faits pour obéir ? La raison dernière du pouvoir est de procurer un bien public d'ordre moral — et la raison dernière de l'obéissance, c'est le besoin d'obtenir ce résultat... Supposez que dans notre société l'on ne sache plus en quoi consiste le bien moral, la conséquence est claire. L'on ne saura pas davantage s'il y a un droit de commander et une raison d'obéir... Et si, malgré cela, vous voyez encore subsister dans la société l'idée d'autorité et d'obéissance, c'est uniquement parce qu'un athéisme et un scepticisme absolus seront toujours impossibles, tant qu'il restera dans l'humanité une lueur d'intelligence.

542. — Donnons, si vous le voulez, une forme plus universelle à cette raison. — La société est l'union des intelligences, puisque les membres n'agiraient pas en hommes, s'ils n'agissaient pas par leur intelligence; et que de fait ceux-là ne sont point associés qui ne le sont pas par l'esprit. — Or, nous l'avons dit, la fin de l'autorité, c'est la société... Donc si vous supprimez la société, l'autorité n'a plus de raison d'être; donc aussi dans la mesure ou vous diminuez ou ruinez l'union des intelligences, dans la même mesure vous ruinez ou diminuez l'autorité.

543. — Après cela comment donc s'étonner que, dans une nation où les esprits s'éloignent toujours plus les uns des autres, l'autorité aille aussi en s'affai-

blissant toujours ? Dieu avait formé la société pour qu'elle fût animée d'un même esprit; et cet esprit l'aurait alors, par le moyen de l'autorité, dirigée vers un seul but, le progrès dans la vraie sagesse matérielle et morale... Vous brisez en mille pièces cette unité d'esprit... Et puis vous êtes surpris de voir la ruine commencer, les molécules se désagréger et l'unité devenir impossible ?

Néanmoins tout devoir ne disparaît pas pour ces sortes de gouvernements en fait d'instruction : Il leur reste, en cette matière, une obligation proportionnée au degré d'unité qui subsiste encore dans le peuple, et qui peut se résumer dans cette vérité admise universellement par le genre humain : « Tout homme doit connaître son Dieu et lui obéir. » Ce principe, un gouvernement doit le conserver et le défendre tant qu'il restera connu de tous.

Dans un État mixte, un prince peut donc exiger des communions religieuses que chacune pourvoie en quelque façon à l'instruction publique de ses adhérents puisque l'instruction est une partie essentielle de la religion et de l'éducation. Quelques-unes sont-elles apathiques ou même indifférentes par principe (comme il arrive d'ordinaire aux sectes anticatholiques) ? Alors il peut, sans faire acte déraisonnable ou tyrannique, les obliger à contribuer à une certaine instruction publique... L'autorité suprême doit, en effet, lorsque les autorités secondaires ou inférieures manquent à leurs obligations envers leurs sujets, suppléer à cette omission, — et soit directement soit indirectement satisfaire aux besoins de ceux que leurs supérieurs immédiats ont négligés.

544. — Tout cela doit s'entendre de cette instruction essentiellement liée à l'éducation, c'est-à-dire de l'instruction des ignorants soit enfants soit adultes. S'il s'agissait du développement particulier des sciences, il pourrait en aller autrement... Car il y a dans une nation des hommes qui, vu leur âge, leurs connaissances, leur jugement ferme et éclairé sont capables de discuter des questions plus ardues, sans craindre le mirage des sophismes et des déclamations. Ceux-là, dans un État mixte, peuvent se constituer en instituts, en académies pour le progrès des sciences profanes... Encore doivent-ils observer rigoureusement deux choses : 1° le respect des vérités fondamentales sur lesquelles repose la société, et, on peut le dire, l'être humain ; 2° l'impartialité la plus stricte réclamée par la justice distributrice veillant à ce que les dignités soient accordées au mérite et non à la faveur.

545. — Comment obtenir ce respect et cette impartialité, je ne le rechercherai pas ici : je ne veux pas être prolixe. Mais il faut absolument les obtenir, si l'on veut que les citoyens contribuent par un impôt à pareille institution, comme à toute autre charge publique... Car il est souverainement injuste de faire payer à un homme le loyer d'une maison dont on lui ferme l'accès.

546. — J'ajouterai même : Cela est si nécessaire que, faute de pouvoir obtenir cette impartialité, mieux vaudrait abandonner le projet ou bien en demander

l'exécution aux bonnes volontés particulières... Car s'il est utile de faire progresser la science, il est souverainement nécessaire de ne pas ébranler les fondements mêmes de la société humaine, en violant ouvertement les saintes lois de la justice.

547. — Résumons brièvement toute notre doctrine sur l'instruction publique. Lorsque Dieu destine les hommes à la société, il veut les unir afin de les perfectionner ; et cette perfection repose principalement sur l'orientation morale de toutes leurs actions à la fin dernière. — C'est donc un devoir pour l'autorité, dans laquelle se personnifie l'action morale de la société, de tendre à cette perfection. — Mais, pour y tendre, il faut la connaître et pour y tendre socialement, il faut la connaître socialement. — Quand l'ordre est socialement connu, c'est-à-dire quand il y a unanimité dans les doctrines morales, le prince, le chef de l'État participe lui-même à cette unanimité — et il peut raisonnablement exiger des citoyens une contribution équitable et unir ainsi les efforts des hommes plus intelligents afin de faciliter à tous un progrès successif dans des connaissances étroitement liées à l'ordre moral. — Mais lorsque la société est divisée en différents partis et que ses membres ne s'entendent plus sur les lois de la rectitude morale, alors un gouvernement ne peut ni en raison ni en justice exiger des sujets un impôt afin de rassembler des maîtres d'opinions diverses et d'établir un enseignement public qui est essentiellement lié à l'ordre moral ; ce serait les forcer à payer le néant de l'instruction et de l'éducation et souvent même la cause de leur propre

malheur. — Dans ce cas, il reste au gouvernement le droit d'engager les différents cultes à accomplir par eux-mêmes cette partie du devoir social, essentiellement unie à cette idée religieuse dont la division funeste est la cause de tant d'hostilités dans un même pays... Mais, nous l'avons dit, l'autorité suprême pourrait établir des académies ou des instituts supérieurs dans lesquels de vrais savants, toujours choisis avec impartialité, s'occuperaient uniquement de sciences profanes.

548. — Tel est, croyons-nous, l'exacte et juste application du principe de cette prétendue liberté de conscience malheureusement adopté et plus malheureusement violé tous les jours dans toute notre Europe à moitié protestante; dans cette Europe où la *liberté*, héritage exclusif d'un parti despotique, prétend dicter les lois de la pensée, comme ne l'ont jamais prétendu les Néron et les Domitien..., où ce parti, forgeant à dessein quatre ou cinq mots vagues et équivoques, régénération, civilisation, obscurantisme, progrès, jésuitisme, etc., lance effrontément ses coupe-jarret contre quiconque n'entend pas comme lui la nationalité, la religion, la science. — « Vous ne pensez pas comme moi?... Arrière : Vous n'aurez ni le droit de conquérir les palmes de docteur ; ni le droit de faire l'éducation, ni le droit d'enseigner...! »

549. — Taisez-vous donc enfin et cessez de profaner ce nom sacré de *liberté;* vous ne l'avez jamais compris. La liberté est notre héritage à nous, catholiques. C'est grâce à nous que ce nom aura toute sa réalité dans les

pays où règne le catholicisme ; parce que là les sujets volontaires de l'Église reçoivent la règle de leur pensée de celle que nous aimons comme une mère et respectons comme la maîtresse infaillible de la vérité. — C'est grâce à nous que cette liberté va s'établir chez ces peuples qui n'ont jamais eu ou qui ont perdu la connaissance de la vérité... Car nous y allons pour convertir des âmes et non pour les dominer en maîtres ; assez forts pour les convaincre sans recourir à la confiscation ou au glaive ; c'est grâce à nous, enfin, héritiers de cette foi qui, dans le cours des siècles, arrête le bras des envahisseurs, tempère le zèle trop ardent des Césars chrétiens, adoucit la législation barbare, réprouve le baptême forcé, admet à la réconciliation des grands criminels que la société rejette de son sein, modère la sévérité de l'Inquisition d'Espagne et reçoit à Rome les Juifs persécutés. Oui, c'est nous seuls qui sommes tolérants pour les égarés, tout en étant impitoyables pour l'erreur... Parce que seuls nous avons un avenir... et méprisons le présent.

Quant à celui qui, prêchant la liberté de penser, se regarde comme infaillible, et sous prétexte d'éclairer les ignorants veut faire prévaloir son idée sur leur opinion, celui-là (que Dieu lui pardonne !) doit fatalement arriver à la tyrannie intellectuelle, s'il ne veut perdre toute influence... Car il est placé dans l'alternative ou de voir percées à jour et méprisées les tristes théories de son erreur, lui-même jeté bas de son trône, ou d'imprimer aux autres à force de violence la crainte de manifester la plus légère opposition et d'en être châtiés ! Il n'est donc pas étonnant après cela que, ne voulant pas renoncer à la domination intellectuelle, il se jette dans le despotisme, surtout s'il se sent approuvé, soutenu, dans sa tyrannie, par un parti nombreux! Il ira peut-être jusqu'à s'illusionner lui-même, fier, dans son orgueil, d'être l'organe de l'opinion publique!...

Ne nous y trompons point : Une liberté d'enseignement amoindrie, au sens que nous avons dit, sera toujours une dérision tant qu'elle sera promise au peuple par un parti qui accorde à la multitude le terrible droit de créer le juste, mieux vaudrait dire, l'ordre, l'idée éternelle de Dieu lui-même. N'est-ce pas l'histoire de Fichte? Et son entreprise sacrilège, d'ordre spéculatif, n'avait-elle pas été préparée de longue main par ces chefs d'impiété qui accordaient au peuple la puissance divine de créer la justice?

Que ces hommes continuent de faire peser le joug de leur erreur sur la tête des multitudes simples et trop dociles. Pour nous, nous continuerons notre route, et nous ferons l'application des principes que nous venons d'établir sur l'institution d'un corps enseignant dans une nation de croyances mixtes.

§ XII

Sommaire : — 550. Le catholicisme procure spontanément des maîtres pour l'instruction. — 551. Une éducation violente est une injustice contre nature. — 552. Preuve. — 553. Le père doit se reproduire dans ses enfants même quant à l'intelligence. — 554. Autorité de St Thomas. — 555. L'éducation doit être domestique.

550. — En premier lieu, cher lecteur, je vous prie

de considérer avec soin comment la divine sagesse resplendit dans l'action incessante de l'esprit catholique : de cet esprit qui est l'âme de l'Église, se répand dans chacun de ses membres et leur fait accomplir comme naturellement tous les devoirs d'une société parfaite, en les maintenant toujours dans l'ordre surnaturel. — Dans une société mixte, avons-nous dit, le gouvernement ne peut se charger lui-même de l'instruction publique... Le devoir en incombe directement aux autorités hiérarchiques des diverses communions... Le gouvernement doit seulement, et en cas de besoin, les stimuler à l'accomplissement de ce devoir.

Eh bien ! l'Église catholique a-t-elle jamais attendu d'y être poussée par un pouvoir civil ? — Non : l'autorité de l'Église n'a pas même eu besoin d'en exprimer la pensée, tant l'esprit qui l'anime a été prompt à lancer les chrétiens dans l'œuvre de l'enseignement, avant que personne n'eût songé à en établir philosophiquement l'obligation. A Alexandrie, les premiers fidèles sont à peine réunis aux pieds de la croix qu'aussitôt s'élève, à côté de la philosophie païenne, une philosophie chrétienne qui ne tardera pas à la combattre ; aux Celse, aux Porphire répondent les Clément et les Origène ; Athènes voit la foi chrétienne entrer dans ses écoles ; et sur les bancs de l'Académie et du Portique s'asseoir les Basile et les Grégoire de Nazianze ; peu à peu chaque monastère devient une école et un asile pour les sciences bannies par le fer des barbares ; aux monastères se joignent ou succèdent les chapitres des Églises particulières ; les Conciles particuliers, les conciles œcuméniques comptent au nombre des réformateurs et organisateurs des études, enfin les Pontifes romains couronnent l'œuvre et établissent partout ces corps enseignants libres, les Universités catholiques. — Il est vrai, quand éclate tout à coup en Europe la révolte luthérienne, beaucoup de peuples cessent d'écouter la voix des Papes... Mais alors des milliers de professeurs et de maîtres sortis des ordres religieux se lèvent; ils volent au milieu des nations hérétiques secourir les catholiques en péril et offrir gratuitement le bienfait de l'instruction publique aux enfants et aux jeunes gens de toute condition. Et aujourd'hui qu'en est-il?

Levez-vous, humbles filles du grand Apôtre de la France ! Courez, à la fleur de l'âge, ensevelir votre beauté et vos grâces dans les réduits de la misère ! Voyez les larmes de ces infortunés, écoutez les vagissements de ces enfants à peine nés et qui déjà n'ont plus de mères ! C'est à vous de devenir leurs mères par l'amour; à vous de les instruire dans vos asiles et de leur apprendre à balbutier, avec le nom de leur père du ciel, les noms des créatures qu'il a faites pour eux; à vous de leur enseigner, avec les mystères de la foi, les secrets de la parole et de l'écriture; excitez dans leur esprit les premières lumières de la raison; confiez-les ensuite à ces maîtres imbus de la divine sagesse de la croix et qui se laissent volontiers appeler des Ignorantins. Ces Ignorantins développeront leurs facultés, puis les remettront aux mains d'un Barnabite, d'un Somasque, etc. Enfin ceux-ci les conduiront jusqu'au vestibule de ces palais de la science que le zèle de l'Église multiplierait merveilleusement, s'il n'était arrêté par l'odieuse prohibition d'un monopole tyrannique. N'est-ce pas ce qui s'est passé en Belgique, en Amérique, en Irlande? Le souffle d'une sincère liberté s'y est à peine fait sentir, qu'on y a vu renaître et fleurir, avec de nouvelles universités, les sciences les plus élevées. Ainsi en sera-t-il de toi, ô ma patrie, et de toutes ces nations esclaves sous le joug universitaire, aussitôt que, pour toi, pour elles, la liberté sera non pas un vain mot, mais une vérité, — non une promesse, mais un don, non le triomphe du Protestantisme, mais le triomphe de l'esprit catholique.

Et maintenant, dites-le : l'Église a-t-elle compris son grand devoir à l'égard de ses enfants? Et le commandement du maître : «Allez, enseignez toutes les nations, » est-il toujours vivant dans son cœur? — De plus, combien serait économique une instruction publique vraiment libre !... Oui ! oui; l'Église suffirait à cette œuvre : « La Chiesa, sì, farebbe da sé !

Mais à cette grande économie, fruit de la vraie liberté, l'on préfère les énormes dépenses nécessaires pour entretenir un corps enseignant qui opprime les catholiques et l'on tue cette liberté sociale qui est le droit de tous et que l'on a promise cent fois sur les serments les plus sacrés !

Trouverez-vous dans une secte quelconque en dehors de l'Église une activité aussi constante, des sacrifices aussi désintéressés, une sagesse aussi prévoyante, une persévérance aussi inébranlable ? En vérité, comment ne pas détester de toutes ses forces la tyrannie de ces politiques qui osent bien opposer au magistère sacré de l'Église la voix vénale de leurs fonctionnaires ; et quand cette autorité sainte parle au nom de Dieu, lui imposer silence au nom d'une nation qui, au fond, déteste leur tyrannie, contrainte qu'elle est de payer son propre esclavage et le silence de ses pasteurs dont la voix est pour elle la voix de Jésus-Christ !

551. — Une seconde conséquence découle de tout ce que nous avons dit dans cette question, mais en particulier de nos dernières paroles : c'est l'indignité et le caractère inhumain de l'oppression universitaire dans l'éducation de la jeunesse.

Chez un peuple de croyances mixtes, un corps public enseignant, nous l'avons vu, est une institution injuste (lors même qu'il serait loisible de ne pas fréquenter ses écoles) ; et cela pour deux raisons évidentes : la première, c'est que ce corps ne peut pas avoir l'unité de doctrine ; la seconde c'est qu'il devrait être entretenu aux dépens de tous, mais au profit d'un seul parti... Si ces deux raisons sont manifestes, que dire de la criante tyrannie qui contraint des pères de famille non seulement à payer les frais d'un enseignement insuffisant, souvent faux et hostile à leur foi, mais encore à confier aux maîtres de cet enseignement tout ce qu'ils ont de plus cher, le corps, l'âme, l'innocence de leurs fils, l'espérance, l'honneur, la paix de leur foyer...

Une seule fois, et seulement pour l'éprouver, Dieu ose à peine demander au père des croyants le sacrifice de son fils unique et cela en lui promettant de multiplier sa postérité comme les étoiles du ciel. Eh bien ! ce sacrifice, que la raison seule ne pourrait comprendre, la tyrannie du monopole scolaire le requiert, l'exige, l'extorque, si je puis dire, de millions de citoyens libres... Elle veut éteindre la vie morale et souvent la vie matérielle de leur survivance ! « Donnez-moi, leur dit-elle, ce petit ange que vous avez nourri avec une tendresse jalouse. Cette âme encore vierge, dans laquelle vous espériez revivre, elle doit reproduire non pas vos idées, mais les miennes : cette innocence immaculée que vous avez défendue au prix de tant de sollicitudes, je veux la jeter en proie à un troupeau de libertins; ces membres si florissants de santé seront la pâture de la corruption. Vous rougirez vous-même, quand vous verrez sous votre toit ce fils si affreusement changé; il vous fera frémir par son indocilité, trembler par son audace, dépérir par son libertinage... Vous avez gémi en me le donnant, vous verserez des larmes de sang lorsque je vous le rendrai. — Mais inexorable est la loi; inévitable le sacrifice; immolez votre fils au Dieu Moloch... et par surcroît payez-en le ministre. »

552. — Cher lecteur, quand je pense que, depuis un siècle, la liberté hétérodoxe tient pareil langage à une grande nation catholique, et que cette nation le tolère et obéit, je vous l'avoue, je me sens frissonner de stupeur; car il ne s'agit plus seulement ici d'un enseignement sans unité, de la ruine de la véritable éducation, du tribut imposé de force pour nourrir un ennemi; il s'agit de la violation brutale du plus sacré de tous les droits de l'homme, celui de la paternité. De fait puis-

qu'il est interdit aux parents de reproduire dans l'intelligence de leurs enfants leur propre intelligence, et de continuer en eux un hymne posthume à la gloire du Créateur, à quoi se réduit finalement l'exercice de la plus haute de toutes les dignités naturelles, la paternité, sinon à l'acte animal de la génération corporelle? Or, je vous le demande, suffit-il de donner la vie au corps pour donner la vie à l'homme? — Oui, si l'homme n'est qu'une masse de terre organisée. Mais quiconque sait que l'homme est essentiellement et avant tout une intelligence perfectible, un esprit prompt à recevoir les premiers sentiments qu'on voudra lui imprimer, celui-là comprendra du même coup que, selon les lois de la nature, l'enfant doit tenir ces premiers sentiments de l'influence paternelle, et que sans cela, le père ne pourra plus dire qu'il s'est reproduit lui-même en son fils. Et de quel principe, je vous prie, tout catholique, tout honnête homme, font-ils découler la perpétuité plus ou moins nécessaire de la société conjugale, si ce n'est de l'obligation imposée aux parents de former dans leurs enfants la pensée et le cœur? — Exemptez le père de ce devoir, et dites-moi, si, après avoir jeté son fils aux enfants trouvés, il ne peut pas se séparer de sa compagne? Divorce, prostitution légale, abandon et exposition des enfants, monopole de l'enseignement, voilà la progéniture naturelle d'une seule et même mère, la Réforme protestante. Et vraiment je ne m'étonne plus de voir certains publicistes partisans de la tyrannie universitaire, quand je les vois en même temps jeter au bourbier des passions brutales l'institution sacrée du mariage. Découronnez les vraies épouses; réduisez-les à la honteuse condition de filles-mères, il est clair qu'elles ne donneront plus à la nation que des enfants bâtards. Et alors, je le comprends, l'État, leur père adoptif, pourra monopoliser l'éducation de ce vil et malheureux troupeau! Le protestantisme, créateur du Dieu État, restaurateur du divorce et du règne de la chair, s'est montré rigoureux logicien en poussant finalement les peuples à cet esclavage inouï de la pensée... Les Césars persécuteurs recouraient à la violence pour forcer les fidèles à changer de langage ; la Réforme s'est avisée d'un despotisme plus savant ; elle a inventé une sorte de gangue dans laquelle entre et se prend inévitablement la pensée.

C'est ainsi que le protestantisme préludait au communisme, qui est la destruction de la famille et de la propriété. Car le communisme n'est que l'application naturelle du magistère suprême attribué au Dieu-État; c'en est même une application moins funeste et moins dégradante pour l'homme, puisqu'il y a moins de mal à usurper l'administration et la répartition des biens matériels qu'à disposer seul et à sa guise du trésor de la vérité; puisqu'enfin il est moins honteux pour les sujets d'attendre de l'État le pain du corps que le pain de l'intelligence (1).

(1) Thiers (Rapport général de l'Assistance... publique) raisonnait inversement — tout en étant à peu près du même avis : « Quelle est la cause de ces étranges résultats? C'est que, dans ce nouveau communisme, qui tend à fondre les individus dans le tout, à ôter à chacun le soin de sa vie, pour s'en charger, on arrive par cette confusion des existences individuelles qui détruit la liberté de l'homme, qui supprime ses facultés, qui transporte son action à l'État seul, on arrive à une

553. — Voyons l'Église catholique, cette maîtresse tyrannique de la pensée, comme on l'appelle, cette pourvoyeuse des bûchers de l'Inquisition, cette puissance qui disposa si longtemps des forces immenses de l'Empire ! Osa-t-elle jamais, pour le triomphe d'une vérité dont elle avait la pleine certitude, ce que le despotisme universitaire a l'audace de faire pour l'enseignement de doctrines qu'il sait au moins douteuses et quand il est accusé par la plus grande partie de la nation de ruiner l'éducation et l'instruction de la jeunesse ? Je le sais : des catholiques même pieux, même doctes, ne manqueront pas qui rêveront pour l'Église, maîtresse de la vérité, d'une sorte de monopole analogue à celui dont l'État se sert pour fausser l'esprit et corrompre le cœur des générations.

« Qu'on enlève, disent-ils, aux mahométans, aux « juifs...leurs enfants encore en bas âge ; qu'on les pénè- « tre des idées chrétiennes... Ce sera un grand mérite « devant Dieu... Et ces enfants eux-mêmes en seront « reconnaissants ; on les aura préservés de la perdition. »

Or, à ces conseils si pieux en apparence, savez-vous ce que répond l'Église par la plume du plus grand des philosophes et moralistes catholiques. C'était au xiii^e

addition gigantesque, laquelle contient l'avoir de tous les individus ; — et de même que l'on a réuni leur avoir, il faudrait avoir aussi leur esprit, leurs yeux, leurs facultés, pour égaler leur sollicitude et rendre de leurs biens un compte aussi sûr. » — M. Delaroyère, un magistrat français, raisonnait absolument comme nous : « La loi sur l'enseignement ne fait autre chose que consacrer le principe du socialisme en maintenant la toute-puissance de l'État sur l'instruction ; non pas, si vous le voulez, d'une manière absolue sur la science proprement dite, mais sur la morale, sur tout ce qui est du ressort de la conscience, sur ce qui doit diriger les pensées et les actes. » (L'Univers, 15 mars 1850.)

siècle : l'Inquisition était dans sa première ardeur ; le moraliste était un dominicain ; toutes les couronnes s'inclinaient devant la tiare ; Innocent III continuait Ildebrand et préparait Boniface VIII ; eh bien ! sans se laisser éblouir par ces splendeurs du pouvoir ecclésiastique, Thomas d'Aquin, un grand saint, le prince des philosophes (un éminent politique, ajouterait Cousin), répondit franchement : « Cette nouveauté serait contraire à la coutume de l'Église : il n'est point permis de l'introduire dans la société ; car si elle avait été conforme à la raison, elle eût constitué un vrai moyen d'apostolat et n'eût point été négligée par de grands et saints évêques, surtout par ceux qui avaient obtenu toute confiance auprès des plus grands empereurs, un saint Silvestre auprès de Constantin, un saint Ambroise auprès de Théodose. La foi ne peut triompher par des moyens aussi durs... Mais cela fût-il possible, elle ne devrait pas recourir à ces moyens ; ce serait en effet contraire à la justice naturelle, puisque le fils est naturellement quelque chose du père, « aliquid patris », tant qu'il n'a pas encore pleinement l'usage de sa raison. — Bien plus, eût-il déjà le plein usage de sa raison, on ne doit point lui imposer par violence le joug de la foi : c'est à la persuasion qu'il faut recourir pour le lui faire accepter librement. Le droit royal ne peut rendre licite la violation d'un droit naturel et il n'est point permis de sauver des enfants en ruinant l'ordre de la justice naturelle (1). — Nierez-vous maintenant, cher

(1) Hoc Ecclesiæ usus nunquam habuit... Quamvis fuerint retroactis temporibus multi catholici principes potentissimi ut Constantinus et

lecteur, que le libéralisme vrai soit le fruit propre et parfait du vrai catholicisme? Confrontez la douceur de cette doctrine catholique, alors dans l'éclat de ses triomphes, avec la rage féroce de ces vautours de l'Université dès qu'ils sont parvenus à saisir dans leurs serres un porte-feuille de l'instruction publique!

Du reste ce contraste n'a rien d'étonnant : le droit véritable est toujours modéré ; l'injustice toujours despotique. De plus l'Église, qui est la protectrice née de la justice et *à fortiori* de l'ordre naturel, doit encore se défendre ici avec plus de zèle pour une raison particulière : en effet, c'est en grande partie sur le droit naturel qu'elle s'appuie pour se propager parmi les fidèles par le baptême de leurs enfants. Expliquons brièvement cette raison et réfutons le préjugé de certains hommes qui regardent comme intolérable d'enrôler sous le drapeau catholique des enfants incapables encore de choisir aucune religion.

Theodosius, quibus familiares fuerunt sanctissimi episcopi, ut Sylvester Constantino et Ambrosius Theodosio : qui nullo modo prætermisissent ab eis impetrare, si hoc esset consonum rationi. Et ideo periculosum videtur hanc assertionem de novo inducere, ut præter consuetudinem in Ecclesiâ hactenus observatam, etc... Ratio est quia repugnat justitiæ naturali. Filius enim naturaliter est *aliquid patris.* Et primo quidem a parentibus non distinguitur secundum corpus, quamdiu in matris utero continetur ; postmodum vero, postquam ab utero egreditur, antequam usum liberi arbitrii habeat, continetur sub parentum curâ, sicut sub quodam spirituali utero. Quamdiu enim usum rationis non habet puer, non differt ab animali irrationali : Unde sicut bos vel equus est alicujus ut utatur eo cum voluerit secundum jus civile, sicut proprio instrumento ; ita de jure naturali est quod filius, antequam habeat usum rationis, sit sub curâ patris. Unde contra justitiam naturalem esset, si puer antequam habeat usum rationis, a curâ parentum subtrahatur vel de eo aliquid ordinetur invitis parentibus. Postquam autem incipit habere usum rationis, jam incipit esse suus ; et potest quantum ad ea quæ sunt juris divini vel naturalis, sibi ipsi providere ; et tunc est inducendus ad fidem non coactione sed persuasione. » (S. Th. 2, q. 9, X, art. XII, — O.)

L'intelligence d'un petit enfant pendant ses premières années est comme un instrument par rapport à l'intelligence de son père... Ce petit enfant en effet est incapable de penser sans idées métaphysiques et morales; il est incapable d'arriver à ces idées sans le langage; il est incapable d'arriver au langage sans la société de son père... D'où il suit qu'il ne parviendrait pas au monde intelligible, si son père, grâce à la science qu'il possède déjà, ne formait en quelque sorte en lui les premiers linéaments de la pensée et ne faisait passer de la puissance à l'acte cette petite intelligence encore endormie. C'est donc une loi de la nature que l'enfance pense d'abord par la pensée de son père; et c'est un effet de la nature que le catholicisme se propage par le moyen de l'éducation et de l'instruction paternelles. Aussi lorsque les théologiens enseignent qu'avant Jésus-Christ les enfants étaient sauvés par la foi de leurs parents ils expriment un fait très simple que nous voyons et que nous touchons aujourd'hui (1).

Si l'Église avait approuvé la violence pour arracher à des parents infidèles l'âme de leurs petits enfants, l'Église se serait blessée de ses propres mains : elle aurait méconnu dans ces parents le droit même que la nature lui accorde, c'est-à-dire celui de recevoir ces enfants dans son sein et de les régénérer par le baptême.

554. — Autre raison signalée par le grand docteur

(1) Unde de pueris antiquorum patrum dicitur quod salvati sunt in fide parentum, per quod datur intelligi, quod ad parentes pertinet providere filiis de suâ salute, præcipue antequam habeant usum rationis (2, q. 9, X, art. XII, 0).

de l'Église : « Les enfants appartiennent à la société domestique et l'on ne peut, sans injustice, les lui arracher. Je le sais : un jour viendra où l'enfant ne sera plus un adolescent, mais un homme fait... »

Appelé alors par l'ordre même des choses à devenir le père d'une nouvelle famille, il entrera naturellement dans la société civile, puisque celle-ci consiste essentiellement dans l'union des familles, et comme père d'une nouvelle famille il dépendra directement et immédiatement du chef de la société publique. Mais tant que la nature le maintiendra dans le cercle de la société domestique, il n'est permis à personne d'y pénétrer ni de disputer au libre citoyen qui la gouverne les droits que la nature lui a départis. Mais, répète-t-on, l'amour de la science nous pousse à en faciliter l'acquisition à la jeunesse en créant pour elle des institutions de secours. Soit, répondrons-nous ; mais à deux conditions : la première, c'est que pour entretenir ces institutions vous ne dévalisiez pas vos sujets; la seconde, c'est que ces institutions soient un secours offert à qui le réclame, non pas un moyen de tyranniser ceux qui le refusent. Laissez à la société domestique son attribution propre, c'est-à-dire celle de former des hommes; puis, quand elle vous les présentera déjà formés, offrez simplement tous les secours possibles à ceux qui voudront pousser plus loin leur instruction, et tous les avantages raisonnables à ceux qui se seront rendus capables de servir la patrie. Mais ne vous avisez pas d'établir pour les libres enfants de l'Église cette impitoyable éducation de Sparte, la ruine de la famille.

555. — Et remarquez-le bien : « Quand je dis que l'enseignement des enfants appartient essentiellement à la société domestique, je ne fais ni ne veux faire aucune distinction entre écoles nombreuses et peu nombreuses, comme pourrait le croire un esprit plus empirique que philosophe. Que fait le nombre à la nature des choses ? Il ne la change pas : mille fourmis ne seront jamais un oiseau, ni mille sensations une idée, ni mille individualités une abstraction. Si l'instruction de la jeunesse est essentiellement une fonction, un devoir domestique confié aux parents, qu'il y ait dans une école un enfant ou mille enfants, qu'un père ou mille pères leur donnent l'instruction par eux-mêmes ou par d'autres, l'instruction restera toujours un droit et une fonction domestiques. Par conséquent, si dix, cent, mille chefs de famille réunissent leurs enfants dans un local à eux appartenant et sous des maîtres de leur choix, vous pourrez bien appliquer à ce « rassemblement » les lois qui régissent les autres réunions, mais vous n'aurez point pour cela le droit de diriger à votre guise la fonction essentiellement domestique de l'instruction et de l'éducation.

Un acte essentiellement public, un jugement par exemple, un débat, etc..., appartient-il à la société domestique, parce qu'il s'accomplit à huis-clos et entre quelques individus ? Non évidemment. Eh bien ! par la même raison, l'avertissement qu'un père donne à son fils, un dîner de famille, etc., ne deviennent pas des actes dépendants de la société civile, parce qu'ils ont lieu sur la place publique et sous les yeux de mille spectateurs..

Si donc vous n'admettez pas l'aphorisme antinaturel de Cousin, à savoir : que l'enseignement est une fonction essentiellement politique, vous conviendrez qu'enlever aux parents le droit de former par eux-mêmes ou par des hommes de leur choix l'esprit de leurs enfants, c'est violer brutalement un droit naturel que seul le despotisme est capable de disputer à un père et à une mère.

Du droit des parents passons aux devoirs des enfants. Point de catéchiste qui, en initiant les enfants à la vie chrétienne, en leur expliquant en particulier le quatrième précepte du Décalogue, ne leur dise qu'ils doivent prêter une oreille attentive et docile aux enseignements de leur maître, et pour leur faire sentir cette obligation, on a coutume de leur donner cette raison que les droits de leurs parents sont par la fonction même de l'enseignement transmis au maître. Admettez cette raison (et qui pourrait la nier?), et vous comprendrez la puissance qu'elle donne au maître pour obtenir de son élève l'accomplissement de son devoir. Car après tout, l'enseignement n'est qu'un des objets relevant de cette autorité universelle à laquelle le Créateur a confié toute intelligence qui s'éveille à la vie ; et cela de façon que l'amour et les inclinations dont il a doté la famille y rendent l'obéissance aussi agréable que le commandement y est doux. Le sceptre paternel en effet est confié à l'amour, à l'affection naturelle, au devoir le plus sacré, c'est-à-dire à tous les sentiments qui peuvent le mieux garantir l'ordre de la nature... Le père sent vivement au fond de son cœur que de la manière dont il exercera son pouvoir dépend pour lui la paix de sa famille, l'honneur de son nom, le soutien de sa vieillesse, l'assistance dans ses infirmités, sa survivance dans sa postérité.

Que si malgré de si puissants mobiles l'amour paternel vient à défaillir, vous avez debout à ses côtés la tendresse de la mère, cette source inépuisable et parfois même surabondante de courage pour défendre les droits de ses enfants. — Voilà donc à qui le Créateur a confié le pouvoir absolu dans la famille : devoir, affection, intérêt, tout converge au bien de ce petit être qui folâtre sur les genoux de ses parents... Est-il donc étonnant que la nature ait accordé un pouvoir quasi despotique à une autorité si bien appuyée et si bien constituée pour gouverner ?

Je le sais : le cri de rébellion contre toute autorité ne respecte pas toujours celle du père ; je sais que les codes des législateurs modernes veulent protéger la famille contre le despotisme du père, comme les Parlements de France veulent protéger l'Église contre les abus de la Papauté... Mais ils ont toujours lutté contre la nature, et la lutte n'a pas été moins inutile que dure.

Les pères sont toujours pères, et s'ils n'ont pas abusé davantage de leur autorité, le mérite n'en revient pas aux législateurs. — Le propre de la nature est d'agir avec spontanéité, comme le propre de l'art est de procéder par contrastes. La nature met dans le cœur du père la douceur du commandement, et dans celui du fils le penchant à l'obéissance ; penchant qui com-

mence par être l'instinct de la nécessité avant de devenir la conscience du devoir. Cela est si vrai que si vous
supposez un père oublieux de tous ces sentiments naturels, son petit enfant ne s'en abandonnera pas moins à
sa direction. Incapable comme il l'est, non seulement
d'agir, mais encore de vouloir et de penser par lui-
même, il est dans l'absolue nécessité de penser et de
vouloir comme son père — et c'est précisément pour
cela que la nature met dans l'enfant un instinct d'imitation qui est chez lui le principe d'une obéissance
spontanée.

Mais avec les années la raison se développe; à l'instinct de la nécessité succède l'intelligence du devoir. —
Et malheur si sa voix ne s'impose pas avec une pleine
autorité au cœur du jeune homme ! Car alors son éducation et son instruction seront chose impossible, puisque ce jeune homme est incapable non seulement de
se diriger lui-même, mais encore de sentir le besoin
d'une direction...

En effet, c'est d'abord ce sentiment de son besoin qui
devrait lui faire prendre un maître. Mais pour avoir ce
sentiment il lui faudrait auparavant connaître et le bien
véritable dont il est privé, et le moyen de l'acquérir ;
ce sentiment constaté, il devrait choisir entre tous un
genre d'instruction déterminé, les méthodes qui lui sont
propres, les suivre avec exactitude et persévérance, en
un mot parcourir avec courage la longue carrière de
ces sacrifices si durs, on le sait, à l'ardeur de la jeunesse. La chose serait moralement impossible à cet âge
sans expérience. La sagesse du Créateur a pourvu à

cette impuissance de l'enfant : elle le porte par une loi naturelle à se confier aveuglément à la sollicitude de ceux qui lui ont donné la vie, sans savoir où leur amour le conduit et en s'oubliant lui-même. — Et notons-le bien : c'est cette confiance aveugle qui assure le succès de sa formation à la science et à la vertu, car du jour où tomberait de ses lèvres la funeste formule du rationalisme : « Je ne crois que ce que je vois, » c'en serait fait de son éducation. Elle serait impossible, et l'entreprendre serait aussi absurde que de vouloir donner à un corps une nouvelle figure sans lui avoir fait perdre la première.

Cette confiance absolue, ce total abandon est le grand devoir de l'adolescent ; il lui est imposé par la nature des choses, par la volonté de Dieu ; — le Décalogue ne fait que le répéter et le confirmer. D'ailleurs, ce devoir de l'enfant est en parfaite harmonie avec le monde physique et moral, mais tout spécialement avec le devoir corrélatif imposé à l'amour paternel ; voilà pourquoi le moraliste peut sans crainte enseigner et inspirer à l'enfant cette confiance illimitée, puisqu'il lui fait voir dans ses parents une tendresse sans bornes.

Eh bien ! supprimez pour un instant le père avec tous les attributs dont la nature l'a favorisé. Comment oserez-vous prescrire à un enfant de faire un acte de foi et d'abandon à l'enseignement d'un homme étranger, d'un inconnu, d'un maître indifférent à qui rien ne le rattache et dont il ne peut rien attendre ? Au nom de quelle autorité, de quelle justice et avec quelle garantie lui intimerez-vous l'ordre d'une pareille soumission ? Dire à un jeune homme : « Vous devez croire sans rechercher le pourquoi... » ce serait de la part d'un tel maître dicter une loi sans principe et vouloir un effet sans cause. Qu'il en soit ainsi dans des écoles catholiques et avec des gouvernements catholiques, à la bonne heure : — cela se fait sous l'autorité de l'Épiscopat et de l'Église que tout catholique reconnaît pour sa mère, et grâce à ce zèle des âmes qui inspire aux maîtres chrétiens jusqu'au sacrifice de leur vie.

Mais chez vous, peuples qui errez à l'aventure, après avoir renié une telle mère, non, la chose n'est pas posble ! — Voilà pourquoi, devant cette impossibilité, nombre de professeurs universitaires se sont hypocritement dégradés jusqu'à laisser à des élèves naturellement impuissants à les réfuter le droit de ne pas les croire. Aussi voit-on ces élèves se demander sérieusement s'ils doivent accepter ou rejeter les assertions de leur maître, se laisser prendre à son enseignement sophistique, persuader par son éloquence et par le bruit de sa renommée. On les voit délibérer en arbitres suprêmes et avec une pleine indépendance ; et tout leur manque pour cela : un vrai critérium pour discerner le vrai du faux, l'expérience pour connaître, la prudence pour se défendre et se garder de l'erreur...! — Quelle dérision ! mon Dieu ! Employer l'instruction à l'éducation de la jeunesse et lui conseiller un acte qui doit rendre nulle cette éducation ! La tyranniser au nom de sa propre liberté, en la poussant à un suicide moral, qui rend impossible toute éducation et toute instruction ultérieure, puisqu'on en ruine le premier fondement : la croyance au maître qui enseigne ! — N'est-ce pas là une preuve qu'aucun autre, en dehors du père, n'est fait pour obtenir des enfants la foi qui leur est nécessaire... ?

Saisissons cet aveu et tirons-en la conséquence : Une loi qui viole les droits du père et diminue sa liberté d'action dans l'éducation et l'instruction de ses enfants abuse également de la bonne foi de ces petits, puisqu'on veut obtenir d'eux cette obéissance aveugle que la nature leur commande d'accorder uniquement à leurs parents. Que si, au lieu de surprendre et d'extorquer directement la bonne foi d'êtres sans défense, un monopole officiel contraint les pères à se faire les complices d'une sorte d'infanticide spirituel, cette oppression en est-elle moins barbare, moins tyrannique, moins détestable ?

§ XIV

CONCLUSION

Concluons maintenant, et avant d'entrer au port, montrons au lecteur, comme sur un plan géographique, le chemin que nous avons fait dans le monde de la vérité. Par là, notre pensée en deviendra plus limpide et plus claire aussi bien pour les partisans que pour les adversaires de notre doctrine.

Les premiers, la voyant réduite, comme une sorte de squelette, à ses éléments essentiels, comprendront du même coup combien elle est solide ; les seconds, la considérant toute nue devant eux et comme un antagoniste sans arme, sauront mieux où viser afin de la frapper à mort.

On demande donc si, de par la loi naturelle, l'enseignement doit être libre et jusqu'à quel point il doit être libre ? Pour le savoir, il faut examiner la nature de l'enseignement, la nature de celui qui le donne et la nature de celui qui le reçoit.

Eh bien ! l'enseignement, si je ne me trompe, peut se définir très simplement : un discours continu et méthodique sur un sujet afin d'en faire connaître les vérités.

Si c'est un discours, il est soumis aux lois fondamentales de la parole donnée à l'homme pour exprimer sa pensée, et s'il est l'expression de la pensée, il doit obéir aux lois qui la gouvernent naturellement. — Or, d'après la nature, la loi suprême de la pensée, c'est la vérité... D'où il suit que si la pensée conçoit une chose telle qu'elle est, cette pensée est vraie et conforme à la nature, et que si elle ne la conçoit pas telle qu'elle est, cette pensée est fausse et en désaccord avec la nature même de l'intelligence qui tend essentiellement à la vérité.

D'après la nature, l'intelligence n'est donc pas exempte de toute loi ; elle dépend au contraire essentiellement de l'être des choses et par suite du Créateur qui les forme et de cette sagesse qui, en les créant, leur communique avec l'être la vérité.

Si, selon la nature, la vérité est la loi de la pensée, elle sera aussi la loi de ce qui l'exprime, c'est-à-dire de la parole...

Et cette parole n'aura le droit de s'externer qu'autant qu'elle transmettra d'une intelligence à une autre une pensée juste selon la nature, c'est-à-dire la vérité qui réside en elle...

Voilà donc la première loi fondamentale de tout discours entre les hommes : « Si l'intelligence humaine répugne naturellement à l'erreur, la parole, véhicule de l'intelligence, n'a le droit de se communiquer qu'autant qu'elle exprime le vrai. » —Communiquer le vrai est un acte de charité sociale ; communiquer le faux est un dommage fait à la société.

La parole est l'expression de la vérité connue ; elle l'est encore des actes de la volonté : sous le premier rapport, elle relève de celui qui est juge de la vérité ; sous le second, elle doit être régie par celui qui a la direction de l'action.

De là la seconde loi de la parole : « Si toute action doit tendre au bien, la parole, qui est une impulsion à l'action, n'a le droit de se faire entendre qu'autant qu'elle tend au bien. Or, la vérité n'est ni toujours, ni également importante. Certaine et indispensable pour atteindre le bonheur éternel, elle doit être communiquée à ceux qui en sont privés... Et ce devoir est d'autant plus strict que celui qui parle est plus sûr de la posséder, celui qui écoute plus éloigné de la connaître, enfin que les rapports de l'un avec l'autre sont plus étroits.

D'autres vérités seront non pas nécessaires, mais simplement utiles.

Dans ce cas, l'obligation de les communiquer dépendra et des fonctions de celui qui parle, et des besoins de celui qui écoute.

Ces conditions manquent totalement, s'il s'agit de vérités indifférentes. Et par suite nul ne sera tenu en rigueur de les communiquer.

Enfin, il y a des vérités qui parfois pourraient être nuisibles, parce qu'elles priveraient les auditeurs en tout ou en partie des moyens d'atteindre la félicité... La loi naturelle prescrit de les taire, puisque la parole tend essentiellement au bien et non pas au mal. — Ce n'est donc pas une loi de nature que toute vérité puisse se publier, bien plus, maintes fois, la faire connaître serait illicite, non en soi, mais à cause du dommage que cela causerait à autrui. Dans ces cas, celui qui gouverne la société doit empêcher toute publication qui nuirait soit aux individus, soit au corps social.

Mais ces lois se rapportent au vrai et à l'enseigne_ment considérés objectivement et en eux-mêmes, elles ne suffisent point pour comprendre adéquatement les prescriptions de l'ordre naturel dans notre question.

L'enseignement est un acte essentiellement social. L'on ne peut en bien saisir la nature que si on le considère encore et dans sa cause et dans son terme, dans celui qui parle et dans celui qui écoute. Celui qui parle est un homme; or l'homme ne possède pas nécessairement la vérité; il peut ou totalement l'ignorer, ou au moins en douter. Si donc la parole n'a pas d'autre droit de se faire entendre que celui qu'elle emprunte à la vérité dont elle est le corps, il est évident que dans l'homme le droit de parler sera proportionnel à sa connaissance du vrai ; nul, si elle est nulle ; incertain, si elle est incertaine ; plein et incontestable, si elle est absolument certaine.

A la pleine possession du vrai joignez dans un homme l'obligation de le communiquer, il en résulte pour lui un droit inaliénable et un délit s'il garde la lumière sous le boisseau.

Maintenant cherchez un maître réel en qui toutes ces lois se réunissent. Vous verrez que Dieu seul possède essentiellement le droit absolu d'enseignement, car il est le seul à pouvoir dire : « Je sais, » comme il est le seul à pouvoir dire par nature : « Je suis. Unus est magister vester Christus. » Quiconque participe à cette science et à cette certitude divines participe également au droit d'enseigner... Et quiconque, avec la science, a reçu de Dieu le devoir de la communiquer, se trouve par là même investi du droit inaliénable d'enseignement ; car l'on n'abdique pas un devoir.

Or, la première communication, bien que défectible, de la vérité est celle que reçurent de Dieu nos premiers parents en recevant de lui le don de la parole avec l'obligation de la transmettre de père en fils ; de sorte que les parents doivent enseigner à leurs enfants, selon leurs besoins, nous l'avons dit plus haut, les vérités nécessaires à l'ordre moral.

La seconde communication de la vérité au genre humain a été faite par le Verbe éternel, le Fils de Dieu... Et c'est, non pas à chaque homme en particulier, mais à l'Église, qu'il en a donné la science très certaine avec obligation de la publier...

L'Église a donc un droit inaliénable à l'enseignement public des vérités d'ordre moral et intellectuel, dans la mesure où celles-ci sont nécessaires pour atteindre l'éternelle félicité.

Ni l'État, ni l'individu, n'ont reçu pareille communication de la vérité ; ils n'ont point la certitude de la posséder, et, par suite, le devoir de la faire connaître ne leur incombe qu'autant qu'ils participent à la tradition soit domestique, soit catholique. Mais ils sont obligés, l'État de protéger, l'individu de respecter les droits d'autrui. Protéger le droit de tout citoyen, et à plus forte raison celui de la société entière contre les intempérances de langue et de plume, protéger les droits du père de famille et ceux de l'Église dans la société publique, est donc le grand devoir de celui qui gouverne ; les respecter est le devoir de tout homme privé... Que s'il surgit un dissentiment par rapport à la possession de la vérité, le droit appartiendra manifestement à celui qui aura reçu plus pleinement soit la vérité primitive par la tradition du foyer, soit la vérité positive par l'enseignement de l'Église.

Un gouvernement catholique aura donc le droit de faire respecter l'enseignement de la tradition sociale et celui de l'Église et un gouvernement hétérodoxe le droit de protéger au moins les premières vérités sociales.

Mais si ce dernier commence par déclarer qu'il n'y a pas de vérité publique certaine, il renonce par là même à tout droit d'enseignement, en renonçant au titre de ce droit : il ne lui reste que le droit et le devoir de défendre la société dans l'ordre matériel contre les abus de la parole, non pas en tant qu'elle est une lumière pour éclairer la société, mais un instrument pour mettre en jeu son activité.

Nous avons traité de la vérité et de celui qui la communique par la parole ; il nous reste à dire quelque chose de celui qui l'écoute.

Or, il y a ici deux hypothèses : ou bien celui qui écoute possède déjà le plein usage de sa raison, ou bien il n'en a encore que les premiers germes.

Dans le premier cas, c'est un homme capable de réfléchir ; il doit tendre à connaître la vérité qui le conduira au bonheur, la chercher par conséquent là où l'on est certain de la posséder et conduire à cette même source, pour s'y désaltérer, tous ceux qui dépendent de lui.

L'enfant, chez qui ne brillent encore que les premières lueurs de la raison, est, d'après les lois de la nature, sujet de celui que Dieu a chargé de son accroissement physique et moral, de celui qui a reçu du ciel, pour élever ce petit, non seulement le talent, mais un amour et une tendresse qui naturellement le rendront incapable de faillir à sa tâche.

Voilà, si je ne m'abuse, les lois fondamentales qui, selon la nature, doivent gouverner l'enseignement.

Et maintenant qui ne voit les conséquences de cette doctrine, quelle que soit la forme des gouvernements ?

Sous une monarchie absolue, l'indépendance du pouvoir temporel ne donne aucun droit sur les intelligences et sur les consciences. L'Église seule en est proclamée publiquement la directrice et la maîtresse. Qu'elle parle donc; mais en son nom, mais librement, mais avec une pleine autorité, et qu'elle oppose enfin une digue inébranlable au torrent d'erreurs, d'obscénités et de calomnies qui nous envahit de toutes parts à notre honte et pour notre malheur! — Vivez-vous sous un régime de liberté, et participez-vous au gouvernement même en restant catholiques? Souvenez-vous que vous répondez devant votre conscience, devant la société, devant Dieu, de toute parole qui tendrait à la ruine d'autrui; souvenez-vous si, en vertu de droits politiques, vous exercez pour une part, la souveraineté, qu'au-dessus de vous et au-dessus de tout pouvoir créé, règne avec ses droits imprescriptibles l'incorruptible vérité; que plus vous accorderez d'influence à l'Église, plus vous progresserez dans la vérité et la justice, et plus aussi vous obtiendrez d'autorité dans un peuple catholique; souvenez-vous enfin que si vous enlevez à ce peuple son premier trésor, celui de la vérité, ce sera à l'égard des individus une énorme injustice, pour l'unité sociale un immense danger, pour l'Église un outrage sanglant, en vous-même une ridicule contradiction et sur votre tête une menace de ruine politique.

CHAPITRE IV

Le Naturalisme.

Les idées, les principes, les adages, ou si vous aimez mieux, les conclusions tirées du venimeux axiome de la Réforme : « La raison naturellement indépendante » sont surtout d'ordre intellectuel : car c'est à l'intelligence qu'appartient l'idée du droit dans la société, le jugement qu'on permet à l'individu de porter sur les lois et sur les princes, la fausse notion de la liberté contraire à l'ordre social, et la faculté qu'aurait toute pensée, même la plus déraisonnable, de se manifester par la presse et de jeter le trouble dans la société. Vous le voyez, ces idées, une fois admise l'indépendance protestante, vont à ruiner la notion du droit et la société elle-même. L'autorité faite pour commander tombe à la merci de la multitude faite pour obéir; la liberté, qui résulterait de l'obéissance, se change en servitude sous un régime d'anarchie, et la parole, cet organe essentiel de la vérité, reçoit licence de publier toute sorte de mensonges. Dans un tel chaos d'idées, que fera celui qui gouverne la société? Il sera contraint, s'il ne veut pas laisser s'effondrer la société, de maîtriser les esprits par le monopole de l'enseignement. Mais le mal de l'esprit se communique nécessairement à la volonté : il en vicie les inclinations... Or, c'est maintenant cette corruption morale que nous devons étudier afin de comprendre parfaitement tout ce qui a préludé à la transformation politique des sociétés anciennes en sociétés modernes ; transformation dont nous verrons l'application pratique dans le 3ᵉ et 4ᵉ volumes.

Nous pouvons considérer ces préludes ou mieux ces prédispositions de la volonté soit dans leur principe, soit dans leur but, soit dans leur moyen. Le principe engendré dans les cœurs par l'indépendance est le « naturalisme » ; le but auquel il aspire est purement le bien matériel ; et le moyen qu'il emploie une sorte de mécanisme sans conscience. Ces prédispositions sorties naturellement du principe de l'indépendance constituent dans les individus et dans les peuples comme une seconde nature. Elles en vicient tous les jugements, en faussent toutes les inclinations, en ébranlent toutes les fibres, en dirigent tous les actes avec tant de spontanéité que ces malheureux, alors même qu'ils se proclament catholiques et que leurs lèvres professent fidèlement et les dogmes et les préceptes de l'Église, pensent, aiment d'une autre manière que l'Église, vivent comme s'ils ne croyaient rien en dehors de l'indépendance protestante. De là naissent ensuite ces aphorismes que la société publique reçoit comme règles de sa conduite, mais qui enchaînent où même étouffent dans son sein toute influence catholique.

Est-il étonnant, avec ces tendances, que l'on donne un sauf-conduit à toute erreur, à toute iniquité, à toute impiété, — et que le public, alors même qu'il gémit de ces énormités, ne sache trouver ni raison pour démasquer les sophismes, ni courage pour briser le joug de l'oppression ? — On connaît du reste cette parole d'un prophète d'Israël : « L'erreur est une chaîne. » Si donc vous l'imposez à un peuple, vous l'entraînerez où il vous plaira, même jusqu'au fond de l'abîme et il se déchirera de ses propres mains. C'était l'état de beaucoup de nations à la fin du xviiie siècle. Aussi étaient-elles toutes prêtes aux bouleversements politiques et religieux.

L'expérience qu'elles en ont faite commence aujourd'hui à ouvrir les yeux.

Mais combien pourtant qui sont encore ou fermés volontairement ou aveuglés par les préjugés. Il importe donc de faire toucher de la main la vraie cause de ces affreux désastres.

Voilà pourquoi, poursuivant notre tâche, nous montrerons dans ce chapitre le naturalisme sortant du principe hétérodoxe — et devenant l'esprit ou mieux l'âme d'une société prétendue régénérée.

§ I

CE QUE C'EST QUE LE NATURALISME

Sommaire : — 556. Idée du naturalisme. — 557. Son universalité. — 558. — Son vice. — 559. Elle engendre la théophobie, l'anticléricalisme.

556. — Commençons par bien nous entendre sur les termes.

Qu'est-ce que ce « naturalisme » que je prétends être le fruit de la raison indépendante? — C'est, dans les esprits, « une disposition générale à exclure toute considération surnaturelle dans l'explication du gouvernement moral de l'humanité ».

Pesons chacun de ces termes.

Je dis : « une disposition générale de l'esprit; » car je ne prétends pas que ce soit toujours une doctrine... Ce peut être une doctrine; mais ce peut être aussi un penchant de la volonté, une application pratique, une habitude sociale, une expression du langage, une tendance irréfléchie, un instinct logique, ou l'une quelconque de ces nombreuses habitudes que l'on trouve dans l'homme; parce que la propriété des principes métaphysiques est précisément de pénétrer de leurs influences l'homme tout entier.

557. — Encore n'est-ce pas assez dire; il faut ajouter . et moralement tous les associés : car il s'agit d'un principe social : et s'il n'avait pas une *influence universelle*, il ne mériterait plus ce nom... surtout après que nous avons constaté, avec tous les sages, que l'influence de la réforme avait vraiment ce caractère d'universalité..

Le naturalisme est donc en ce sens une disposition universelle de la société moderne... Et tous en sont plus ou moins pénétrés; les uns dans leurs jugements ou dans leurs volontés, les autres dans les questions d'intérêt ou de justice, ceux-ci dans les sciences sacrées, ceux-là dans les sciences profanes, etc.

A ce point de vue l'on peut dire que tous les individus associés s'aident mutuellement à persévérer dans leurs tristes erreurs, encouragés qu'ils sont par l'analogie des conséquences où arrivent leurs voisins. Un politique matérialiste, par exemple, espère trouver l'unité sociale dans la force de la multitude.

Il se confirme dans son idée, quand il voit un savant matérialiste lui-même expliquer l'unité du monde au moyen d'atômes mus par la force de l'hydrogène, et tous les deux croiront avoir trouvé le dernier mot de la science, quand ils entendront un physiologiste ramener la vie animale à la combinaison des forces physiques et chimiques.

C'est en ce sens que nous attribuons une influence sociale universelle au naturalisme.

558. —Mais où gît proprement le vice de ce principe?

Nous l'avons dit : « En ce que cette disposition universelle des esprits tend à leur faire exclure toute considération surnaturelle dans l'explication du gouvernement moral de l'humanité. — Car ce n'est pas pour elles-mêmes que le naturalisme moderne rejette les idées surnaturelles — mais à cause de l'influence morale qu'elles exercent sur la vie pratique, et surtout sur la vie sociale. »

Que chacun croie ce qui lui plaît, doit dire tout naturaliste de cette trempe. Si quelqu'un voit un miracle, s'il entend parler d'une révélation, qu'il les admette s'il veut, en son for particulier; mais qu'il ne prétende pas imposer sa croyance au public : autrement nous aurions des apôtres d'un nouveau genre, ceux de l'opinion; et nous voulons être indépendants.

559. — De là cette manie, cette rage d'aversion con-

tre tout prosélytisme, spécialement contre celui de l'Église prêchant à toutes les nations : « Qu'il faut croire ou renoncer au salut. » — De là ces sarcasmes qui traitent de fanatisme toute conviction courageuse et pratique des vérités surnaturelles. Soyez persuadé que certains sages ont, au nom de Jésus, béatifié la pauvreté comme l'ont fait jadis Diogène et Cratès ; passe encore, cela vous pouvez le soutenir. Mais soutenir que Jésus-Christ est Dieu, que sa doctrine par conséquent a droit au respect de tous, et que, réduite en pratique par un bon nombre de citoyens, elle peut exercer une influence sociale... Non ; cela ne mérite que l'intolérance. — Et cette intolérance doit prendre les proportions et l'étendue que le surnaturel lui-même veut atteindre, en cherchant à réformer partout la nature humaine.

Aussi veut-on que ce surnaturel soit banni de toute l'humanité.

§ II

LE NATURALISME NAIT DE L'INDÉPENDANCE DE LA RAISON

Sommaire : — 560. Fausse supposition d'une faculté du surnaturel dans l'homme — 561. On explique en quoi consiste le surnaturel. — 562. Dans les différents ordres de la nature. — 563. Il implique essentiellement une dépendance. — 564. D'où il suit que l'indépendance exclut le surnaturel.

560. — Après avoir ainsi exposé ce que j'entends par naturalisme, je n'ai presque plus besoin de démontrer ma première proposition ; elle se comprend d'elle-même. Car qui ne voit du premier coup qu'une raison humaine

ne pourra jamais, sans dépendre d'une autre, s'élever à un ordre surnaturel? Pourtant j'en veux donner une rapide explication : Car quelqu'un pourrait se rencontrer qui fût arrêté par l'idée de « cette faculté » mise par Gioberti au nombre des puissances de l'homme et qu'il appelle « la faculté du surnaturel » : il pourrait se dire : « Pourquoi me serait-il impossible, sans dépendre d'un autre, de m'élever au surnaturel, puisque j'en ai la faculté? « Je dois d'abord vous avouer naïvement que mon esprit, trop borné sans doute, ne peut pas se faire une idée claire de ce qu'entend ce philosophe par « faculté du surnaturel... » Mais. d'ailleurs, inutile de vous faire descendre, vous et moi, dans ce labyrinthe sans fil conducteur : il suffit à mon dessein de vous prouver directement la vérité de ma proposition; à savoir « que le surnaturel sera toujours inaccessible à qui repousse toute dépendance... ».

561. — Qu'entendez-vous par surnaturel? Ce qui surpasse les forces de la nature. — Mais le mot nature peut se dire de l'homme, de toutes les choses créées et « par analogie » de Dieu lui-même. Les forces vitales sont supérieures à la nature de la pierre; les forces sensitives à la nature du végétal, les forces de la raison à la nature de la brute, celles des pures intelligences à la nature de la raison; et l'intelligence absolue et infinie est supérieure à toute nature finie. Or, dites-moi, cher lecteur, croyez-vous qu'une pierre puisse par ses seules forces physico-chimiques produire un végétal? Cuvier le nie carrément : « Les formes stables, dit-il, qui se perpétuent par la génération sont le principe distinctif des

espèces dans les corps vivants ; elles déterminent le jeu des fonctions secondaires propres à chacune d'elles et leur assignent leur action dans l'univers. Ces formes sont permanentes et ne sont pas le produit d'une combinaison. »

Mais sans recourir à l'autorité, ne voyez-vous pas qu'il y a contradiction à admettre dans la nature une faculté du surnaturel. Si nous appelons force négative celle qui produit un effet auquel ne peuvent atteindre les forces physico-chimiques, il est clair que celles-ci sont par nature impuissantes à produire cet effet. Si vous voulez soutenir le contraire avec les philosophes matérialistes, vous devrez alors changer le vocabulaire et dire que la différence entre la terre et les végétaux n'est, pas une différence naturelle — mais seulement accidentelle. Mais tant que subsistera cette différence naturelle, jamais la matière brute ne pourra par sa nature produire le plus petit végétal... Que si un jour elle le produit, ce sera par la vertu d'un principe supérieur à la simple matière. — Ce phénomène, nous en sommes chaque jour les témoins : le végétal germe et se développe, c'est-à-dire que, grâce à sa vitalité, il s'assimile les différentes substances du sol où il est planté ; empruntant à l'engrais dont il aspire les éléments ces couleurs et ce parfum dont il vous charme chaque matin, mais qui sont absolument supérieurs aux forces du terrain où il plonge ses racines.

562. — Ce que nous avons dit d'une plante, disonsle d'un animal. La rétine de ses yeux, ses narines resteraient insensibles sous l'action des rayons du soleil et

des effluves odoriférants d'une rose si, par la vitalité
de sa nature sensitive, il ne s'appropriait cette impres-
sion et ne l'élevait jusqu'à devenir une sensation, — ce
que la rose, par ses seuls organes, ne parviendrait
jamais à produire.

De même, la sensation ne devient une idée que grâce
à une force supérieure qui est dans l'homme, la raison, cette faculté qui, à la vue d'un être même unique
en ce monde, le généralise par une force irrésistible,
par une force qui constitue précisément sa nature
supra-sensible et à laquelle les sens ne pourraient
jamais parvenir.

563. — Voilà, cher lecteur, un aperçu qui vous rendra plus intelligible la nécessité d'une dépendance toutes les fois qu'un être quelconque devra s'élever à une
opération supérieure à ses forces, c'est-à-dire surnaturelle pour lui. Or, combien plus nécessaire sera cette
dépendance pour que l'homme s'élève à un surnaturel
éminemment plus noble, le surnaturel du christianisme!
Le naturel dont je parlais tout à l'heure et donc je par-
courais les différents degrés dans la nature est toujours borné. Mais lorsque l'intelligence soulevée par la
foi et par la grâce entre dans l'ordre de la révélation,
elle fait un pas qui tient de l'infini, puisque de l'homme
à Dieu il y a une distance infinie.

564. — Une âme vraiment catholique voudrait peut-
être que je m'arrêtasse ici pour montrer toutes les
richesses de ce trésor qui s'appelle l'amitié divine. Mais
non : ce serait distraire le lecteur du but où tend ce raisonnement plus que suffisant, à mon avis, pour bien

établir ce que j'ai avancé. « S'il est impossible à tout être créé d'outrepasser les forces de sa nature — il ne pourra de fait les outrepasser qu'en dépendant d'un être supérieur... Et par conséquent si on lui laisse (comme cela arrive dans l'homme) la liberté de ne pas dépendre et qu'il use de cette liberté, il doit nécessairement retomber au rang inférieur de sa nature propre. Et cela se voit tous les jours dans la mort de l'animal et de la plante. Leurs éléments physiques et chimiques, abandonnés par une vitalité supérieure, reprennent leurs affinités naturelles en perdant leurs propriétés d'êtres vivants. Voilà donc ce qui doit arriver dans toute société qui veut se moderniser. Acceptant le terrible principe de sa ruine, elle dit avec audace : Je suis indépendante; elle doit du même coup se renfermer dans la sphère que l'homme peut atteindre par sa nature ; tout ce qui surpasse les forces de cette nature raisonnable ne devra plus entrer en ligne de compte aux yeux de ceux qui auront accepté ce principe, et plus il envahira les esprits et la société, plus aussi il en fera disparaître les idées et l'influence surnaturelles. — Donc admettre pleinement ce principe, c'est-à-dire l'esprit d'indépendance, c'est bannir absolument le surnaturel de la société tout entière.

Je crois avoir donné de ma proposition une preuve irréfutable. J'entre de suite dans le champ des applications.

§ III

APERÇU SUR LES FORCES MORALES DE LA NATURE HUMAINE

SOMMAIRE : — 565. On suppose que le lecteur a au moins la connaissance du catéchisme. — 566. La nature est viciée. — 567. L'intelligence dépendante des choses sensibles. — 568. Généralement vacillante. — 569. Et inclinée au principe d'Épicure. — 570. Principe condamné par la doctrine catholique. — 571. Et qui conduit de fait à l'utilitarisme. — 572. Preuve de conscience. — 573. La conséquence, c'est que la société regardera le naturalisme comme un dogme, un droit. — 574. Quoi qu'en disent quelques honnêtes gens trop naïfs. — 575. La conséquence est inévitable.

565. — Pour bien connaître les effets sociaux du naturalisme, nous allons comparer rapidement les forces naturelles qui agissent dans les sociétés modernes et les forces surnaturelles qui animaient la société chrétienne au Moyen-âge. Nous n'aurons pas besoin dans cette comparaison de recourir à une science historique profonde, ni à de longues explications sur les mystères de la foi. Pourvu que le lecteur sache encore ce que l'Église enseigne aux enfants au catéchisme, il verra clairement la transformation que l'abandon de l'Église doit produire dans une société qui se réduit aux seules forces de la nature.

566. — Quelles sont les forces que vous voyez dans l'homme tel que vous l'avez sous les yeux? Je ne vous demande pas d'admettre en lui la déchéance originelle. — C'est un mystère d'ordre surnaturel ; mais si la cause est surnaturelle, les effets dont nous sommes les témoins sont malheureusement trop naturels. Considérons donc comment agit l'homme dans l'état présent de sa nature, abstraction faite de la cause de sa dégradation.

567. — L'intelligence humaine est-elle capable de former jamais une idée tellement abstraite que cette idée ne revête aucune image sensible ? — Non, répondent d'un commun accord les vrais philosophes. Et si quelque partisan extrême de l'idéalisme met la chose en doute, son doute ne portera pas sur les opérations intellectuelles, telles qu'elles se font aujourd'hui chez tous les hommes — et c'est de là précisément que nous verrons découler les conséquences sociales ; il portera sur cette question spéculative : « Est-il possible à l'homme de penser sans image ? D'ailleurs tout le monde avouera que cela est non seulement difficile, mais inouï. Cela suffit à ma proposition ; nous pouvons établir, comme incontestable, que l'homme pour s'élever à des idées spirituelles doit passer par la matière.

568. — Or, remarquez-le bien ; donner, dans le raisonnement, un corps aux idées spirituelles est une opération très ardue ; comme en font foi non seulement les hautes spéculations de la métaphysique mais encore les abstractions des sciences mathématiques où pourtant l'esprit est toujours étayé par les images de l'espace et de la quantité... Bien plus, dans les sciences physiques, il arrive à des maîtres éminents de prendre pour cause d'un phénomène ce qui n'en est que l'accessoire... Aussi Newton recommande-t-il aux physiciens de bien se tenir sur leurs gardes, afin de ne pas confondre la cause vraie des effets naturels avec ce qui l'accompagne. Avis très sage, oublié par certain savant dont se rit Ch. Stewart et qui dans une recette faisait entrer parmi d'autres médicaments l'os de la cuisse d'un pendu.

Généralement donc l'esprit humain dans ses opérations tend baucoup plus à revêtir ses idées de formes sensibles qu'à s'élever à de pures abstractions.

569. — De là vient que les tendances sensibles doivent prendre et prennent en réalité un empire prédominant dans la société. Or, cet empire est tel aujourd'hui que des philosophes eux-mêmes ont peine à comprendre que l'homme puisse rechercher autre chose que des sentiments agréables « à sentir gradevolmente » — pour me servir d'un mot de Romagnosi, accueilli par ceux qui peu à peu perdent le sentiment catholique... Sans doute, pour ces philosophes il y a des phénomènes de sensibilité plus nobles que d'autres... Ils ne confondent pas ceux de la compassion, de la philanthropie, de l'honneur, etc., avec les sensations grossières de l'avarice, de l'orgie et de la vengeance, etc... Mais il reste toujours vrai que la tendance humaine aujourd'hui manifeste entraîne l'homme vers tout ce qui est sensible, puisqu'elle lui met au cœur le désir du plaisir dans le sentiment.

570. — Cette inclination ayant sa racine dans la nature même doit se rencontrer dans toutes les sociétés humaines, quel que soit leur âge... Il y a pourtant cette différence que, chez un peuple catholique, les individus se disent : cette inclination est corrompue ; et ils le croient sur la parole de Dieu, lors même qu'ils se laissent emporter au torrent ; tandis que, dans la société moderne, les individus n'ayant pas la certitude de leur corruption native, vous disent franchement : cette inclination est dans ma nature même ; et ils cher-

chent les moyens de la contenter — et ce contentement n'est plus une faute contre la conscience — c'est un droit, c'est un devoir naturel.

571. — Sachez bien, cher lecteur, que cette conclusion n'est point un de ces artifices de dialectique inventés pour acculer des adversaires : non ; c'est un fait historique qui est partout produit par l'idée protestante... L'école utilitaire de Bentham en Angleterre, d'Helvétius en France, de Gioia et de Romagnosi en Italie la considère non plus comme une conséquence, mais bien comme un axiome évident par lui-même. Vous savez que Bentham s'est servi de cet adage pour introduire dans le code des délits inconnus au Moyen-âge avec une pénalité parallèle et proportionnée aux fautes ; par exemple : à celle de jeûner, de prêcher l'existence de l'enfer, de renoncer aux richesses et autres crimes contre nature.

— Direz-vous que ce sont là les affirmations extravagantes d'un esprit exagéré ?

— Rappelez-vous, je vous prie, tant de déclamations que vous n'avez pas manqué d'entendre même parmi les catholiques contre les conseils ou les vertus évangéliques, la mortification, le célibat, la pauvreté volontaire, etc... Vertus évangéliques discréditées aujourd'hui comme des excès antinaturels par nombre de catholiques. Je ne dis rien ici ni des Saintsimoniens qui ont voulu réhabiliter la chair, ni des Fouriéristes qui voudraient faire du monde un paradis de volupté... Tous ces faits historiques sont trop connus pour que je m'y arrête : ils sont constatés et par les ouvrages des philosophes et par les sentences des tribunaux et par les débats des assemblées politiques. L'histoire atteste donc qu'en se développant le protestantisme érige en loi, en droit, en devoir la recherche des sensations agréables de quelque nature qu'elles soient.

— Autre considération historique qui vous fera saisir de suite la réelle influence de cette idée dans tous ces États représentatifs qui ont accepté ce que j'appelle « le principe d'indépendance ». Car s'il est vrai que ce principe exclue le surnaturel avec toutes les influences qu'il exerce contre la corruption naturelle, en particulier contre l'orgueil de l'esprit et contre la volupté de la chair, voici la conséquence : « Toute institution catholique où, sous l'étendard de la Croix, fleurit avec plus d'éclat le surnaturel, en particulier l'humilité et la mortification, doit forcément exciter la jalouse antipathie de ces gouvernements.

Or, c'est précisément ce qui se produit sous nos yeux à l'endroit des Ordres religieux et de la vie ascétique. Qu'importe à ces gouvernements qu'un certain nombre de vierges aillent se renfermer, comme de chastes colombes, dans le creux du rocher, afin d'exhaler dans la solitude les soupirs d'un amour qui tient leur cœur et leurs yeux fixés vers le ciel ? Nous ne sommes plus au temps où l'on craignait que le célibat ne fût une cause de dépopulation : C'est plutôt une source d'économie et une ressource précieuse pour les familles et pour l'État ; car combien de misères, combien de tribulations soulagées par ces vierges consacrées à Dieu ! Mais non : tant de charité ne peut les sauver de l'ostracisme : elles y sont condamnées d'avance par leur vie d'ascètes, c'est-à-dire par leur vie surnaturelle : L'ombre d'un moine effraie l'esprit du siècle... et les religieux sont « des insensés, des fanatiques, des bons à rien, des oisifs, des plantes parasites. » etc...; tels sont es titres, on le sait, que leur décernent non seulement des ennemis de l'Église, mais même certains catholiques ignorants ou sans dévotion. Une autre occasion se présentera, je l'espère, de repousser ces injures et de rectifier ces idées. Pour le moment il me suffit d'établir que la vie catholique consiste essentiellement dans la charité ; que cette charité surnaturelle unit l'âme à Dieu par le lien d'une véritable amitié, et que, la grâce s'harmonisant avec la nature, cette amitié des' âmes avec Dieu revêt des caractères analogues à ceux de l'amitié naturelle... tantôt forte et vigoureuse dans les âmes austères, tendre et suave dans les cœurs délicats et affectueux, tantôt impétueuse dans les esprits ardents ou mesurée et prudente chez les hommes de raison. — De là tous ces saints à l'esprit si varié : un bouillant Xavier ; un doux François de Sales ; un Philippe toujours gai, un Bernard et un Alphonse qui s'entretiennent avec le ciel dans une langue d'amour que le vulgaire croit empruntée à la terre. Or, toutes ces formes de la vie ascétique sont incompréhensibles à la seule raison. Elle peut former certains concepts de l'Être suprême ; mais se dire l'amante, l'amie, l'épouse de Dieu ; non cela ne lui est pas possible. Et voilà pourquoi ces termes lui paraissent non seulement incompréhensibles, mais extravagants.

Voilà donc une guerre à mort déclarée par l'esprit moderne à tout ascétisme; guerre de sarcasmes et de dérision, quand ce n'est pas la guerre au poignard. Du reste, de tous ces ascétismes, le plus antipathique aux hommes du siècle, c'est celui des religieux : car ceux-ci non seulement le pratiquent mais le professent et l'enseignent, ne serait-ce que par leur costume particulier. Ils sont donc la manifestation vivante d'idées et d'institutions odieuses à la nature indépendante. Et le fantôme bizarre de l'austérité catholique qui hante les cerveaux modernes menace les tendances les plus radicales de notre temps : « Le siècle crie : Indépendance de la nature ; Réhabilitation de la chair ; Aristocratie de la richesse. » L'ascétisme catholique réplique gravement : « Obéissance — Chasteté — Pauvreté. » — Peut-il y avoir, je vous le demande, un contraste plus désagréable pour ces hommes ennemis de toute contrainte imposée à des instincts qu'ils appellent la nature, mais qui n'en sont que la corruption ?

Si donc les gouvernements modernes sont si prompts à démolir les cloîtres, le fer à la main, et à couvrir de ridicule la vie ascétique, la raison en est claire ; et elle est seule capable de résoudre le problème proposé.

Je le sais ; on en cherche d'autres selon l'occasion ; mais pas une qui ne soit ou fausse ou altérée. Nous persécutons les moines, dit-on, parce que ce sont des fainéants. Alors, pourquoi persécuter de même et les Liguoriens et les Missionnaires toujours en activité ? Nous détestons l'ingérence et l'orgueil des Jésuites.

— Alors pourquoi ne pas épargner la solitude du Chartreux, et l'humilité d'un Frère ignorantin ? Les Bénédictins doivent disparaître : ils sont trop riches. Alors quelle raison d'abolir les Capucins qui sont des mendiants ? Ces Frères à quatre bras nous répugnent. Mais alors pourquoi abhorrer aussi la Congrégation de Saint-Paul et la Propagation de la Foi ?

Pourquoi ? Nous l'avons dit plus haut. Tout surnaturel fait frémir à ce point les partisans des idées modernes que pour n'en pas apercevoir l'ombre, ils seraient capables de sacrifier leurs plus grands intérêts.

Si l'on supprime les mendiants, il faudra leur payer une pension... — Eh bien ! qu'on la paie : mais qu'il n'y ait plus de Frères ? Si l'on bannit les Sœurs des hôpitaux, les malades en souffriront. — Soit ; mais qu'il n'y ait plus de Sœurs. — Les religieux expulsés demanderont un dédommagement en retour des dots de leurs familles : soit, mais qu'il n'y ait plus de cloîtres. L'administration gratuite des associations augmentait les revenus des Monts de piété ; périssent ces bénéfices pour que les Congrégations périssent du même coup. Si le peuple chante des « Tantum ergo », il ne chantera plus la « Marseillaise » ; qu'il la chante en dansant dans le sang, pourvu qu'il ne prie plus et ne se souvienne plus du ciel.

Voilà, cher lecteur, l'application pratique de ce naturalisme dernière conséquence de l'esprit moderne. Cette conséquence se produit toujours en quelque société que ce soit, même honnête et catholique, aussitôt qu'elle en est pénétrée : elle est donc la contre-épreuve de mon raisonnement... Et il se trouve ainsi démontré a priori et a posteriori.

A priori, je vous ai fait voir que l'esprit indépendant doit regarder comme un fruit de la nature l'orgueil et la volupté ; et la chose est assez évidente. — A posteriori, je vous ai prouvé que la haine du surnaturel marchait de concert avec l'indépendance de l'esprit : on ne saurait donc le nier : l'évidence du raisonnement est ici confirmée par les faits historiques.

Eh bien ! voyez un peu si j'ai confiance dans la vérité de mon assertion : ces faits, cette conséquence, je veux bien n'en pas tenir compte : Je vous invite seulement, cher lecteur, à interroger votre conscience. Elle est honnête et pure : et cependant quel travail, quel combat ne doit-elle pas soutenir lorsque, aux attraits de la passion, vous vous efforcez de répondre par un acte de foi — et de vous dire avec une austérité toute évangélique : « Tout plaisir, même s'il n'est pas honteux, est au moins une vanité. » Cela ne vous suffit-il pas pour vous faire comprendre que, dans l'homme, la tendance prédominante est vraiment la tendance matérielle des sens, lorsqu'on ne lui applique pas le correctif divin, la mortification.

572. — Que suit-il de là ? — C'est que, dans une société dont le naturalisme est l'âme, cette tendance sera érigée en dogme,... et le désir de lui donner satisfaction en devoir : devoir déjà funeste par lui-même, la chose est évidente : mais de plus essentiellement mobile comme la cause qui le produit : car si, dans une société pénétrée de l'esprit moderne, jouir est un devoir

naturel, choisir l'objet de sa jouissance est le droit de chacun: Aujourd'hui nous voulons jouir en donnant un bal au profit des pauvres; demain nous divertirons le peuple par une mascarade immorale; pour notre plaisir nous nous livrerons, dans un club, à une danse éhontée ou nous violerons une église pour y faire les obsèques d'un excommunié. Les objets de notre jouissance varieront; le droit sera toujours le même.

573. — Je fais cette remarque, cher lecteur, afin de vous mettre en garde contre l'honnêteté de votre cœur: car il pourrait vous porter à croire qu'une pareille société s'élèvera, avec le temps, à la hauteur de vos sentiments personnels — non: L'on ne voit pas la foule se conformer à la minorité : c'est le contraire qui arrive. Donc, ou vous devez affirmer que les méchants, les faibles sont le petit nombre et les bons la multitude, ou vous devez vous persuader que la société livrée au naturalisme suivra jusqu'au bout ces méchants et ces lâches et qu'elle aussi mettra dans la jouissance son bonheur, son droit et son devoir.

574. — Cette remarque est en même temps une réponse à certains utilitaires honnêtes. Ils ont aussi pour principe: Tendez au plaisir; mais ils croient lui avoir enlevé son venin quand ils vous ont démontré bien ou mal qu'il n'y a pas de vrai plaisir en dehors de la vertu — et que, par suite, leur adage tend à rendre tous les hommes vertueux. Accordons-leur pour un moment (ce qui est faux) que leur argument est en harmonie avec leur principe. — Peut-on en inférer qu'ils feront admettre leurs lois à une société où l'on entend

répéter sans cesse : « Que la raison est indépendante ?
Pour dix qui maintiendront que la vertu seule est le
vrai plaisir vous en trouverez dix mille qui rediront
avec Bentham : « Non ; il n'y a pas d'autre vertu que le
plaisir. »

575. — Tel est, cher lecteur, le principe de morale
dans une société modernisée par l'esprit protestant : on
y voit plus ou moins équivoque la profession de la foi,
plus ou moins hypocrite la conduite extérieure, plus
ou moins audacieuse la logique du raisonnement : —
Mais l'aboutissement est fatal pour quiconque ose bien
se dire : « Je ne crois qu'à ma raison infaillible ; ma raison ne me manifeste que ce que je sens en moi-même ;
elle veut que je règle mes actions sur ce sentiment ; et le
plaisir de ce sentiment est l'indice même de la rectitude de ces actions : Donc ma loi, mon droit, mon devoir,
c'est le plaisir du sentiment.

S'il s'agit de grandes associations d'hommes, je défie
le logicien le plus subtil de nier la connexion de la
conséquence avec les prémisses.

Mais non, personne n'osera la nier : et nous avons
bien là le principe moral des sociétés modernes.

Nous en avons déjà fait l'application aux idées religieuses et à la liberté de la presse : Nous continuerons
de la faire aux constitutions des gouvernements modernes dans toutes leurs parties essentielles : le tableau
fidèle que nous en retracerons sera la contre-épreuve
de notre théorie générale pour quiconque voudrait la
mettre en doute. Car si ces gouvernements admettent les
conséquences de ce principe, il est clair qu'ils basent

leur conduite sur le principe dont elles sortent. — Nous considérerons ces conséquences après avoir dit un mot du principe moral qui était l'âme de la société catholique.

§ IV

COUP D'ŒIL SUR LE PRINCIPE MORAL DE LA SOCIÉTÉ CATHOLIQUE

SOMMAIRE : — 576. Formule et base de ce principe. — 577. L'homme dépendant en raison de la création. — 578. En raison de sa corruption. — 579. En raison de son intérêt. — 580. Comparaison des deux principes des deux sociétés. — 581. Manquer de logique, c'est rétrograder. — 582. Et sans logique il n'y a pas de tranquillité sociale possible.

576. — Le principe catholique attaqué par la Réforme est diamétralement opposé au principe protestant : « La raison est dépendante par nature » disent les catholiques. Et pour établir cette vérité ils s'appuient principalement sur la création et sur la corruption de la nature humaine.

577. — L'homme a été créé par Dieu pour une fin que connaît parfaitement sa sagesse infinie. Et comme cette sagesse ne va point sans une égale bonté, Dieu ne peut avoir donné à l'homme une fin, un terme où il ne trouverait point son repos. Un terme de mouvement sans repos serait une contradiction; ce serait le repos sans le repos. En effet, qui dit repos dit satisfaction des tendances d'un être. Donc si ces tendances n'étaient point satisfaites, cet être ne s'arrêterait point au terme supposé; et Dieu lui-même aurait voulu à la fois le oui

et le non ; le oui, donnant à une nature des tendances destinées à s'arrêter à tel terme, le non, puisque ces tendances non satisfaites pousseraient cette nature à rechercher son repos au-delà de ce terme. Donc, repos, satisfaction, félicité se trouvent nécessairement et précisément dans l'objet vers lequel nous dirige finalement la sagesse du Créateur. — Voilà pourquoi l'homme raisonnable, soucieux de savoir ce qu'il doit faire, afin d'arriver au bonheur, ne doit tenir compte ni de la douleur ni du plaisir, s'il a d'autres moyens sûrs de connaître la volonté de Dieu : car Dieu connaît et veut notre bonheur et notre repos avec une sagesse et une bonté infiniment supérieures à notre prudence personnelle.

Voilà donc, au point de vue moral, la différence absolue entre les deux principes dont nous parlons. Le protestant ne consulte que sa raison indépendante ; sa première règle de conduite est celle-ci : « Telle action m'est agréable, donc elle est voulue de Dieu. » Au contraire le catholique, convaincu que sa raison est dépendante de l'Église, organe et interprète de la volonté divine, prend pour règle de conduite cet adage : « Telle action m'est montrée par la révélation comme conforme à la volonté de Dieu ; donc elle me conduira infailliblement au bonheur. »

578. — Ce principe est très certain même en ne considérant que la nature humaine créée de Dieu. Mais il est deux fois évident pour quiconque l'étudie dans son état de corruption. Dans cet état, en effet, non seulement nous pouvons soupçonner que le sentiment est

trompeur, nous savons encore par la foi que c'est un juge corrompu...; que l'intelligence est obscurcie et que la volonté blessée a perdu de sa droiture. Quelle raison par conséquent de conformer nos jugements aux jugements de l'intelligence et de la justice divine! Devant un tribunal vous pouvez toujours avoir un doute sur l'issue d'un procès, parce que les témoins ou les juges ne seront peut-être pas fidèles à leur conscience. Dans une observation astronomique faite avec un télescope nouveau, vous pouvez douter de l'exactitude de votre instrument. Aussi prenez-vous tous les moyens de réussir et dans votre cause et dans vos observations. Que feriez-vous donc si vous saviez non seulement que le juge peut être corrompu et le télescope inexact, mais encore que cet instrument a été faussé et le juge gagné par votre adversaire?

579. — Eh bien! c'est là précisément le cas de tout catholique. Il se sait faillible par nature; et de plus la révélation lui enseigne qu'il a été corrompu par le péché. — Mais il sait aussi qu'il peut redresser par les jugements de Dieu sa tendance au bonheur et ses jugements touchant à l'objet de cette tendance : Ne doit-il pas, je vous le demande, être heureux de se soumettre à un tel guide? La dépendance est alors pour lui plus qu'un devoir; elle est un bienfait; il en fait le principe infaillible de sa conduite, certain qu'il atteindra ainsi le vrai bonheur.

580. — De là une différence et même une opposition essentielle entre la marche logique de la société catholique et la marche de la société protestante... Tandis

que celle-ci prend pour objectif le plaisir ou l'intérêt qui le procure, celle-là choisit pour sa fin la justice, source de la paix... Une assemblée délibérante, catholique en majorité, dirigera ses conseils et ses décisions au triomphe de ce qui est juste avec la certitude d'obtenir par là l'ordre et la tranquillité, tandis qu'un corps délibérant inspiré par le principe de la réforme visera à l'intérêt et s'imaginera qu'il satisfait à la justice lorsqu'il assure les intérêts du plus grand nombre... Ce principe, en législation, est en effet si généralement admis dans les sociétés modernes que ce serait enfoncer une porte ouverte que d'en démontrer l'influence prédominante. Sans doute, soit honnêteté, soit réminiscence catholique, d'aucuns auront encore sur les lèvres l'antique formule : « La loi suprême c'est la justice... Mais insistez et demandez ce que c'est que la justice : et vous verrez combien et combien vous répondront : « La justice? Mais c'est l'utilité du plus grand nombre. » De sorte que, dans les sociétés modernes, la différence entre les bons et les méchants consiste en ceci : « que le méchant ne veut le plaisir que pour lui seul et que l'honnête homme le veut pour le plus grand nombre. » — Dans une société catholique, au contraire, l'on ne demande point d'abord : « Ce projet, cette loi tourneront-ils à l'avantage d'un ou de plusieurs; mais bien sont-ils conformes aux ordres ou aux conseils de cette volonté qui a créé et régénéré la nature humaine?»—Selon l'esprit de la réforme, l'individu et la société prennent pour règle ce qu'ils sentent, selon l'esprit catholique ce qu'ils connaissent.

Dans le premier cas tout est essentiellement humain, subjectif, psychologique; dans le second tout est d'ordre divin, objectif et conforme aux principes éternels.

Voilà, en peu de mots, la grande différence de principes dans ces sociétés que l'on désigne aujourd'hui de ces deux noms diamétralement opposés : société du progrès, société rétrograde.

581. — Il est vrai; ce sont là deux titres souvent mal compris même par certains catholiques plus honnêtes qu'éclairés.

Ils s'offensent parfois d'être appelés rétrogrades : et pour adoucir leurs adversaires, ils font à leurs principes certaines concessions, espérant par là les gagner sans perdre eux-mêmes la foi. Ici, ils abolissent des privilèges, là ils font des conventions; aujourd'hui ils laïcisent la justice, demain ce sera l'enseignement. Et les voilà qui se vantent d'être en progrès, de seconder le siècle; mais à la condition toutefois de sauvegarder le catholicisme. — Pauvres esprits simples et abusés! Ne voyez-vous donc pas que ce qui vous mérite le titre de rétrogrades, c'est de vouloir conserver le catholicisme? — Que veut dire rétrograder et. progresser? Celui-là progresse qui, un pied fermement appuyé sur le sol, avance l'autre pied vers le terme de sa course; et celui-là rétrograde qui porte le pied en arrière.

Or, vous vous dites catholique de principes (et vous le savez bien, les principes sont le seul terrain solide d'où part un bon raisonnement): vous visez donc le but que doit toujours se proposer un catholique — c'est-à-dire le bonheur promis par la religion révélée... Puis voilà que, faisant un pas dans votre discours, vous le faites en admettant une conséquence opposée au but visé par vous? Vous le voyez bien, vous reculez; vous êtes rétrograde. Et c'est ici qu'éclate cette perpétuelle contradiction des gouvernements même catholiques, mais infectés du venin protestant : Ils sont vraiment rétrogrades pour toutes les opinions : rétrogrades pour les catholiques; car de temps en temps ils protestent avec les réformés; rétrogrades pour les réformés; car ils ne vont pas jusqu'au bout de leurs protestations.

582. — De là encore le perpétuel malaise de ces gouvernements pleins de contradictions. Ils sont combattus avec une égale raison et par les catholiques, parce qu'ils ne se soumettent qu'en partie à l'Église, et par les mécréants parce qu'ils ne rejettent pas toute croyance. — Quand verra-t-on les individus et les sociétés déployer franchement leur bannière et s'avancer avec loyauté vers le but qu'appelle leur principe respectif? Quand verra-t-on tous les peuples devenir ainsi rigoureusement progressistes, les catholiques selon le principe catholique, et les dissidents selon le principe d'une indépendance absolue?

583. — Quand? — Je ne le sais point.

Mais ce que je sais bien, c'est que le principe catholique élèverait une nation au sommet de la grandeur, puisque ce principe transporte l'homme dans un ordre divin, tandis que le principe protestant conduira les peuples à un abîme de misères; car il prend pour guide non point l'état primitif de l'homme, il n'existe plus, mais cette nature humaine corrompue qui entraîne à tous les maux... Nous avons déjà montré l'évidence de cette vérité dans ce que nous venons de dire. Elle nous apparaîtra plus claire encore, si nous examinons dans le chapitre suivant et la fin des deux sociétés et le moyen dont elles se servent afin de l'atteindre.

CHAPITRE V

La félicité sociale.

§ I

LA FIN : LA FÉLICITÉ MATÉRIELLE (1)

SOMMAIRE : — 584. On doit pouvoir trouver un gouvernement qui rende heureux. — 585. Prétention raisonnable chez les catholiques. — 586. Déraisonnable chez les mécréants. — 587. Ils demandent ce bonheur à la nature. — 588. Mais en vain. — 589. D'où naît en droit une agitation sans fin. — 590. Les faits le prouvent. — 591. Le mouvement progressif est propre à tout gouvernement. — 592. Mais dans le catholicisme ce mouvement résulte de deux principes. — 593. Il est tempéré. — 594. Et fortifié par la religion. — 595. Dans le Protestantisme il sort d'un seul principe. — 596. Et du principe le plus matériel et le plus grossier.

584. — Tous nous avons droit à la jouissance et tous le droit d'y tendre efficacement, puisque la nature nous pousse vers ce but par nos affections ; tel est, cher lecteur, le principe pratique des philosophes et publicistes modernes ; ils le regardent comme un dogme et ils en ont pénétré les sociétés de notre temps. Mais, vous le comprenez, l'esprit qui admet ce principe ne s'en tient pas là. Il en tire, comme de sa source naturelle, ce sentiment aussi faux en soi qu'il est séduisant dans sa forme, à savoir : « qu'il doit se rencontrer ici-bas un mode de gouvernement où l'homme obtiendra,

(1) Voir Essai théorique, t. I, c. 2, et t. III, c. 1 et suivants.

par les seules forces de sa nature, une félicité toujours progressive et presque infinie. » Dans le catholicisme ce sentiment pourrait avoir sa réalité dans une certaine mesure. Car c'est un principe incontestable : « Dieu ne hait point ce qu'il a fait ; par conséquent Il nous veut tous heureux et, par suite, les moyens mis par le Créateur à notre disposition, et le gouvernement social en est un, sont capables de nous procurer le bonheur. Catholiques et incrédules admettent tous ce raisonnement… Mais les premiers, éclairés par la foi, ne manquent point d'ajouter : « La nature corrompue est aveugle ; elle ne peut connaître le chemin du bonheur ; elle est faible, elle ne peut le fournir par ses seules forces… D'où il suit que quelque félicité que l'on espère ici-bas, toujours imparfaite d'ailleurs, puisque nous sommes faits pour le ciel, celle-ci dépendra nécessairement de l'ordre restauré par Jésus-Christ et ne pourra se conquérir que par la croix. » C'est cette croix en effet qui illuminera l'intelligence et lui fera dire avec l'Évangile : « Oui, bienheureux les pauvres, bienheureux les humbles, bienheureux ceux qui sont doux et qui sont persécutés ; et c'est elle qui fortifiera le cœur par la prière, les sacrements et les autres moyens surnaturels que nous offre la Révélation. Si, croyant fermement cette vérité, malgré des apparences contraires, nous usions de ces moyens avec confiance et si nous en faisions toutes les applications légitimes, non seulement à l'individu mais encore à la société, il n'y a point de doute, la félicité individuelle et sociale atteindrait son plus haut degré possible sur la terre. »

585. — Ainsi pense, ainsi parle le catholique tantôt avec ses amis, avec sa femme et ses enfants, tantôt au Parlement avec les représentants de la nation, lorsqu'il y discute des intérêts de l'État. Bien plus, sans remonter au Moyen-âge, ne voyons-nous pas, de nos jours, dans les cantons catholiques, les députés se réunir dans un sanctuaire de N.-D., commencer leurs délibérations par un grand signe de croix, par un « Loué soit Jésus-Christ », et placer au premier rang des intérêts nationaux la défense de leur foi? Je ne prétends point affirmer que tout catholique ait toujours, dans les affaires d'État, suivi le principe catholique ; je dis seulement que, publiquement du moins, chacun des catholiques regarde le principe en question comme la règle suprême du gouvernement aussi bien que des individus.

586. — Eh bien ! osez proposer la reconnaissance de ces principes aux assemblées des États modernisés. Vous verrez quels éclats de rire vous provoquerez sur les bancs des députés et dans toutes les tribunes. — En Angleterre, il a été possible jusqu'ici de défendre l'entrée du Parlement à un Juif... Pourquoi ? Parce que, comme je vous l'ai expliqué, avec l'illustre Brownson, chez les protestants c'est une habitude et même une nécessité de s'arrêter à moitié chemin d'un raisonnement. Mais pour des catholiques, la contradiction saute aux yeux. Voilà pourquoi, en Italie, après avoir écrit en tête de la constitution « que l'État est catholique », on ne voudrait jamais interdire l'entrée du Parlement à un député juif.... Et dans une assemblée dont la porte

n'est fermée ni aux Juifs ni aux mécréants, il serait souverainement ridicule que le président ouvrît les discussions par un signe de croix, par un « Loué soit Jésus-Christ », et qu'il se fît le défenseur du dogme des Béatitudes et du devoir pascal imposé à tous. Non ; la chose ne serait pas moins ridicule que ne l'est dans un discours une contradiction flagrante. Et quoi de plus contradictoire que d'inviter un Juif à confesser par un signe de croix la doctrine évangélique ?

587. — Le lecteur le voit donc bien : notre tendance à la félicité pousse les esprits et les parlements modernes, et cela en raison de leur naturalisme, à de tout autres conclusions : Dieu, disent-ils, nous a créés pour le bonheur et nous a donné les moyens de l'atteindre ; donc, en suivant la nature, nous trouverons un gouvernement qui nous rendra heureux, sans qu'il soit besoin de renier les instincts d'une nature qui nous appelle à jouir : cherchons donc ; tentons toutes les voies ; finalement nous devrons arriver.

588. — Cher lecteur, vous êtes loyal. Eh bien ! interrogez votre conscience, pour peu qu'elle soit entr'ouverte aux idées modernes ; interrogez le cœur de ces hommes qui, depuis Condorcet jusqu'à Louis Blanc, ont semé dans les foules les promesses de régénération et de bonheur et vous verrez qu'au fond il y a toujours liée à ce désir du bonheur l'idée qu'on finira par l'obtenir, grâce aux moyens nouveaux fournis par la nature. — C'est là précisément le point d'appui de tous ces grands prometteurs de réformes, lorsqu'ils veulent soulever les masses et faire passer en elles leur

esprit de murmure et de rébellion... Et ce point d'appui, ils l'auront tant que les peuples sentiront dans le gouvernement un vice quelconque, tant qu'égarés par le naturalisme ils croiront que nous avons le droit, le devoir et les moyens de nous rendre heureux ici-bas.

589. — Je le sais : une fois en possession d'un portefeuille ou d'une charge lucrative, les amateurs des idées modernes trouvent qu'il serait temps de s'arrêter et que le rêve d'une félicité sans borne est un rêve d'insensés. Mais ceux qui jouissent sont le petit nombre ; et leur satisfaction ne fait point contrepoids aux souffrances de la foule :... Elle ne change point la logique dans les cerveaux ; la multitude continue à sentir ses besoins et à espérer de la nature et des moyens nouveaux un meilleur avenir.

Or, dites-moi : croyez-vous que le peuple l'espérera toujours, sans tenter jamais de l'obtenir ? Ce serait folie. Laissez-donc au catholique cette stupide indifférence qui le rend capable de supporter en esclave le fouet d'un tyran ; les hommes nouveaux, d'autres Caton et d'autres Brutus, sauront bien mourir, mais servir, jamais ! — Et, en vérité, ils ont raison (que Dieu me permette de le dire) si l'on admet leur principe. Car alors la nature me donne le droit, m'impose le devoir, m'inspire le désir et me fournit les moyens de me rendre heureux et avec moi tous mes concitoyens... Et l'on veut que, dans cette hypothèse, je m'arrête à moitié chemin ? qu'après avoir brisé le joug d'une Église que je regardais comme divine, de princes que j'aimais comme des pères, j'adore avec respect une

idole d'argile formée de mes mains et tirée par moi de
la boue à la condition expresse qu'elle me procure le
bonheur ?

590. — Ce raisonnement, cher lecteur, n'est pas
seulement d'une logique irréfutable ; il est à la fois
d'une vérité historique évidente. Car quelle est celle
des sociétés modernes où ne règne pas avec un perpétuel mécontentement une agitation continue ? Et ne
va-t-on pas jusqu'à regarder cette agitation comme un
élément nécessaire à la conservation et au progrès des
gouvernements ?

591. — Ici mettons-nous en garde contre une confusion : les gouvernements catholiques sont eux-
mêmes excités sans cesse à de nouveaux progrès et par
les besoins continuels du peuple et par la voix de l'É-
glise leur rappelant leur rigoureux devoir: « Soyez les
ministres de Dieu pour le bien des peuples : « Dei enim
minister est in bonum ».

La différence entre un régime catholique et un régime
moderne ne consiste donc pas dans l'obligation de tendre au progrès. Elle est commune à l'un et à l'autre ;
mais dans le juge, dans le moyen et dans la fin de cette
obligation... Pour un gouvernement catholique, la fin
c'est la justice, le juge ou la règle de la justice, c'est la
révélation ; son interprète ou son moyen, c'est l'autorité. Pour un gouvernement soi-disant réformateur, la
fin c'est la jouissance du plus grand nombre; le juge
de cette jouissance, c'est la multitude, et le ministre ou
l'instrument de cette multitude, c'est le pouvoir. Ces
deux régimes sont donc progressifs — mais chacun à

sa manière et conformément à son principe propre; la société catholique est stimulée à progresser en justice par l'autorité dont elle dépend; et la société protestante poussée à la jouissance la plus étendue possible par la multitude des individus indépendants et juges légitimes de leur bien-être ou de leur malaise.

592. — Autre différence très importante à noter entre la société de l'Homme-Dieu et la société de l'homme de la nature.

L'Homme-Dieu a, dans un sens véritable, divinisé la raison par la foi, la volonté humaine par la grâce; il a obligé notre nature ainsi régénérée à suivre dans ses actions et dans sa vie les mouvements du Saint-Esprit... Mais en même temps qu'il lui conférait cette noblesse céleste, il connaissait à fond et la force et l'infirmité de cette nature avec laquelle il formait la société nouvelle... Il savait combien il lui restait d'aveuglement et de faiblesse native. Que fit-il?— Au lieu de faire disparaître ces défauts, il les lui laissa, résolu à s'en servir, comme d'un éperon afin de réveiller supérieurs et gouvernants s'ils venaient à s'endormir. Voilà pourquoi la plainte du malaise et du mécontentement se fait entendre aussi dans la société catholique; mais elle y est contenue, dans le cœur du peuple, par l'idée du devoir. Et non seulement ce sentiment modère son impétuosité; il le rend encore plus disposé à reconnaître et à rejeter ses erreurs... Ainsi la sagesse infinie a établi et combiné merveilleusement, dans la société catholique, ces deux éléments de conservation et de progrès: D'un côté les chefs et les gouvernants, grâce à une vie commode, se laisseraient facilement aller aux douceurs du repos; ils sont continuellement stimulés par la conscience du devoir à travailler au progrès de la société; d'un autre côté, la souffrance et le mécontentement porteraient les multitudes à s'agiter; elles sont arrêtées par le devoir de l'obéissance et de la patience.

593. — Et maintenant que sortira-t-il de cette combinaison? Il en sortira naturellement une sorte de compensation réciproque et d'équilibre, qualité qui, comme on le sait, donne à tous les mécanismes leur dernier trait de perfection. Malgré ses perpétuelles oscillations, la société catholique sera ramenée perpétuellement à un progrès modéré mais constant. Que, dans son sein, monte ou décline l'action d'une des deux forces dont nous avons parlé, toujours il y aura quelqu'un d'intéressé soit à corriger le défaut soit à retrancher l'excès. Par exemple qu'un peuple catholique se soit élevé, dans son ensemble, à une très haute idée morale, et qu'il se sente vivement porté à obéir par la voix de sa conscience? Il pourra se faire que la volonté de pousser ce peuple au progrès languisse un peu chez les chefs : ils prendront son obéissance pour le calme d'un homme qui jouit d'un bien longtemps désiré...; mais cela ne durera point... Parce que si la conscience porte le peuple à réprimer sa langue et son bras, elle a acquis une force équivalente dans le cœur des détenteurs de l'autorité. Elle rappelle à ceux-ci la gravité de leur devoir et elle inspire à ceux-là quelques-unes de ces remontrances qui ont souvent excité l'étonnement, mais aussi fait la consolation des princes les plus absolus.

Supposons dans un peuple un état tout opposé; c'est-à-dire la voix de la conscience affaiblie, ses plaintes plus audacieuses, la rébellion plus menaçante, enfin les chefs eux-mêmes moins courageux. Alors, dans une heure de crise, le sentiment de l'intérêt faisant contre-poids avec toutes les forces des institutions matérielles arrêtera ou du moins modérera la poussée violente des multitudes.

594. — Du reste comment quelques milliers de chefs supérieurs et inférieurs pourraient-ils lutter avec avantage contre vingt à trente millions de sujets intéressés à secouer le joug? La chose n'est pas possible. Les gouvernants comprendront donc que le premier de tous les intérêts aussi bien pour les supérieurs que pour les sujets, c'est la rectitude de la conscience publique et sans différer ils prendront des moyens efficaces pour lui rendre toute son autorité... Le choix de ces moyens dans une nation catholique ne peut être douteux : et nous avons vu de nos jours la conscience catholique assassinée par un peuple sans Dieu, se redresser comme un spectre même au milieu d'un désordre d'enfer — puis rappeler le cri d'épouvante d'un Robespierre et proclamer qu'il existe un Être suprême (1848).

Aussi pouvons-nous mieux augurer aujourd'hui de la société européenne, car elle revient à la notion non seulement abstraite et vague, mais réelle et pratique de la conscience et de la divinité. Elle ouvre de nouveau les yeux à la révélation... elle ranime dans son sein les institutions chrétiennes; elle nous montre de tous côtés et les princes et les peuples revenant à Dieu, les premiers en renonçant à des droits usurpés, les seconds en espérant que désormais la conscience des chefs se laissera guider par la foi et par l'Église. Retour inespéré et vraiment prodigieux, qu'un catholique attribuera toujours avec raison à la grâce surnaturelle, mais dans lequel un philosophe politique ne pourra s'empêcher au moins d'admirer avec quelle harmonie la sagesse divine a organisé et subordonné toutes les parties de la société chrétienne.

595. — Eh bien! savez-vous ce que la Réforme a retenu de cet ordre et de cette harmonie? — Ce qu'il y a de bas et de matériel, l'instinct du plaisir, délivré de la raison et de la foi. « Aussi ce lien une fois rompu » elle a créé sans peine ce chaos si bien décrit dans les métamorphoses d'Ovide et si bien représenté par les deux parties essentielles de tout gouvernement constitutionnel, d'un côté le gouvernement qui par droit et par intérêt veut conserver le repos et les avantages dont il jouit, et de l'autre une bande de chiens déchaînés et affamés auxquels il répète d'un ton d'oracle : votre droit c'est votre faim. Et à la vue de ce pouvoir qui se défend contre des dogues furieux et de ces dogues qui dépècent à belles dents le pouvoir, la stupide Réforme se rengorge et se pavane avec orgueil, répétant gravement sa sentence : « Nous avons résolu le grand problème; nous avons indissolublement uni le principe de l'agitation et le principe de la conservation; l'agitation, c'est le peuple, la conservation, c'est le gouvernement.

596. — Solution étonnante en vérité, ou plutôt monstrueuse, comme l'expérience l'a prouvé si souvent !...

Solution qui a enlevé à l'homme sa dignité naturelle et surnaturelle, la lumière de la raison et de la foi, et lui a donné pour guide l'appétit et la sensibilité.

§ II

LE MOYEN : L'INDÉPENDANCE SUBSTITUÉE A LA CONSCIENCE

SOMMAIRE : — 597. Les gens honnêtes.— 598. Ne peuvent résister à l'influence de ce principe. — 599. Soutenu par la majorité. — 600. Si bien que l'on ne peut compter sur la conscience du gouvernement. — 601. Bien plus, qu'on doit le regarder comme un ennemi. — 602. Les gouvernements modernes en lutte civile perpétuelle. — 603. Et cela en raison même du principe protestant.

597. — Mais, je me ravise : le lecteur va peut-être me trouver trop sévère?— Eh quoi? se dira-t-il, voilà un homme qui croit que, dans la société moderne, nous n'avons plus de conscience? Accusation injuste : la conscience et l'honnêteté sont si bien notre lot qu'en tête de nos constitutions nous avons toujours placé « la liberté de conscience ».

598.—Cela, cher lecteur, je ne l'ignore point. Vous avez encore dans la société moderne des gens honnêtes, et sans rechercher ici comment ils s'accordent avec la logique, je respecte cette probité d'une conscience que Tertullien appelait « naturellement chrétienne ». Mais, je vous en prie, remarquez que nous ne traitons pas ici de la conscience individuelle : mais de la conscience sociale, c'est-à-dire de celle d'une assemblée délibérante et d'une société gouvernée.—Or pour qu'une telle conscience dirige la société au bien honnête, il y faut deux conditions : 1° que la majorité des députés et même des électeurs se compose d'hommes honnêtes et vertueux. Et, dit Balbo, ceux-là sont toujours en petit nombre, tandis que leurs adversaires sont, au témoignage même de l'Écriture, la foule presque infinie : « Stultorum infinitus est numerus ; » 2° que la notion de l'honnêteté soit la même chez tous ces hommes et qu'ils n'aient point de doute sur cette conformité de pensée... Alors en effet l'assemblée délibérante pourra faire des lois honnêtes et les sujets croire à cette honnêteté.

Mais ne l'oublions pas : une telle unité d'idée et de conscience est une chimère dans les sociétés modernes, une utopie de quelques naïfs, puisque tout individu reste le juge absolu de ce qu'on entend par ces mots : « droit, devoir, probité, justice, vertu »... vice, etc., etc. — Rappelons-nous que ce juge use le plus facilement du monde du droit qu'on lui octroie de penser à sa guise ; et que plus d'une fois l'on a vu d'un côté l'Episcopat et le Pape réunis en Concile prohiber telle action comme mauvaise, tandis qu'un Parlement catholique avec ses deux Chambres et les ministres proclamaient que cette même action était un devoir. Considérons donc la société moderne avec la plénitude de sa liberté vraie et concrète ; ne la voyons pas comme une société de roman, où l'on assemble des êtres libres mais tous semblables et des multitudes qui se lancent à la recherche du plaisir avec la sobriété d'un anachorète. Ce sont là des utopies et de lamentables souvenirs d'un catholicisme disparu... Elles n'ont rien à voir avec la société moderne. Car ici chacun des sujets doit se dire : « Tout législateur pense d'abord à ses intérêts, et il a raison ; » donc aussi le plus grand nombre de ces législateurs... comme nous l'avons prouvé dans le chapitre précédent.

599. — Peu de conscience dans la plupart des gouvernants ; très peu, pour ne pas dire point de confiance dans la probité d'autrui,... tel est donc le nécessaire phénomène que présentent les peuples imbus des principes modernes.

Et Dieu veuille qu'il vous fût possible de me contredire, et que les partisans de ces principes tournassent moins souvent en ridicule la simplicité de ces hommes d'un autre âge, assez naïfs pour confier leurs droits et leurs intérêts à la conscience de leurs chefs ! — Car, vous ne l'ignorez pas, cher lecteur, la raison qui, selon les philosophes et les publicistes nouveaux, nécessite aujourd'hui les constitutions représentatives, c'est qu'on ne peut plus se fier à la conscience des gouvernants ; d'où beaucoup d'autres nécessités, celle de la division et du contraste des pouvoirs, celle d'élections générales et souvent répétées, celle d'une presse libre de tout dire, d'un jury qui défende les citoyens contre les magistrats, d'une garde nationale qui vous défende contre l'armée, et enfin celle d'un contrôle perpétuel et public de l'administration et des gouvernements.

« Régime représentatif, dit-on, régime qui pour la garantie des droits et en particulier du droit de propriété vaut mieux qu'un gouvernement absolu même paternel... Et pourquoi ? « Parce que la puissance absolue de l'autorité sera toujours la puissance de l'arbitraire. » « Si bien que l'on déclare cette puissance absolue impossible même dans des États gouvernés par les plus saints pontifes. » — Or, l'on devrait y réfléchir : cette sentence est une épée à deux tranchants : sans doute elle tue les gouvernements paternels, mais elle tue du même coup les régimes constitutionnels. En voici la preuve. L'autorité est toujours une, même dans les États constitutionnels; et elle est toujours toute puissante, puisqu'elle a le devoir d'empêcher tous les désordres dans tous les citoyens. « Si donc la toute-puissance de l'autorité est essentiellement la toute-puissance de l'arbitraire », on voit qu'un régime constitutionnel peut toujours être arbitraire et malmener ses sujets, — témoin le despotisme du Parlement britannique contre les Irlandais; celui du Parlement français contre les instituts religieux, celui du Parlement de Piémont contre les Servites et les archevêques, etc... Mais assez sur cette matière que nous traiterons plus longuement.

La masse des institutions politiques modernes s'appuie donc sur ce grand principe, à savoir : que les gouvernants doivent se supposer sans conscience; et cet adage est la juste conséquence de cet autre axiome d'ordre moral. « Tout homme doit se procurer des jouissances. » Avec cela que m'importe de savoir ce qui fait le bonheur de tel ou tel ministre, de tel député, de tel juge ? Comment les uns et les autres entendent le devoir de la conscience, les textes de l'Écriture, les décrets de l'Église? Ce que je sais de certain, c'est qu'ils cherchent à jouir ; puisque la nature les y porte, les y obligo et leur vient en aide pour cela. — Donc dans le doute jo dois prendre mes précautions et me mettre en sûreté.

600. — Que dis-je dans le doute ? Ce serait supposer les sujets bien modérés dans leurs jugements. Les idées de la société moderne les forcent, non pas simplement à tenir pour suspects leurs gouvernants, mais à les regarder comme des ennemis. C'est la remarque du célèbre Spedalieri, homme sincère et l'un de ces catholiques qui, pour combattre les sophismes protestants, crurent avoir fait merveille d'accepter leur principe. Il donne en effet comme un fait indéniable (1) que le peuple se souvenant toujours des droits qui lui ont été ravis par ses chefs, par le prince, est avec eux en perpétuelle hostilité.

601. — Cette assertion est fausse si on l'entend d'une société vraiment naturelle et à plus forte raison catholique; et Gioberti confesse lui-même qu'elle est démentie et par la théorie, et par les faits. — Mais s'il s'agit de la société moderne, elle est vraie en droit comme en fait.

En fait l'expérience vous montre que l'opposition est un élément essentiel des gouvernements représentatifs et qu'ils sont toujours sur le qui-vive pour en arrêter les explosions, pour en dévoiler les ruses, pour en condamner les abus, en un mot pour employer tous ces moyens compris sous le nom de tactique parlementaire. En droit, la théorie vous prouve que les choses

(1) Des droits de l'homme, liv. I, c. I, § 16.

ne peuvent pas aller autrement. Car la majorité opposée au ministère se compose de tous les partis qui ensemble sont toujours très nombreux : ils ont des intérêts différents de ceux du ministère et par suite ils doivent le traiter en ennemi. A moins que celui-ci ne trouve le moyen de les acheter ou qu'étant trop faibles ces partis n'aient avantage à le maintenir au timon des affaires.

602. — Voilà la situation respective de ces deux personnes sociales, le gouvernement et la multitude, chez les nations modernisées. Et je ne vous trompais point en affirmant que le peuple, grâce à la doctrine protestante de l'intérêt et du naturalisme, devait non seulement douter de la conscience de ses chefs — mais encore présumer en eux l'hostilité. Tel est en réalité l'abîme où l'esprit de la Réforme a jeté la société. — Or, comprenez-vous bien à quel état de dégradation et d'impuissance en est venue par là cette création de la société naturelle divinement ennoblie par l'idée chrétienne ? Ce n'est plus qu'un troupeau de bêtes féroces prêtes à se déchirer mutuellement, puisque la plus cruelle de toutes les bêtes féroces, c'est l'homme sans foi et sans morale, — l'homme qui ne se sert plus du flambeau de sa raison que pour mieux connaître son ennemi, que pour inventer des armes plus meurtrières et pousser toutes les haines à la vengance.

603. — Et maintenant, je vous le demande, que peut faire la nature dans cette société dégradée, pour y produire l'unité, la concorde, l'obéissance? Des deux grands mobiles qui poussent l'homme à agir, le droit et

l'intérêt, il ne lui en reste plus qu'un, le plus bas, celui qui est la source de tous les désordres. Ce mobile de l'intérêt sème la zizanie dans les familles, il cherche à tuer le catholicisme dans le monde... Et c'est lui qui est pris comme principe de l'union sociale par l'esprit moderne ! et il y a des hommes qui espèrent que ce principe aveugle et brutal produira le phénomène merveilleux d'ordre moral qu'on appelle une société bien ordonnée ! On élimine de l'humanité son principe spécifique, la raison, et avec la raison la conscience, le droit reconnu par tous, l'autorité bienfaisante de sa nature, le devoir inviolable pour chacun... Puis de ce cadavre l'on veut faire sortir le progrès !

§ III

CONCLUSION

Sommaire. — 604. Les constitutionnels exclusifs. — 605. Ne peuvent nier nos théories. — 606. Conclusion : elles ont les titres les plus solides au respect des Italiens.

604. — Nous venons de toucher ici l'une des plaies les plus mortelles des gouvernements représentatifs modernes.

Laissez-moi, pour finir, rappeler à votre raison impartiale les mesquines visées, les venimeuses invectives de ceux qui depuis tant d'années torturent les nations européennes par des essais de gouvernement aussi féconds en promesses que stériles en résultats, mais qui ne pourront nous faire partager leur stupide admiration. Ils nous accusent constamment d'obscurantisme et de servilité ! — Venez donc avec votre « charte modèle », idéal platonique d'un peuple bien gouverné, puis la jetant à la face de la féconde nature, convainquez-la de stérilité, et annoncez-lui que jamais plus elle ne produira de société si elle ne consent à admettre vos statuts, la division de vos trois pouvoirs, un Roi qui règne et ne gouverne pas, des sujets qui sont à la fois le souverain, un droit de vote qui n'empêche rien, des représentants qui ne représentent pas... Oui, venez — et dites-nous franchement laquelle, selon vos principes, vous pouvez nier des propositions suivantes, de ces propositions anti-catholiques qui, aux yeux des fidèles, sont la condamnation de vos constitutions modernes. Voici ces propositions :

605. — La pensée (raison) humaine est naturellement indépendante de toute autorité sur la terre.

Indépendante, elle doit se guider d'après le sentiment de sa nature.

La nature tend au bonheur, lequel consiste dans le plaisir et la jouissance.

Pour parvenir à cette fin, elle a le droit et le devoir d'user de ses forces.

Ce n'est que pour cette fin qu'elle est entrée en société et qu'elle en élit les chefs..

Si ces chefs ne rendent pas les sujets heureux, ceux-ci ont donc le droit de les déposer.

Mais ces chefs doivent rechercher pour eux-mêmes et se procurer leur propre intérêt, c'est-à-dire le plaisir et la jouissance.

Le plaisir ou l'intérêt des chefs n'est pas le plaisir ou l'intérêt des sujets. Et par conséquent les sujets doivent envier et convoiter le bonheur des chefs...

Donc la société n'est rien autre chose qu'une lutte et un antagonisme perpétuel de deux intérêts ; l'intérêt de celui qui jouit combattu par l'intérêt de celui qui veut jouir — et conséquemment, comme le dit Helvétius : « L'art de gouverner consiste à faire passer l'instrument de la jouissance, l'argent, de la bourse des sujets dans le coffre-fort des gouvernants. »

Oui, que les partisans des constitutions modernes réfutent l'une quelconque de ces propositions, dans le même sens que nous l'avons développée. Alors ils pourront dire que l'aversion des plus grands penseurs catholiques pour leur système accuse des sentiments bas et serviles, une grande insouciance des intérêts populaires, une conspiration enfin du trône et de l'autel:

606. — Que s'ils n'aiment pas le nombre et l'enchaînement de ces douze propositions, qu'ils prennent les trois suivantes et nous démontrent la contradiction de l'une d'entre elles : 1° La conscience est par nature le principal moteur de la société dans un gouvernement. — 2° Le protestantisme, en raison de son indépendance intellectuelle et morale, rend impossible l'unité publique de la conscience sociale. — 3° Enfin les États modernes adoptent cette double indépendance du protestantisme avec la liberté d'en faire connaître publiquement les pensées et les manifestations...

Donc...

607. — Encore une fois que l'on nous démontre la

fausseté d'une de ces propositions qui sont la condamnation évidente des constitutions modernes... Alors du moins l'on paraîtra de bonne foi, lorsqu'on nous accusera de haïr la libéralité des princes et le bonheur des peuples. Mais jusqu'à ce qu'on nous réfute, nous continuerons de parler et les Italiens d'écouter.

Ce cher peuple italien... Un torrent de calomnies et de blasphèmes lancés, sous l'égide des gouvernements modernes, contre le catholicisme n'ont pu le détacher de la foi de ses aïeux... Elle est trop vivace dans son cœur : on a tiré de ses yeux des ruisseaux de larmes, de ses veines des flots de sang : son catholicisme en a été ravivé. Peuple de vrais frères dans le commun amour de Dieu; peuple vraiment associé parce que sa conscience publique s'inspire d'une même foi et d'une même loi. Non, jamais ce peuple ne taxera de vile adulation l'enseignement de ceux qui, pauvres comme Jésus-Christ ici-bas, sans rechercher ni porte-feuille ni rentes, sans rien attendre soit des princes, soit de la multitude, lui rappellent franchement les vérités catholiques et tiennent pour inviolable tout gouvernement légitime, quel que soit sa forme.

Nous osons même espérer davantage. Avec des preuves irréfutables et l'histoire à la main, nous pouvons montrer que le souffle protestant a jeté dans tous les gouvernements même légitimes, qui l'ont reçu, un élément de dissolution tel que du peuple le plus prospère il fera un peuple faible, accablé de misères, un peuple demandant tout aux forces naturelles mais marchant de révolutions en révolutions à la poursuite d'un idéal irréalisable... celui d'un gouvernement parfait qui rende tout le monde heureux.

Alors les nations n'attribueront plus nos conseils à un esprit haineux et servile : elles verront au contraire la véritable cause des événements dont elles sont les victimes; elles comprendront que nos plaintes n'ont d'autre source en nous que le désir de les sauver. Éclairées, revenues à la vérité, elles abjureront finalement cette indépendance, ce naturalisme qui fausse la conscience et le droit, abolit du même coup toute croyance à l'honnêteté morale, toute confiance dans l'autorité, lance les peuples sans foi dans des aventures chimériques, leur fait demander à la nature ce qu'elle ne peut donner, chercher ici-bas ce qui n'y est pas possible : un gouvernement parfait, une félicité absolue ; enfin tenter toujours à nouveau de l'obtenir, les uns, ceux qui jouissent, en voulant conserver ce qu'ils possèdent, les autres, ceux qui souffrent, en ruinant ce qui existe.

Tel est l'élément que les nations doivent rejeter tôt ou tard de leur sein, si elles veulent retrouver cette tranquillité patiente, sans laquelle il n'y a pas de gouvernement possible sur la terre. — Mais tant qu'elles s'entêteront à vouloir ici-bas une perfection absolue, en dépit de la corruption et de l'impuissance de notre nature, quelles seront les conséquences forcées de cette obstination ?

Nous les étudierons bientôt dans la seconde partie de cet ouvrage, lorsque nous ferons l'application détaillée de nos principes à la société moderne, à ses représentants, à ses chefs.

Que le lecteur veuille donc ne pas oublier ces principes : qu'il les ait présents à l'esprit, en lisant nos déductions. — Nous ne craindrons plus alors qu'on accuse la *Civilta catholica* qui publie nos doctrines, de constituer une faction hostile à tout gouvernement représentatif et tempéré. Non ; nous l'avons dit cent fois, et nous le répéterons : « Nous ne sommes les partisans irréductibles d'aucune forme de gouvernement ; nous respectons également l'autorité partout où elle se trouve ; dans un monarque dont la tête porte le diadème ; dans une assemblée composée des grands et du peuple, que le pouvoir soit héréditaire ou que la personne qui l'exerce soit déterminée par des élections et des suffrages. Ce que nous soutenons, c'est qu'un gouvernement quelconque entreprend une lutte lamentable contre la nature et contre Dieu, quand, ruinant dans les cœurs le sentiment de la dépendance naturelle de l'homme vis-à-vis de son Créateur, il proclame que cet homme jouit d'une pleine autonomie en vertu d'un droit naturel inaliénable ; quand il l'affranchit de tout droit en le faisant créateur du droit lui-même ; quand il le soustrait à toute autorité, en enseignant que l'autorité dérive de la libre volonté des personnes ; quand il en fait l'esclave de la licence en confondant celle-ci avec la liberté ; l'esclave du mensonge, en le permettant contre la vérité ; l'esclave de la force en accordant à la multitude le gouvernement de la société ; quand il l'enfonce dans les ordures de sa corruption native en le spoliant de tout secours surnaturel soit dans sa conduite privée soit dans la direction des affaires publiques, enfin quand il lui propose comme but dernier un bonheur matériel, et qu'il lui donne, comme moyen de l'acquérir, une machine sociale sans conscience. Oui ; un gouvernement qui embrasse et développe ainsi, sans vergogne, le principe de l'indépendance humaine est pour nous un gouvernement malfaisant, hétérodoxe, un gouvernement de ruine et de désolation. Et puisqu'aujourd'hui l'on confond les idées libérales avec les idées modernes, on peut appliquer la même note à tous les régimes pénétrés du même principe.

Que si, dans ces pages, nous avons spécialement mis à nu les gouvernements représentatifs, c'est que nous avons été interrogés à leur sujet en particulier, et parce que la plupart des philosophes ou publicistes qui en sont partisans les font reposer essentiellement sur cette indépendance native dont nous avons étudié jusqu'ici les conséquences. Que les libéraux renoncent à leur théorie funeste, qu'ils cessent d'exalter l'indépendance de la raison vis-à-vis de la révélation, de l'État par rapport à l'Église, des fidèles par rapport au Souverain Pontife, de la presse en face de la vérité catholique ; qu'ils accordent au Dieu du ciel parlant par son Vicaire le droit de se faire écouter de tout le genre humain ; qu'ils cessent surtout de nous répéter qu'un des caractères essentiels et précieux avant tout des gouvernements modernes c'est précisément de s'affranchir de toute sorte de joug... ; alors nous cesserons nous aussi de faire la guerre aux gouvernements représentatifs modernes. — Guéris du cancer qui les ronge, ils n'offriront plus aux yeux de l'Europe ce répugnant spectacle qu'il nous faudra bientôt étudier et dans lequel l'Italie figure elle-même comme victime depuis cinq ans, après l'avoir vu de loin chez les autres pendant plus d'un demi-siècle.

CHAPITRE VI

La division des Pouvoirs.

§ I

DESTRUCTION

608. — Avant de faire ces applications, nous avons
à discuter un dernier principe universel, inattaquable
aux yeux de nos Réformateurs et devenu célèbre, dans
le monde des publicistes, sous ce nom : « La division
des Pouvoirs. » Ils ont voulu le faire triompher dans les
nations à régénérer. Mais auparavant il leur a fallu
détruire l'organisation des régimes préexistants. Voyons
comment cette destruction est une conséquence forcée
du « principe d'indépendance » qui forme, nous l'avons
dit, l'esprit même des sociétés nouvelles. Nous com-
prendrons, premièrement, que, le principe une fois
admis, cette destruction était inévitable, ensuite que

pour donner à la société d'autres formes, il était très naturel de recourir à la division des pouvoirs et très naturel aussi que les promesses solennelles des réformateurs s'en allassent en fumée... Nous allons revenir un peu sur la doctrine exposée plus haut et la suivre avec soin dans ses déductions.

609. — L'idée protestante, avons-nous dit, déposée dans les intelligences s'y développe et y produit le droit inaliénable de la libre discussion, cause de dissentiment et de discordes sans fin; elle s'agite dans les têtes; elle leur fait espérer ici-bas un paradis terrestre, un Eldorado d'autant plus facile à obtenir avec les moyens naturels que la nature ne peut point faillir à ses tendances... Voilà donc les cerveaux tout pleins de jardins enchantés... L'idée protestante en sort : elle envahit les volontés ; elle les stimule par des désirs incessants, et les lance à la poursuite du but avec une ardeur frénétique et une entière confiance... La nature est une mère : pourrait-elle tromper ceux qu'elle-même dirige : « Nous « voulons un gouvernement qui nous rende heureux, » s'écrient de toutes parts les peuples affamés de jouissance ; le bien à atteindre est certain, les moyens sont infaillibles, l'impulsion irrésistible. On ne pouvait souhaiter de plus favorables auspices. Que l'idée protestante entre donc en contact avec le monde réel, avec le monde politique ; qu'elle ignore l'ère nouvelle de la liberté, et montre à la face du soleil qu'un Dieu Rédempteur n'était point nécessaire pour nous rendre heureux. Voilà, bienveillant lecteur, le spectacle que je vais dérouler sous vos yeux : l'idée protestante démolissant

les vieux gouvernements; divisant les pouvoirs et les opposant entre eux.

Quant au résultat, vous en serez le juge… Et vous verrez par là même ce que vaut l'idée hétérodoxe du Protestantisme.

610. — Je dis l'idée : car, bien que nous entrions dans le domaine des faits, il ne s'agit pas ici de l'action personnelle de tel ou tel individu — mais de l'idée qui a pénétré et qui agit dans les têtes des réformés et des réformateurs… Le Verbe éternel a semé l'idée chrétienne dans l'esprit et le cœur de l'homme : elle y a produit et continue d'y produire une merveilleuse fermentation, elle ne cessera d'éclairer et de réchauffer les masses tant qu'elles seront pénétrées de ce levain céleste. Pourtant les premiers semeurs de ce germe divin n'ont pas connu notre état actuel, et nous-mêmes nous ne connaissons pas les développements qu'il prendra chez nos neveux. — De même, à l'insu des premiers protestants, leur idée d'indépendance travaille le monde dont aujourd'hui nous sommes membres, et à l'insu des réformateurs actuels, elle continuera, si on ne l'étouffe, à travailler ce monde nouveau dont les lumières trompeuses ne sont autres que les rêves des Condorcet, des Saint-Simon, des Fourier, des Louis Blanc…

La voilà donc à l'œuvre cette idée d'indépendance. Et avec sa nombreuse progéniture d'aphorismes jetés dans les cerveaux, elle entreprend de régénérer les peuples et de former, dans l'Europe civilisée, les sociétés modernes.

611. — Fort bien! Mais de grâce, par où va-t-elle commencer puisque toute l'Europe est encore soumise aux organismes de cette vieille société du Moyen-âge qui croyait à la dépendance naturelle de l'homme? Il est vrai qu'après trois siècles de calomnies tapageuses contre la servitude des catholiques, certains publicistes commencent à reconnaître que le Moyen-âge a été l'ère de la liberté véritable et que la servitude date justement de 1815, époque où sont nées en Europe tant de constitutions nouvelles : mais ces opinions sont des anomalies. Elles n'empêchent point de crier encore, à l'occasion, contre la servilité de la société catholique. Que la captive tombe donc sous les coups de son ennemie ; et que soient enfin brisées les chaînes de l'intelligence humaine partout où la réforme pourra dresser sa chaire et son trône.

612. — Vous le comprenez, cher lecteur, le cri d'indépendance peut s'adresser à trois sortes de nations ou de sociétés bien différentes. Les unes vivent sous la main de fer de quelque potentat ; elles n'entendront de ce cri « vive l'indépendance! » que quelques syllabes, pas plus que ne voudra leur maître, peut-être seulement les quatre dernières, grâce à la lâcheté de théologiens courtisans... Alors le despote qui d'abord avait fait bon visage à l'idée de la Réforme, non seulement deviendra moins libéral, mais encore défendra, le fer à la main, son droit inaliénable d'indépendance personnelle ; il envahira le sanctuaire où naguère il s'était entendu prêcher à lui-même la soumission, mais il maintiendra ferme pour tous les autres l'ancien ordre de

choses. N'est-ce pas l'histoire de la Réforme en Angleterre, en Prusse, en Suisse, dans tous les petits États
d'Allemagne où la théologie protestante s'agenouille
sur les derniers degrés de trônes trop solides pour être
ébranlés, joint les mains sur sa poitrine et de sa voix
la plus soumise et la plus douce se déclare « la très
humble servante du pouvoir absolu? Lisez, si le cœur
vous en dit, les dévotes flatteries d'un Luther à Fré-
déric de Saxe, de ses théologiens au Landgrave de
Hesse, puis les profondes révérences des Cranmer, des
Sarpi, des Grotius, des Puffendorf, des Boemer, des
Tomasi, Fébronius et tant d'autres, qui, sous le nom
de catholiques, ont fait de la politique à la protestante.
Vous les verrez tous aux pieds de leur Seigneur, con-
templant dans une extase béate la majesté de ce maître
indépendant et se gaudissant de recevoir la pluie d'or
et de faveurs que déverse sur eux leur idole rassasiée
de richesses. Dans ces pays, l'idée protestante ne peut
exercer son influence qu'à demi : Elle s'arrête à moitié
chemin ; elle accoutume les multitudes, les savants eux-
mêmes à cet illogisme dont nous avons parlé plus
haut (1) et à l'indifférence stupide qui en est la suite.

613. — Mais trouve-t-elle dès l'abord un peuple déjà
mûr pour recevoir ses principes, comme les paysans
de la Westphalie; ou bien peut-elle préparer lentement
les esprits, comme en France, puis demander avec dis-
crétion et obtenir seulement la liberté de discussion,
eh! alors le travail marche vite et parfois elle arrive
du premier coup à jeter bas l'ancien édifice social. « Tu

<hr>

(1) Sur la Presse en Angleterre, c. II, § I.

es indépendant, dit-elle, au peuple; tu as le droit d'être heureux, et si la vieille société te laisse gémir et pleurer, c'est que son gouvernement est injuste, illégitime; « l'insurrection est le plus saint des devoirs. » — Ici donc le terrain a été dégagé rapidement et l'idée protestante peut reprendre par la base l'édifice social.

614. — Il y a une troisième sorte de peuples, ceux où le principe protestant toujours combattu par l'idée catholique prédominante se trouva tout d'abord non seulement en face des bayonnettes, mais encore de la foi et de l'inquisition. Ici l'acharnement de la lutte lui fit presque perdre toute espérance. Elle eut alors recours à l'hypocrisie, s'affublant tour à tour du masque de la philosophie, de la philanthropie, du jansénisme, parlant selon l'occasion, au nom de l'économie, de la raison d'État, de l'humanité, de l'esprit national, etc., etc.; elle travailla pendant trois siècles les pauvres peuples et parmi eux celui d'Italie. Ce fut d'ailleurs avec maigre succès. Et quand après de longs efforts elle menaçait de mourir de décrépitude en Angleterre, de s'évaporer en Allemagne au milieu des brouillards de la métaphysique, de se voir écrasée d'indignation dans cette France où elle a fait répandre tant de sang, elle était sur le point de renoncer à toute conquête en Italie: car ici le peuple fidèle à l'Église se doute bien que ces masques sont destinés à cacher un mal pestilentiel. Il ne croit point à ses prétendus droits inaliénables; il continue de respecter avec sa vieille foi du Moyen-âge les droits assurés de longue main au corps de ses pasteurs, aux dynasties de ses rois, aux châteaux des aïeux, à

la propriété du fermier et de l'ouvrier; à la sainteté du mariage, enfin à la liberté de ses pauvres et de ses mendiants. Tout cela, vous le voyez, ne pouvait donner l'espoir sérieux de moderniser l'Italie.

615. — Heureusement pour la Réforme qu'un de ses disciples les plus dévoués, un banni, lui révéla le secret de triompher de tous ces obstacles : « Dans les grands « pays, dit Mazzini, l'on doit procéder à la régénération « par le peuple; mais en Italie, par les princes; car il « est absolument nécessaire de les embaucher dans « cette œuvre. D'ailleurs, c'est chose facile. Le Pape « s'engagera dans les réformes par principe et par « nécessité; le roi de Piémont par l'espérance de placer « sur sa tête la couronne d'Italie; le grand-duc de Tos-« cane par inclination et pour imiter les autres, le roi « de Naples sera forcé de suivre... Quant aux petits « souverains ils admettront la réforme pour sauvegar-« der d'autres intérêts. Un peuple qui, en vertu de sa « constitution, a le droit d'être exigeant, peut parler « haut, et au besoin faire des sommations; — mais les « citoyens qui sont encore esclaves ne peuvent que « redire leurs besoins, se réunir en masses, faire ger-« mer des idées, donner au peuple le sentiment de sa « force et lui inspirer enfin des prétentions. »

616. — Que signifie cet argot? — Le voici traduit en langue vulgaire : « Dans les pays où les esprits sont déjà pénétrés de l'idée protestante, pas n'est besoin du concours des Princes, la théorie du Peuple Souverain lui accorde le droit de faire sommation à ses chefs : mais dans les pays catholiques, et spécialement en Italie,

où pareil commandement serait un délit contre l'État et contre la conscience, » il faut procéder à la régénération sociale en se servant des princes, et avec leur permission assembler dans des réunions des hommes estimés et de toute opinion; ceux-ci feront germer les idées — le peuple concevra des désirs et se sentira fort pour les réaliser. « Vous le voyez, cher lecteur, le procédé suggéré par cet hiérophante est précisément celui qui sort comme de sa tige du principe de la réforme : regardant toute opinion comme libre, l'esprit passe naturellement à l'idée d'indépendance; il prétend ensuite obtenir le bonheur et se prépare à l'obtenir par la force. » Tout cela a été mis à exécution dans le bouleversement de l'Italie, et peut se réduire à cette formule : « le peuple souverain... » Elle a été insérée d'une façon plus ou moins explicite dans les constitutions laïques par ces affiliés qui, comprenant parfaitement la portée de ce mot, ont écrit les constitutions des Etats italiens et les ont ensuite présentées à la sanction de monarques qu'ils trahissaient en trompant leur confiance et leur loyauté.

617. — Lorsque princes et peuples eurent prononcé le terrible serment, la société ancienne était ruinée, au moins virtuellement. Il ne fallait plus que le temps pour achever la destruction... Les triumvirs de Rome et de Florence arrivèrent plus vite au but. En Sicile le peuple n'étant pas mûr pour la transformation, il fallut agir en Normand.

A Naples on eut l'imprudence de tout précipiter; l'on se heurta à une armée fidèle. — En Piémont, le caractère tranquille des populations, leur attachement à la dynastie de Savoie, la sincérité des catholiques libéraux, la nécessité de conserver un certain ordre public en vue de la guerre de Lombardie, mais surtout le sentiment profond de la foi catholique vivant dans la famille, furent autant d'obstacles à l'action des séditieux. Ils multiplièrent leurs bruyantes démonstrations mais sans pouvoir communiquer leur délire aux foules... Cette tiédeur de la multitude sauva l'idée protestante de l'exécration populaire et d'une réaction sanglante... Et c'est ainsi qu'elle put continuer son travail secret dans les esprits et dans les cœurs. A toute heure, il est vrai, se dressent devant elle comme des tours les restes des institutions catholiques ; la démolition en est difficile, et les fondements plus résistants qu'on ne l'avait prévu... Mais laissez le temps à l'idée protestante. En fait de destruction, elle est plus qu'ouvrière ; elle est maîtresse ; tôt ou tard tous les débris auront disparu du sol où doit s'élever le nouvel édifice ; et quand les foules seront bien enivrées du sentiment de leur liberté individuelle et de leur puissance, la Réforme se mettra sérieusement à reconstruire.

§ II

DIFFICULTÉ DE RECONSTRUIRE

Sommaire : — 618. Il s'agit de triompher de la nature. — 619. En élevant un édifice sans ciment. — 620. En effet, le ciment de l'édifice social, c'est le droit. — 621. Et le droit est impossible sous le règne de l'influence protestante. — 622. La nation créant. — 623. Ou altérant la justice à sa guise. — 624. Le droit qu'elle veut créer est inu-

618. — Voilà nos architectes tout prêts à se mettre au travail... Si vous le voulez bien, cher lecteur, faisons-nous une juste idée de la difficulté à vaincre... Ainsi fait-on à la vue d'une entreprise colossale, celle par ex... d'un tunnel à percer sous les Alpes ou d'un pont à jeter sur les deux rives éloignées d'un large fleuve... On admire sans doute dans ces œuvres le prix de la matière, les proportions du dessin, la délicatesse du travail, l'élégance de la forme, etc., etc. Mais le premier objet d'admiration ou d'étonnement, c'est toujours la difficulté dont il a fallu triompher en luttant contre les forces de la nature.

619. — Or, quelle grande difficulté rencontrent ceux qui veulent jeter bas les sociétés anciennes pour construire les sociétés nouvelles ? — A mon avis, et je vous prie de bien le remarquer, c'est la suivante : « Ces hommes veulent construire sans ciment, si bien que leur édifice devra s'élever et demeurer solide en vertu même de la contrariété des forces. Comprenez-vous génie d'architecte comparable à celui de nos réformateurs ?

Les architectes de la tour de Babel avaient, disent certains auteurs, une sagesse vraiment surhumaine, héritage de la première révélation. Pourtant ils n'ont point eu la prétention d'élever un édifice impérissable sans chaux et sans ciment. Bien plus, pour le défendre des intempéries, ils ont ajouté le bitume... Pour nos constructeurs, ils feront sans ciment leur nouvelle Babel, et telle quelle, elle défiera les siècles.

620. — En fait quel est le ciment qui unit les hommes dans la société? Nous l'avons dit avec Cicéron (1), c'est le droit : « Cœtus hominum jure sociatus. » Une société est une assemblée d'hommes unis par le droit. Or, nos édificateurs modernes ont aboli tout droit préexistant : ils ont poussé le peuple à mépriser les idoles qu'il adore... Droits dynastiques, ecclésiastiques, nobiliaires, droits de privilèges internationaux ou municipaux... Tout a été renversé au nom de l'égalité, aux pieds de la souveraineté du peuple... Et c'est à ce peuple Souverain qu'ils ont dit : « Ce que tu lies sera lié ; ce que tu délies sera délié. »

Tout droit est donc essentiellement caduque en principe et en fait.

621. —Est-ce tout? Non : L'indépendance des esprits, en rendant impossible l'unité des jugements, a non seulement arraché le germe, mais détruit la possibilité d'un droit futur (2).

Ainsi la société moderne doit se construire sans le droit, c'est-à-dire sans ciment.

Mais quoi! cher lecteur ; vous me paraissez douter de mon raisonnement...

Auriez-vous quelque objection à lui opposer ?

622. — Le lecteur : « Oui, votre assertion est trop universelle. » Il est très vrai que tout droit doit se soumettre au jugement de la nation; et c'est pour cette

(1) Cf. c. I, r° 2.
(2) C. I, n° 71.

raison que la nation est en un sens la source du droit... Car ce qui proprement lie et unit les membres d'une société c'est la loi éternelle devant laquelle toute raison s'incline.

L'auteur : « Vraiment? » Je suis peiné de cette réponse : Car elle contient une contradiction que sans doute vous réprouvez comme moi.

« Malgré cela, permettez-moi de poursuivre ma pensée et de discourir avec vous comme avec l'un de ces braves gens, nombreux encore de nos jours. Revenons donc à la question. Votre objection, ai-je dit, contient une contradiction. En voulez-vous la preuve? Vous dites : « Le ciment ne fera point défaut à la société nouvelle, puisque la nation est l'interprète du droit et que la loi éternelle en est la source. » Comment, s'il vous plaît, fera votre interprète pour parler? Est-ce que la nation ouvrira ses trente ou trente-six millions de bouches et que toutes prononceront la même formule comme des musiciens chantent le même *Kyrie* de Mozart. »

Le lecteur : « Allons, grâce de ces inepties. Vous savez très bien qu'il n'y a point de communauté qui ne se contente de la majorité des voix. »

623. — L'auteur : « Je le sais. Mais, dites-moi : cette majorité est-elle toujours constante et fidèle aux mêmes idées? Ne peut-il arriver, par exemple que cette année la majorité affirme qu'on est libre de violer les concordats.. et que l'année suivante, par suite de changements dans les avis, dans les intérêts, dans les personnes, elle déclare les concordat inviolables? »

Le lecteur : « Je vous l'avouerai franchement : votre raison me convainc. Mais elle prouve simplement que le droit dans la société moderne ne naîtra pas de la loi éternelle et immuable... Pourtant il est encore vrai qu'un droit pourra exister, étant une fois admis qu'il aura pour expression la voix de la majorité.. Voilà donc trouvé, moins solide peut-être, mais enfin tel quel, le ciment de notre nouvel édifice. »

L'auteur : « Eh ! lecteur, mon ami : vous appelez cela du ciment ! Croyez-moi, — vous n'avez trouvé que de l'eau claire. »

Le lecteur : « Comment de l'eau claire? — La méprise serait trop forte... Et je serais curieux de la découvrir. »

624. — L'auteur : « Quelles choses prétendez-vous lier ensemble avec votre ciment ? »

Le lecteur : « Je veux unir les citoyens en société. »

L'auteur : « Expliquez-vous bien ; pour que la comparaison prise d'un édifice à construire résiste aux coups de marteau. Lorsque le maçon met de la chaux, il la met entre deux pierres distinctes. Pourquoi ? Parce qu'il craint ou que la poussée de la voûte, ou que l'éboulement d'une terrasse, ou qu'un choc et un ébranlement quelconque ne viennent disjoindre les pierres de l'édifice... Si cet édifice était d'une seule pièce — comme est une colonne, une architrave, un monolite quelconque, mettre de la chaux serait ridicule.. A quoi donc destinez-vous votre ciment dans l'édifice social que vous projetez? A relier ceux qui déjà sont unis ou ceux qui sont divisés? Une société honnête et raisonnable doit, ainsi que l'individu, avoir dans ses actes une règle certaine, juste, constante; autrement tout marcherait à la ruine, morale et intérêt, justice et politique. Or, à quoi vous servira le ciment de votre majorité pour obtenir cette constance? »

Le lecteur : « Il unira les citoyens sous l'autorité de la loi. »

625. — L'auteur : « Quels citoyens, je vous le demande de nouveau? — Ceux qui sont d'accord et forment la majorité? — Mais déjà ceux-là forment un tout puisqu'ils sont d'accord à vouloir la loi. Par conséquent, il n'y a point ici besoin de ciment. »

Le lecteur : « Il en faut cependant : et le droit obligera ceux qui feraient opposition à la loi. »

L'auteur : « Que dites-vous? Le droit obligera.. ? »

De grâce, ne confondons pas les termes. Autre est le droit qui oblige; autre la force qui contraint... Si vous me dites : la majorité peut contraindre par la force, vous avez parfaitement raison; et je vous remercie, parce que vous m'épargnez la fatigue de le démontrer. Vous me procurez même un de ces petits plaisirs que donnait souvent à ses invités ce tailleur de pierres ou ce sculpteur qui faisait toujours le contraire de ce qu'il voulait. C'est là précisément notre cas. L'idée protestante travaille et sue pour créer le droit et par lui lier la force; à la fin il se trouve qu'elle a créé la force pour enchaîner le droit... Mais si vous voulez dire que la majorité oblige proprement en vertu de cette autorité morale qui s'impose à la conscience honnête et lui interdit la résistance, oh! ce droit, ce ciment, vous ne l'avez pas trouvé du tout. Et pour vous en convaincre, il vous suffit de vous approcher, après le vote de la loi, des bancs de la minorité. Prêtez l'oreille aux discours de ces députés... Ne les entendez-vous pas se concerter pour réparer leur échec? Quelques-uns plus hardis ne font-ils pas entendre déjà leur protestation, criant que cette loi est contraire à la conscience, à cette conscience dont la Réforme respecte si humblement la liberté ?

Que pensez-vous maintenant, cher lecteur, de ce ciment bon tout au plus à unir des membres déjà unis, mais impropre absolument à relier des intelligences divisées? Cela ne vous remet-il pas en mémoire ce héros qui s'acharnait à tuer des hommes morts? — Et pourriez-vous nier qu'au lieu de chaux nous avons trouvé de l'eau claire? Nous cherchions le droit, et nous avons rencontré la force. Avec cette force, nous contraignons au mépris des consciences; et, cruelle ironie! nous nous vantons d'avoir promulgué la liberté de conscience!

L'édifice entrepris par nos architectes modernes est donc bien ce que je vous ai dit : « un mélange à nul autre semblable d'éléments les plus opposés, sans une truellée de chaux, sans un clou, sans une barre de fer.

626. — Voilà ce que je tiens à vous faire remarquer d'abord afin que vous puissiez louer cette œuvre gigantesque en raison des difficultés à vaincre, puis pour que vous ne tombiez pas en certaine inadvertance, j'allais dire bévue, commune à plusieurs — et qui rappelle certain légendaire du Moyen-âge. — Racontant avec

plus de dévotion que de discernement le martyre de saint Denis, il montrait le saint décapité : puis, prenant miraculeusement sa tête dans ses mains, il la portait à trois cents pas plus loin au lieu même où il voulait être enseveli — enfin, disait notre chroniqueur, avant de la déposer à terre, il la baisait respectueusement. Il ne faisait point attention, ce bon historien, que le saint décapité n'avait point d'autre bouche que celle même de sa tête.

627. — Or de pareils chroniqueurs ne sont point rares à notre époque. Ils sont habitués à voir les hommes avec leur têtes ; dans ces têtes des cerveaux, dans ces cerveaux l'idée d'un droit obligatoire ; la raison et la révélation les avaient convaincus de ce principe capital « que la nature humaine est dépendante » ; après avoir retranché ce principe, c'est-à-dire la tête de leur raisonnement, ils n'en continuent pas moins à faire agir les hommes comme s'ils avaient encore la tête sur leurs épaules... Cette bévue du reste est ancienne. Elle date de la Réforme. Mélankton, Erasme, Carlostad y sont tombés... Et avec eux, Frère Martin, ce patriarche de l'indépendance. Après avoir proclamé de sa voix de stentor que toute tête, toute langue est indépendante, il est stupéfait et il se lamente de ce que tant et tant d'hommes ne veulent plus être dépendants. De même font à notre époque certains modérés que vous avez entendus et qui sont de bonne foi sans doute ; ils ont foulé aux pieds les serments prêtés aux gouvernements anciens, et ils s'étonnent qu'on n'accorde pas de droit aux gouvernements modernes ; ils défendent les violateurs des Con-

cordats passés avec un pouvoir supérieur, et ils sont scandalisés de voir un prince suspendre ou rappeler une loi qu'il avait portée de sa propre autorité ; ils ont répété cent fois au peuple qu'il est souverain et infaillible, et ils sont étonnés que ce peuple n'ait plus de confiance dans la sagesse des gouvernants.

Pour nous, cher lecteur, ne sortons pas de notre hypothèse ; et puisque nous avons décapité la société, ne lui demandons pas qu'elle s'agenouille pour baiser sa propre tête. Le nouvel édifice social doit se construire sans droit, sans ciment. Retirons-nous à l'écart : et laissons libre le terrain où va s'élever l'œuvre de la régénération.

§ III

DIVISION DES POUVOIRS

Sommaire : —628. Pacte social. — 629. Son antagonisme. — 630. Nécessaire selon Montesquieu. — 631. Ce qui est manifestement faux dans la famille. — 632. Gouvernée absolument par la tendresse paternelle. — 633. Sentiments semblables dans le Prince. — 034. Autre absurdité au sujet de la division des pouvoirs. — 635. L'assertion prise absolument est fausse. — 636. Elle s'appuie sur la négation de la conscience. — 637. Craintes déraisonnables. — 633. Réalité et utilité d'une certaine division des pouvoirs. — 639. Tort de ses partisans. — 640. Base d'une théorie vraie. — 641. Sa forme générale. — 642. Ses applications extrêmes Dieu et le mal. — 643. Ses applications concrètes. — 644. A un fait et à une loi. — 645. Division... mal en soi... Mais qui peut-être compensé. — 646. Division des pouvoirs dans l'Eglise. — 647. Dans la famille. — 648. Dans la société catholique ou payenne. — 649. Division confirmée par l'histoire. — 650. Justesse de notre théorie. — 651. Facile à appliquer. — 652. Absolutisme des constitutionnels.

628. — Plus de préjugés, tout individu est indépendant ; il a droit au bonheur, droit d'employer ses forces selon les lumières de sa propre raison pour satisfaire sa nature. — Mais que sont ses forces en face de vingt ou trente millions de concitoyens? Elles sont très bornées, il pourrait être écrasé par cette masse. — Heureusement que la nature lui a donné l'instinct et le droit de s'associer en toute liberté ; car la société n'est pas autre chose qu'un moyen pour s'assurer la protection de ses intérêts privés en retour de quelque sacrifice.

629. — Si nous sommes libres de nous associer pour défendre nos intérêts, il est clair que nous nous associerons avec des intérêts contraires... Ainsi la société universelle deviendra une arène où il y aura autant de gladiateurs que d'intérêts ; ce qui amènera forcément la ruine d'un grand nombre et ne satisfera presque personne. Il faudra donc que nous nous mettions d'accord et que nous formions un gouvernement où tous les intérêts seront représentés, les pouvoirs équilibrés en vertu même de l'opposition des forces, la tyrannie rendue impossible, l'ordre inviolable, le bonheur indéfini. Examinons ces premières assises du nouvel édifice commencé par l'idée protestante. Représentation de tous les intérêts ; équilibre des pouvoirs.

Commençons par ce dernier point.

630. — Qu'est-ce le pouvoir? Le pouvoir en général « est une fonction de l'autorité. »— « Si dans un pays, « disait déjà l'oracle des publicistes modernes, l'Esprit « des Lois, l'autorité de faire des lois, d'en poursuivre

« l'exécution, d'en juger et d'en punir la violation se
« trouve dans une seule personne physique ou morale,
« dans ce pays, fût-ce même une république, celle de
« Venise par exemple, il n'y a pas de liberté. »

Ainsi parlait Montesquieu (1). Sa théorie fut reçue
avec plus de docilité que de logique par tous les esprits
indépendants ; aujourd'hui encore on l'admet, on la
suppose souvent avec une obéissance aveugle. Pour
vous, lecteur, auriez-vous une foi solide dans ce livre
sacro-saint tourné en ridicule par Voltaire et qui dé-
goûtait Romagnosi ? Si oui, je me mettrai sur mes
gardes pour que mes os ne soient pas réduits en cendre
dans un auto-da-fé... Mais si vous me permettez de
continuer la discussion, je vous confesse d'abord que
l'oracle cité plus haut me fait rire et en raison de ce
qu'il présuppose et en raison de ses applications.

631. — « Point de liberté là où les trois pouvoirs
sont réunis. » Donc, point de liberté dans la famille. —
Oui, cher lecteur ; ce premier élément, ce germe de
toute société, ce chef-d'œuvre produit immédiatement
par le Créateur, le sanctuaire des affections les plus
douces, le refuge naturel de la vieillesse, l'asile sacré
des communications les plus intimes, cette société qui
est le repos dans le travail, la consolation dans le malheur, cette société modèle en un mot, n'est qu'une
société d'esclaves ; et ces noms, les plus doux que la
terre ait jamais entendus, de père, d'enfant, d'épouse se

______

(1) « Dans les républiques d'Italie, où ces pouvoirs sont réunis, la
liberté se trouve moins que dans nos monarchies. Esprit des lois, liv.
XI, c. 6.

traduisent chez Montesquieu par ce mot : despotisme, absolutisme, arbitraire.

632. — Le lecteur : « Oh! quelle insanité! Quel blasphème ridicule! Quelle confusion d'idées! Prétendre assimiler le pouvoir absolu du prince avec le pouvoir absolu d'un père! Mais, brave homme que vous êtes, ne voyez-vous pas que l'absolutisme paternel est toujours au service d'un cœur de père, et que l'on ne peut trouver de plus sûre garantie que celle-là pour le bon usage de cette autorité ?»

L'auteur : « Vraiment, cher ami. Pesez-vous bien toutes vos paroles et êtes-vous bien convaincu?

« Répétez, je vous en prie, votre dernière assertion, afin qu'il n'y ait plus ici de désaccord entre nous.

— « L'absolutisme domestique est au service d'un cœur paternel et il n'y a pas de plus sûre garantie pour le bon usage de l'autorité naturelle du foyer. »

633. — Voilà certes une vérité de sens commun qui me permet de respirer au milieu des erreurs antinaturelles des publicistes modernes... Eh bien! appuyons-nous sur cette vérité et reprenons notre dialogue. « Si l'union des trois pouvoirs (1) dans la famille peut empêcher le père d'abuser de son autorité, parce qu'il est prévenu contre les excès par sa tendresse naturelle, nous pouvons supposer la même tendresse dans un prince, et nous aurons alors en lui la même garantie contre les abus de son pouvoir. »

Le lecteur : « Oui certainement, si la chose était pos-

____

(1) Législatif, exécutif, judiciaire.

sible. Mais, laissez-moi vous le dire : « pareille supposition est ridicule. »

L'auteur : « Moins que vous pensez. L'illustre Marti-
nez della Rosa, et même le Statuto de Florence ont
reconnu que le gouvernement des princes était un
gouvernement paternel; plusieurs députés, Bofferio en
particulier, ont rendu le même témoignage aux princes
de Savoie; ils auraient pu dire la même chose des
Bourbons de Naples et des Empereurs d'Autriche. Vous
me répondrez sans doute qu'il ne faut pas prendre ces
témoignages à la lettre… Soit.. Voilà pourquoi j'ajouterai que si la tendresse naturelle du père ne peut
être égalée par celle d'un prince, celle-ci peut être cor-
roborée par des sentiments inconnus à un père. L'effet
sera donc le même — et le pouvoir concentré dans les
mains d'un seul trouvera, contre les abus, une garantie
très puissante dans ces sentiments et dans ces affections. »

Le lecteur : « Prenez garde, s'il vous plaît. La difficulté n'est pas ici de vouloir, mais de connaître. En
Italie, nous avons depuis longtemps de très bons rois,
et malgré leurs philippiques, je défierais nos modernes
Démosthènes d'un sou à la feuille, de nommer parmi
eux un seul tyran pendant les trois derniers siècles.
Mais que voulez-vous. Les princes sont pleins de bonne
volonté, malheureusement ils ne savent point passer
à l'action et ils se laissent mener par leurs ministres. »

634. — J'admets la réalité du fait et du mal en certain cas. Mais, je vous l'avoue; le remède me paraît
plus que curieux : il suppose que les princes veulent le

bien et les ministres le mal. Et pour y remédier, l'on dit : « Le roi ne pourra rien vouloir ; ce seront les ministres qui gouverneront. » — Régime homéopathique, n'est-ce pas.

Mais laissons ce point pour le moment. Et sans nous écarter du chemin, continuons de nous entretenir de la division des pouvoirs.

— Le prince, dites-vous, peut être rempli de bon vouloir, comme le père de famille. Mais il lui manque la connaissance. Eh bien ! cher lecteur, dites-le-moi sincèrement : « Est-ce que la connaissance ne manque jamais aux pères de famille ? Et n'y a-t-il pas parmi eux des hommes dont l'esprit laisse fort à désirer?

Le lecteur : « Sans doute. Mais rien ne leur défend de prendre conseil auprès de personnes censées. — Puis, pouvez-vous comparer aux grands intérêts d'un État dont le prince est chargé, les intérêts d'une famille, le soin du pot-au-feu, de quelques morceaux de terre à cultiver, etc.

L'auteur : « Quelques morceaux de terre à cultiver ! Quoi ! c'est à ces travaux, à ces soucis matériels de la famille que vous réduisez les fonctions de la paternité ?

— Ne vous souvenez-vous plus que le père est le délégué, le ministre de Dieu chargé d'élever des intelligences pour le Ciel ? La paternité, communication la plus noble de la Majesté divine ici-bas ; la paternité, la raison du respect qu'on rend à la patrie et à celui qui la gouverne, la paternité, d'après vous, n'aurait qu'à se renfermer dans les soins d'une culture matérielle et d'un ménage !... Si nous étions moins terrestres, si nous mesurions la grandeur des esprits comme nous mesurons toute chose à notre usage, nous comprendrions que si la sagesse créatrice a confié au cœur, à la raison et à la conscience du père les intelligences de ses enfants et que si elle a su par là bien garantir la fai-blesse de ces petits qui sont le trésor du Ciel, la même sagesse peut également confier à l'homme, à la cons-cience d'un prince un peuple tout entier, un peuple du reste à qui ne manque ni la force ni la raison ni surtout le nombre pour prendre soin de ses propres intérêts. — Enfin, supposé que le talent de ce prince laisse à désirer, manquera-t-il de conseillers officiels et offi-cieux, appelés par ordre et spontanés, capables et inca-pables? »

635. — Mais je m'éloigne de mon sujet — ce que je viens de dire est de trop. « Qu'une autorité absolue soit conciliable avec la liberté, » cela me suffit pour affirmer que le premier présupposé de Montesquieu dans sa théorie de la division des pouvoirs est faux. Rien ne peut tenir contre la logique. Et un principe indiscutable de logique c'est que les propositions uni-verselles, quand on traite de la nature des choses, sont toujours vraies ou fausses; vraies si l'on parle de pro-priétés découlant de l'essence; fausses si l'on conclut, dans des cas particuliers. — Si donc le père de fa-mille peut avoir une autorité absolue à son foyer et cela sans détriment de la liberté domestique ; si la même chose peut se rencontrer dans une nation avec un prince sage et honnête, entendue universellement la proposition de Montesquieu est fausse — et les

conséquences qui en découlent ne tiennent pas...

Le lecteur : « Vos raisons, je l'avoue, me semblent fortes. Mais vous m'avouerez aussi qu'on ne peut pas mettre sur le même pied la paternité des princes et la tendresse des pères. »

L'auteur : « Déjà je vous l'ai concédé : car il est clair, sans parler d'autres raisons, que le nombre des sujets est trop grand pour qu'un prince ait avec eux des rapports aussi étroits que le père avec ses enfants.

Mais vous m'accorderez que la tendresse est simplement un instinct physiologique et qu'il n'est ni la seule ni la principale, ni la plus digne garantie de l'homme raisonnable. La tendresse dans la famille est comme la saveur dans les aliments, un accessoire ajouté par la nature, afin de nous rendre agréable l'accomplissement d'un devoir. Et de même que, faute d'assaisonnement dans sa nourriture, un homme ne se laissera pas nécessairement mourir de faim, pourvu qu'il connaisse et accomplisse encore l'obligation de se conserver, ainsi un père de famille peut manquer de tendresse sans pour cela manquer à son devoir, tant qu'il écoutera la voix et les ordres de sa conscience paternelle. — Or, pouvez-vous nier que les princes, et spécialement les princes catholiques, aient toute facilité de connaître leur devoir et d'en entendre la voix dans le sanctuaire de leur conscience royale ?»

Le lecteur : «Cela, je ne le nierai jamais : ce serait faire injure à la vérité. Les ennemis des rois ont dû en convenir eux-mêmes, tout en cherchant parfois à diminuer leur mérite et à expliquer la bonté, la sagesse

de leur gouvernement par crainte de la presse étrangère, ou par d'autres mobiles... »

L'auteur : « Soit ; que ces fauteurs de calomnies scru-
tent les replis d'une conscience, dont ils se sont affran-
chis et qu'ils en devinent les intentions ! Il nous suffit,
à cette heure, d'avoir, pour le bien de la famille civile,
une garantie écrite de la même main toute puissante
qui a tracé celle de la famille naturelle.

Cette garantie, le peuple la sent si vivement qu'au
mépris de toutes les théories modernes, il continue,
même sous les nouvelles constitutions, à voir dans le
prince son vrai chef comme il le voyait au temps des
régimes absolus. L'observation en a été faite par le grand
orateur français, Montalembert (1).

« C'est toujours, dit-il, sur le pouvoir exécutif que
se concentre l'amour ou la haine du peuple depuis
Louis XVI jusqu'à Cavaignac. » — Et le peuple ne se
trompe pas : Il sent que, conformément à l'ordre naturel,
celui qui gouverne est toujours l'exécuteur d'une loi
imposée par une autre raison et en définitive par la rai
son divine. Que celle-ci se fasse entendre par des faits
naturels ou par la révélation, qu'elle soit interprétée
par une assemblée purement consultative ou par une
assemblée délibérante, le prince, le chef qui ne veut pas
être un tyran est toujours obligé de se diriger, dans un
gouvernement, d'après une loi qui lui est supérieure.
Lors donc qu'une assemblée constitutionnelle impose
au prince ses délibérations, le peuple les suppose sages

(1) Discours à l'Assemblée, 10 février 1851.

et faites pour son bien ; il ne voit rien de changé dans son chef ou son Roi ; ce chef reste toujours à ses yeux, sous des noms différents, le moteur suprême de la société, celui qui fait, selon sa propre conscience, exécuter de justes lois. Le peuple ne croit point le prince exempt de la loi divine, même dans la monarchie la plus absolue ; pas plus qu'il ne croit un chef d'État esclave des chambres, quand bien même celles-ci prétendraient dicter souverainement ce qui est juste et ce qui est injuste : pour le peuple un chef de gouvernement est donc aujourd'hui ce qu'il a été jadis. En réalité néanmoins il y a une énorme différence. Autrefois le souverain se guidait par la lumière de sa conscience et par les avis de conseillers de la capacité desquels il était lui-même le juge. Dans les gouvernements parlementaires modernes les ministres se guident non sur les convictions de leur conscience, mais d'après la conscience d'une Chambre dont les députés ont été choisis comme habiles par la multitude et qui ont été plus ou moins achetés pour l'utilité du ministère.

Et maintenant que le lecteur juge laquelle des deux garanties est la meilleure.—Pour nous, point de doute : la garantie de la conscience a bien quelque valeur et mérite de tenir un bon rang parmi les forces sociales.

636. — Que si les partisans des régimes modernes ne voient ou ne comprennent pas l'auguste puissance de cette garantie, il faut les plaindre, — sans trop nous en étonner : ils vivent sous l'empire du principe protestant. Et ce principe logiquement rend impossible la conscience privée, et du même coup la confiance pra-

tique dans la conscience des autres, surtout s'ils ont en main le gouvernement, car d'après leur théorie ils ne visent que leur intérêt personnel (1). Et c'est ici que vous touchez du doigt la raison intime du faux-supposé de Montesquieu.

637. — Le lecteur : « Vous supposez vous-même que le prince écoute sa conscience. Mais si par hasard c'était un de ces scélérats qui la foulent aux pieds, qu'en serait-il de la société ? »

L'auteur : « A mon tour, je vous le demande : Si ce père était un pareil criminel, que deviendrait sa famille ? »

Le lecteur : « La famille en appellerait au magistrat. »

L'auteur : « Belle sécurité ! Je voudrais parcourir les procédures de la justice pour y voir combien de fois des enfants ont accusé d'infanticide devant les tribunaux les auteurs de leurs jours.

« Mon cher ami, il y a eu de tout temps des crimes commis par des pères, par des princes absolus et par des parlements constitutionnels. Et il suffit de citer ici cet idéal des gouvernements représentatifs, ce parlement anglais dont la beauté a tellement fasciné certains politiques qu'ils l'ont appelé « une incarnation de la liberté ». C'est ce gouvernement qui depuis deux siècles a transformé les Irlandais en Ilotes et les gibets de Londres en bûchers de Néron. — Autre chose est donc de dire qu'un gouvernement n'a pas de garantie et

(1) Cf. Chap. V. Le bonheur social.

autre chose de dire que celles-ci ne peuvent pas être méprisées.

« La garantie de la société domestique et celle de la société civile peuvent être l'une et l'autre violées par des scélérats... et la première plus facilement même que la seconde : car celle-ci n'est pas, comme la paternité, protégée par la tendresse des affections ; et la violation en serait funeste à beaucoup plus de personnes. Et c'est précisément pour cela que la Providence l'a fortifiée par l'adjonction de secours très nombreux, afin de la rendre aussi sûre que la tendresse paternelle. Ah ! cher lecteur, je ne sais si je dois rire de la puérilité ou m'indigner de l'arrogance de certains pygmées. Une charte à la main, une de ces chartes déjà déchirées et recousues tant de fois, ils s'élèvent avec une ridicule solennité jusqu'au trône de la sagesse divine — et là lui représentant qu'elle n'a pas su faire assez robustes ses créations, ils lui proposent les remèdes de leurs petites fioles. Oui ; exhibez sous ses yeux ces principes opposés et invincibles qui rendent la tyrannie impossible en Angleterre, ces trois pouvoirs si bien équilibrés qui naguère s'appelaient en France les députés, les Pairs et Louis-Philippe, mais dont il ne reste aujourd'hui qu'un souvenir historique ; oui, toutes ces merveilles de votre charte en morceaux, placez-les dans un des plateaux de la balance politique et dans l'autre plateau mettez la bonté, la conscience, la religion d'un Roi père de ses peuples, la joie qu'il éprouve à faire du bien même à des étrangers, la gloire qu'il recueille de ses bienfaits et qui le suit jusque dans la tombe, l'intérêt qu'il a de ne point inquiéter ses sujets et de les maintenir dans la paix ; ajoutez l'indépendance que lui procurent ses richesses, les avertissements qu'il peut recevoir d'un confesseur zélé, d'un évêque courageux, du Pontife suprême ; joignez-y les remontrances de conseillers fidèles, les traits satyriques des plaisants, les impertinences mêmes de plébéiens incultes, les notes de la diplomatie, la crainte de tumultes et de révolutions qui raviraient à ses enfants leur héritage paternel, enfin les pleurs de ses fils, les supplications d'une reine, les injonctions d'une mère... Encore une fois mettez toutes ces forces dans l'autre plateau de la balance politique : puis venez, ô censeurs intrépides de la Providence ; faites flotter au vent vos lambeaux de charte déchirée ; vantez-en l'importance et les magiques effets : dites-nous, par exemple, comment chez nous elle nous a préservés de la tyrannie des Amédée et des Emmanuel, grâce à l'inviolable justice qui a laissé dépouiller des Religieux et exiler des Évêques ! Soyez fiers d'avoir corrigé les bévues de la Providence ! Dites hardiment à ce peuple italien, votre dupe, qu'il était stupide d'avoir confiance dans la bonté, dans la conscience de ses princes : « Conscience, devoirs, humanité, religion, intérêt dynastique, remontrances des potentats, amour des sujets, résistance ministres catholiques, crainte de rébellion !... Qu'est-ce que tout cela ? — La charte, et même un lambeau de cette charte... Voilà ce que nous voulons : Tout le reste est inutile ou du moins insuffisant. — Très bien ! mes braves ! — Voilà votre œuvre terminée : « Donc sans la division des pouvoirs aucune liberté ni sécurité !... »

Le lecteur : « Diantre! quelle ardeur! Ne voudriez-vous pas que je vous tâte le pouls? »

L'auteur : « Excusez-moi, lecteur bienveillant, si je m'abandonne à ce transport de mon cœur! Ah ! quand je pense au mal que font ces théories exclusives, à l'agitation incessante qu'elles excitent dans le pauvre peuple, également incapable et de réfuter les sophismes qui l'égarent et de tolérer un joug qu'on lui dépeint intolérable, et d'apaiser des désirs qui sont insatiables, parce qu'ils sont contre la raison... je ne puis m'empêcher de couvrir de honte et de malédictions d'aussi funestes absurdités! »

638. — Le lecteur : « Mais quoi ? vous soutenez donc que la division des pouvoirs ne sert à rien ? »

L'auteur : « Loin de là ! Ne vous souvient-il pas que j'ai soutenu moi-même (1) que tout gouvernement était de soi tempéré par un organisme naturel qui rend inévitable une certaine division des pouvoirs ? Loin donc de la croire inutile, je la regarde comme nécessaire et naturelle au sens exposé plus haut. Bien plus en parlant au sens des modérés dont nous examinons la théorie, je n'ai rien dit jusqu'à cette heure qui exclue absolument cette division. Si ces auteurs prétendaient simplement qu'elle peut avoir son utilité, quand elle naît légitimement des faits, selon la doctrine que nous avons exposée à propos de la possession de l'autorité (2), bien volontiers nous laisserions passer cette opinion, sans attaquer du reste ceux qui tiennent pour l'indivi-

(1) Voir t. I, 4e partie.
(2) Voir t. I, 3e partie, chap. 4.

sibilité du pouvoir. Toutes les institutions en ce monde ont leurs avantages et leurs défauts et l'on peut soutenir à leur sujet le pour et le contre, pourvu qu'elles ne sortent pas de ce champ de la légitimité où la raison divine veut renfermer leur action.

639. — Ce que je ne saurais tolérer, c'est cette manie exclusive, ce « tout ou rien » plein de contradictions. D'un côté l'on proclame libres toutes les opinions, même hétérodoxes ; de l'autre, on veut imposer tyranniquement une théorie controversée en droit, malheureuse en fait ; et l'on déclare illégitime tout gouvernement, basse et servile toute intelligence qui ne veulent point se laisser tyranniser par ce despotisme pédantesque. Encore si ce despotisme pouvait défendre ses raisons ? Mais non ; il s'appuie sur l'erreur protestante ; il dénie malhonnêtement toute force à la conscience, toute valeur au droit ; et soit ignorance, soit malice, il laisse de côté toutes les raisons qu'on lui oppose.

« Les gouvernements absolus et paternels, dit-on, « avec un auteur Italien (1), sont des arbres dont les « fruits ont été partout condamnés. »

Et les gouvernements non absolus ont-ils ramené l'âge d'or soit en Italie, soit en Europe ? — L'on répond : « L'expérience qu'on en a faite a été trop courte. » Courte, soit ; mais elle a été si terrible que les promoteurs de cette expérience n'ont su ni la diriger ni la contenir.

Or, si tel est le fait, s'il y a des inconvénients de part et d'autre, comment conclu-t-on de l'utilité des cons-

____
(1) Pellegrino Rosi.

titutions modernes à leur nécessité ? Comment leur donne-t-on le droit de détruire tout autre gouvernement ? — Eussiez-vous pleinement établi leur utilité ; ce ne serait pas encore une raison pour que cette utilité prévalût sur le droit. Mais quand cette utilité est incertaine, quand des expériences funestes sont loin de la recommander, prétendre qu'elle doit faire table rase de droits anciens respectés pendant des siècles ; prétendre que mettre en doute ces doctrines et ne pas vouloir anéantir ces droits, c'est servilité, obscurantisme, haine de la patrie. Voilà ce que j'appelle un despotisme pédantesque et intolérable.

Cet exclusivisme rejeté, je reconnais positivement l'utilité d'une certaine division légitime des pouvoirs ou des fonctions de l'autorité. Je vais même, avec votre agrément, vous en donner la théorie sous forme scientifique... Et plus d'un lecteur m'en sera sans doute reconnaissant.

640. — Qu'est-ce que l'autorité ? C'est le principe de l'unité sociale, c'est ce qui relie entre eux les individus par la force morale du droit. D'où il suit que plus l'autorité sera puissante pour unir, plus elle sera parfaite. — Or, l'autorité concentrée dans la main d'un seul est plus propre à faire cette union, puisqu'elle ne peut se diviser dans le même sujet. Donc à ne considérer que la nature de l'autorité, la concentration en paraît avantageuse et la division nuisible.

Mais il s'agit ici de juger du bien ou du mal moral d'une chose : c'est pourquoi nous ne devons pas considérer la nature physique du sujet en qui réside le pouvoir mais la fin, le but de ses actes. Quelle est donc la fin de cette union des hommes en société ? Personne ne l'ignore, c'est la poursuite et l'obtention du bien public. D'où il suit que comme l'autorité est parfaite substantiellement quand elle est douée d'une grande puissance unitive, ainsi est-elle parfaite moralement lorsqu'elle tend par toutes ses forces à procurer le bien commun. Mais ces deux conclusions sont idéales et abstraites. Et l'autorité pour agir réellement a besoin de se réaliser dans des individus concrets, c'est-à-dire dans des hommes qui gouvernent avec leur raison et procurent à la société son vrai bien.

641. — Oui ; mais ces hommes très réels ne failliront-ils jamais à leur devoir ? La chose est au moins possible ; et dans ce cas la première proposition établie plus haut n'est plus vraie ; il faut la modifier en la joignant à la seconde et dire : l'autorité est d'autant plus parfaite qu'elle tend plus pleinement au bien et qu'elle possède une plus grande efficacité pour l'obtenir.

642. — Donc quand le sujet qui possède l'autorité est parfait comme Dieu, l'autorité sans division est infiniment parfaite : et ce serait le plus grand des maux si sa puissance était divisée par le dualisme manichéen ou par le polythéisme des gentils.

— A l'opposé, si le sujet qui possède l'autorité est très imparfait, très imparfaite aussi sera la concentration du pouvoir dans ses mains. Concrétons le théorème : « Quel est le sujet très imparfait ? Substantiellement, c'est le néant ; puisque l'existence implique toujours une certaine perfection, celle au moins d'un être réel ; moralement, c'est, à notre connaissance, le père du mal, le démon.

Or, supposez l'autorité indivise dans l'un de ces deux sujets : n'est-il pas vrai qu'elle sera très imparfaite ? Très imparfaite, dans l'hypothèse du néant ou de l'absence de toute autorité : car alors l'anarchie battra son plein ; très imparfaite aussi dans le démon : car alors elle sera dirigée dans toute la plénitude du désordre au péché et à l'enfer. Et dans ce même sujet infernal le pouvoir serait d'autant moins funeste qu'il serait plus divisé... Voilà les deux extrêmes absolus: d'un côté l'autorité la plus parfaite, de l'autre l'autorité la plus imparfaite.

643. — Mais l'autorité sociale n'est directement ni aux mains de Dieu, ni aux mains du démon : elle est aux mains d'hommes bons par création, viciés par leur corruption native, plus ou moins perfectibles grâce à l'éducation et aux institutions domestiques et sociales. — Ici donc, rien d'absolu, ni en bien, ni en mal: et les applications des deux théorèmes précédents varieront comme le sujet même de l'autorité. — Ces applications pourront se réduire aux deux propositions suivantes :

1° L'imperfection étant dans l'homme essentielle et constante en raison de sa contingence et de la corruption de sa nature, la concentration pleine et absolue de l'autorité dans les mains d'un seul homme serait toujours un défaut pour un gouvernement. Et c'est pour cela sans doute que le créateur, qui a fait toutes choses avec nombre, poids et mesure, a rendu naturellement impossible à un homme imparfait l'entière possession d'une autorité parfaite.

2⁰ L'autorité concentrée diminuera ou augmentera de perfection dans la même proportion que le possesseur de cette autorité sera, pour des causes accidentelles, plus ou moins parfait.

Pourtant remarquons-le bien : l'application de ces propositions regarde un fait ou une loi : Par exemple, si l'on vous demande : tel prince héritier gouvernera-t-il bien ou mal ? il s'agit d'un fait. Au contraire, si l'on fait cette question : Serait-il bon que chez tel peuple, les pouvoirs politiques fussent divisés? Ici l'on traite d'une loi à établir. Or, vous voyez de suite combien diverses seront les considérations à faire pour résoudre ces deux problèmes.

644. — S'agit-il d'un fait? Dans ce cas, tout est concret et individuel. Je raisonne alors selon les données historiques, et je réponds d'une manière précise, sans détacher mes yeux des événements et des personnes, sans chercher ce qui pourrait arriver une autre fois. Par exemple : je vous dirai que la concentration de l'autorité dans les mains d'Auguste a été pour Rome une bonne fortune: il a soustrait l'empire à l'anarchie, j'en dirai autant de Constantin, qui a délivré le monde de trois despotes persécuteurs.

S'agit-il au contraire d'établir une loi? Elle regarde l'avenir et des événements encore indéterminés. Alors l'on ne s'appuiera plus sur les qualités des personnes; mais sur des raisons constantes tirées de la nature humaine et des institutions ; de ces institutions qui, sans doute, ont leur côté matériel, mais dans lesquelles s'incarnent et se perpétuent les idées. — D'où il suit que plus ces institutions assureront l'honnêteté de conscience des gouvernants, plus aussi l'autorité concentrée dans leurs mains agira sagement, et moins il sera besoin de la tempérer par des garanties ajoutées à celle de la nature... Par contre, moins l'on pourra compter sur les institutions sociales pour assurer cette probité dans le possesseur de l'autorité, moins ses actes seront parfaits et, par conséquent, plus la division des pouvoirs sera utile.

645. — Mais puisque toute autorité humaine a des tempéraments naturels ou accidentels, pourquoi ne pourrait-on pas soutenir absolument, au moins pour les gouvernements humains, que l'autorité divisée est plus parfaite ?

J'ai déjà résolu partiellement cette difficulté, lorsque j'ai dit qu'en elles-mêmes « les fonctions de l'autorité sont toujours divisées ». Mais afin que la réponse soit plus complète et plus claire, je vous rappellerai qu'un gouvernant est un composé d'homme et d'autorité ; et qu'en parlant de lui nous devons toujours tenir compte de cette composition. Car, si d'un côté l'imperfection humaine nous fait dire toujours : la division des pouvoirs est un bien ; d'un autre côté l'unité essentielle à l'autorité nous fait conclure toujours : cette division est un mal. D'où il appert que toute division non nécessaire est toujours un mal, de même que toute concentration disproportionnée avec la faiblesse humaine.

Voilà, cher lecteur, un regain de métaphysique qui

m'attirera peut-être le reproche d'être ennuyeux, mais non point celui d'être hypocrite...

Et maintenant appliquons ces principes arides à l'ordre concret : en voici quelques-uns présentés sous forme de lois et dont vous saisirez de suite la justesse.

646. — 1° L'autorité de l'Eglise, vous le savez, réside dans un sujet qui, grâce aux institutions canoniques, est d'ordinaire parfaitement armé pour vouloir le bien, tandis qu'il est presque impuissant pour le mal ; il a de plus pour connaître le vrai la promesse divine de l'infaillibilité et pour agir une assistance très spéciale ; donc, dans l'Église, il vaut mieux, en respectant toujours les tempéraments établis par son divin Fondateur, favoriser la concentration que la division des pouvoirs. Et c'est pourquoi le gallicanisme n'a jamais obtenu faveur auprès des catholiques de l'Église universelle, pourquoi même ses ardents défenseurs d'autrefois l'ont tout à fait abandonné.

647. — 2° Dans la société domestique les sentiments naturels rendent improbable, au moins d'ordinaire, un abus grave de l'autorité paternelle. Donc, en général, il vaut mieux la concentrer que la diviser ; sauf toujours ce plus ou moins de garanties ou de tempéraments légitimés par un fait social ou par des institutions raisonnables.

648. — Quant à l'autorité publique, pour ainsi dire toute-puissante, elle est confiée à un fils d'Adam, c'est-à-dire à un homme qui participe à la corruption originelle.

Mais il ne convient pas de considérer seulement en

lui la nature blessée ; il faut y voir aussi le baptisé, l'homme soumis à l'influence du Rédempteur. D'où deux applications diverses :

Plus cette influence de foi et de grâce, en vertu des institutions sociales, est puissante sur l'esprit, le cœur, la conscience de celui qui gouverne, et moins est utile une division des pouvoirs qui d'ailleurs n'est pas exigée par la nature...

Au contraire, moins est forte sur l'esprit et le cœur du prince, en raison des institutions sociales, l'influence de la Révélation, et plus avantageuse est la division du pouvoir : c'est une garantie contre les abus où sa faiblesse morale pourrait l'entraîner.

649. — L'histoire confirme ces applications : elle nous montre que le bon sens du peuple, sans leur donner une forme scientifique, a toujours d'instinct suivi pratiquement ces principes. Jetons un coup d'œil seulement sur l'ère chrétienne, que voyons-nous ? L'autorité des empereurs sans cesse combattue, dans le paganisme, par d'autres pouvoirs plus ou moins réguliers, acquérir avec et par le christianisme le caractère inviolable d'une majesté divine dans sa source, et la reconnaissance des peuples régénérés... Les barbares viennent réduire en poudre le colosse romain : ils ramènent dans l'Europe chrétienne le règne de la force ; leur pouvoir est divisé grâce à l'indépendance sauvage de ces tribus guerrières et de leurs chefs particuliers. Mais une fois que leurs mœurs se sont adoucies, et qu'ils sont soumis à l'Église, loin de demander des garanties contre le pouvoir ou de les réclamer comme

un privilège, ils les refusent comme une offense. Et Charlemagne dans ses capitulaires doit obliger les corps délibérants à ne point manquer aux réunions « des champs de Mai », tant il est vrai que les sujets de ce grand Prince avaient beaucoup plus foi dans sa conscience que dans la division des pouvoirs !... Les empereurs germains deviennent des despotes sans retenue et sans respect pour l'autorité apostolique; alors leurs barons se déchaînent contre eux, parce qu'ils ne sont plus garantis contre leur tyrannie.

Après Grégoire VII et Innocent III l'ordre se rétablit dans la société européenne; de nouveau les garanties politiques perdent de leur importance dans l'esprit des peuples. Le pouvoir civil est affranchi par la réforme de l'influence des Papes; les peuples recommencent à se plaindre et à réclamer des contrepoids à la concentration de l'autorité : — Et c'est précisément alors qu'ils se laissent si facilement séduire par ceux qui demandaient non pas de sages garanties conformes à la raison, à la justice et amenées par des faits... mais bien la licence effrénée d'attaquer toute autorité, ce qu'ils ont appelé : « La division des pouvoirs. »

650. — Vous le voyez, cher lecteur : Je ne rejette point la division des pouvoirs pour aduler les princes; je ne la canonise point pour flatter les séditieux. Je me contente de soutenir que ce n'est point une panacée infaillible et nécessaire à tous les peuples : car la meilleure et la plus légitime des garanties, ce sera toujours l'honnêteté, la religion profondément enracinées dans le cœur d'un roi, de ses ministres, des

prêtres qui les dirigent, enfin dans l'âme de la nation entière.

651. — Or, faites avec moi très sincèrement une réflexion :

« Depuis trois siècles, le protestantisme ; depuis deux,
« le jansénisme ; depuis cent ans, le philosophisme, et
« depuis cinquante le libéralisme, nous vantent sous
« des formules diverses la division des pouvoirs,
« comme la grande panacée à tous les maux de la
« société. » Pour l'obtenir ils ont tout employé : liberté
de la parole et de la presse, apostasies et troubles,
hérésies et schismes, révoltes et guerres, assassinat des
peuples et des rois ; profusion de talent et d'argent ;
intrigues dans les cours ; conspirations dans les répai-
res des sectes, flots de sang des armées répandus sur
les champs de bataille, flots de sang des victimes ver-
sés sur les échafauds ; et après ces trois siècles d'efforts,
la situation est tout aussi menaçante qu'à aucune époque pour l'Europe entière : elle sent toujours son sol
trembler ; elle entend toujours les sourds mugissements
d'une tempête prête à fondre sur elle. Et le sort de ses
peuples n'est point devenu sensiblement meilleur. Or,
je vous le demande, répondez-moi loyalement comme à
un ami : croyez-vous que si ce travail, cet accord, cette
ardeur, ces sacrifices, ces sollicitudes, ces conspirations,
ces trésors, ces flots d'encre et de sang, en un mot tant
d'énergies physiques et morales eussent été dépensées
pour vivifier, perfectionner, dans le peuple et dans ses
chefs, la conscience, l'idée, l'autorité catholique au lieu
de les tourner à l'avilissement et à la ruine de ces for

ces morales... croyez-vous, dis-je, que nous n'eussions pas obtenu un meilleur résultat ?

Croyez-vous qu'une excommunication fulminée contre des gouvernements oppresseurs et soutenue par l'opinion et la conscience publiques ne serait pas plus efficace que toutes les promesses creuses prodiguées au sujet du budget, pour arrêter cette augmentation incessante d'impôts écrasants, iniques en grande partie et gaspillés sans contrôle ? Croyez-vous que des ministres vraiment catholiques, des Giriodi (1), des Latour, etc., par exemple, n'eussent pas mieux défendu les intérêts du peuple contre un monarque oppresseur que des députés et des journalistes grassement payés pour accorder à un gouvernement tout ce qu'il demande.

652. — Vous en conviendrez sans doute comme moi. Vous conviendrez aussi que les catholiques plaçant leur trésor dans le ciel n'ajouteraient point chaque année quatre-vingts millions au budget. Par conséquent, vous reconnaîtrez en toute franchise que nous avons plus d'un motif de nous plaindre de ces absolutistes d'un nouveau genre ; de ces politiques modernes qui prétendent dompter le courage catholique, victorieux des Néron..., des Bonaparte ; qui voudraient faire passer les chrétiens sous les fourches caudines de leur théorie des trois pouvoirs et les contraindre, au mépris de la vérité, de la justice et contre leur conscience à proclamer l'utilité absolue d'un pareil système de gouvernement, fût-il illégitime. —S'ils se contentaient d'exposer

(1) Ministre de Piémont.

scientifiquement leurs théories au point de vue politique, nous le souffririons. Nous pourrions peut-être déplorer leur erreur, si nous avions quelque préférence pour telle forme de gouvernement. Du moins l'idée morale serait intacte ; l'autorité garderait son droit et les peuples sentiraient l'obligation d'obéir même à un gouvernement absolu, mais légitime.

Mais ils continuent de répéter que, sans la division des pouvoirs, il n'y a point de salut, que ces trois pouvoirs doivent être conférés par la nation... en d'autres termes, que le peuple est la source de toute autorité, de tout principe moral capable d'assurer la durée d'un gouvernement. Ecoutez un peu le Statuto de Florence, (7 mars 1851) : « Les peuples, dit-il, ne reconnais-« sent point dans la monarchie absolue le droit de « commander... De nos jours, la puissance morale ne « peut venir que du peuple. Ce peuple ne donne sa « confiance à un pouvoir que s'il l'a conféré lui-même, « et la force de l'autorité ne peut se rencontrer que « dans le système représentatif... A la réaction de « résoudre ce problème toujours insoluble : « Peut-on « sans un principe de morale et avec l'unique puissance « du canon fonder un ordre social et en assurer la « durée ? » — Vous le voyez, les parlementaires Florentins (et combien leur ressemblent !) dénient à toute autre forme de gouvernement le droit de commander. — Ce qui signifie que sous un autre régime quelconque l'Église n'a pas le droit de dire aux catholiques : « Vous devez obéir. » — Elle pourra leur dire : « Cédez à la force du canon, craignez le pouvoir absolu armé de baïonnettes... Mais de véritable obligation, il n'y en a plus pour les peuples. »

Telle est la doctrine sur laquelle on revient tous les jours pour faire entrer l'idée d'un prétendu droit dans les cervelles populaires ; on soutient l'erreur où elle existe, on la propage parmi ceux qui ne la connaissent pas... ; puis l'on nous dit : « Jamais la société n'aura de repos qu'elle n'ait atteint le but vers lequel elle gravite, c'est-à-dire la satisfaction de ses besoins nouveaux, le triomphe du nouvel ordre social.

Je crois, moi, que les peuples n'auront point de repos tant qu'ils boiront à ces coupes empoisonnées. Et voilà pourquoi, dans le chapitre IIᵉ, nous avons démontré qu'il n'y a pas de gouvernement possible, comme le disait Napoléon, avec la liberté pleine et entière de la presse, surtout quand elle est déchaînée contre l'autorité de l'Église et contre le principe de dépendance chrétienne, de cette dépendance d'où sort, pour les catholiques, tout l'ordre social.

— Que ce principe reprenne son empire dans les nations, alors disparaîtra ce « besoin prétendu de la société, la paix régnera sous un gouvernement légitime quelle que soit sa forme ; les différents intérêts n'auront plus la liberté de se combattre les uns les autres ; et l'on ne reconnaîtra plus le droit suprême de la force, celui qui, pour tant de publicistes modernes, constitue l'ordre véritable de la société. — Ecoutez encore le journal de Florence (1) : « Dans un état, dit-il, le choc des dif-

(1) Le Statuto.

férents intérêts est à peu près inévitable, même lorsque les conflits sont d'ordre purement intérieur... Dans ce cas, les éléments si multiples et si variés de ces intérêts se combinent, et c'est le besoin prédominant sur les autres qui l'emporte. Mais quand aux éléments nationaux se mêle une influence étrangère, alors il est inévitable que l'agitation soit perpétuelle et que l'ordre véritable ne se rétablisse jamais. » Avez-vous entendu, cher lecteur ? Avez-vous compris ce qu'est l'ordre véritable de la société? C'est dans le conflit inévitable des différents intérêts, le triomphe du besoin prédominant. D'où il suit que si Jésus de Nazareth eût été traduit non pas au prétoire de Pilate, mais au Vieux Palais de Florence, les politiques modernes, après la parole de Caïphe : « Il est expédient que ce seul homme meure pour le peuple », auraient dû rendre une sentence conforme au besoin et à l'intérêt prédominant ; malheur au ciel s'il eût voulu se servir des légions romaines — une force étrangère ! — pour défendre cet homme dont le faible intérêt avait contre lui le besoin prédominant de la masse des Juifs. D'où il suit encore que si la représentation nationale se compose en grande partie d'intrigants, constitue un parlement peu catholique, juge en majorité qu'il faut exiler les évêques, emprisonner les religieux, déchirer les concordats, cela s'appellera comme en Toscane l'ordre véritable de la société : ce sera son intérêt dominant.

J'insiste sur ces doctrines : elles font toucher du doigt la valeur de ces mots si fréquents sur les lèvres des modérés : l'ordre public, la force morale, le bien social, etc., qu'ils opposent aux canons et aux baïonnettes de la réaction.

Il est donc évident que les partisans mal avisés des idées modernes ressemblent au vieux légendaire de Saint-Denis : « Ils baisent leur propre tête après qu'elle a été coupée. » Dire que le droit et l'ordre vrai de la société réside en définitive dans l'intérêt ou le besoin prédominant, c'est dire que le droit se confond avec la force, ou autrement « qu'il n'y a pas de droit ». Pourtant Dieu sait avec quelle chaleur et combien souvent l'on parle de l'ordre et du droit.

Voici ces doctrines résumées et traduites en langue vulgaire : « Si les libéraux de l'Italie avaient été libres d'écrire et d'agir, ils auraient trouvé le moyen d'éclairer et de soulever le peuple ; ils en auraient fait sortir une majorité favorable. Or cette majorité, précisément parce qu'elle est victorieuse, est seule la source du droit et de l'ordre social véritables : donc la force étrangère qui lie les mains et la censure qui lie la langue rendent impossible et l'ordre social véritable et tout gouvernement qui représente le droit. »

Nous plaignons sincèrement les esprits et les cœurs honnêtes séduits par ces erreurs, mais nous sommes contraints de leur dire franchement qu'un catholique ne saurait jamais souscrire à cette doctrine de l'intérêt prédominant... ; qu'il y a une justice éternelle contre laquelle ne peuvent rien ni le besoin ni l'intérêt d'un peuple entier et que toute force sociale intérieure ou étrangère peut agir pour la défense de cette justice éternelle, si elle est réclamée par une autorité légitime. —

Ces vérités ne plairont pas à tout le monde : mais on ne change pas la morale catholique. Que les adversaires la combattent mais sans la travestir. Qu'il ne nous fassent pas dire, par exemple : que toutes les réactions sont bonnes, toutes les rigueurs justes, tous les supplices saints ! Non : la justice éternelle peut être violée par tous les partis, par une force matérielle supérieure, comme par la majorité des suffrages. Mais si l'on a tort de s'appuyer seulement sur une force matérielle supérieure, l'on a tort aussi de baser le droit et l'ordre social uniquement sur la pluralité des suffrages et sur la division des pouvoirs qui en dérive.

§ IV

L'INDIVISIBILITÉ DES POUVOIRS

SOMMAIRE : — 653. Résumé de ce qui précède. — 654. Autre illusion. — 655. Instabilité du système. — 656. Beaucoup d'intérêts ne sont pas représentés. — 657. Ou le sont inutilement. — 658. En raison même du régime constitutionnel. — 659. L'intérêt exclut l'humanité et la compassion. — 660. L'avantage prétendu de l'antagonisme. — 661. N'empêche pas de revenir à l'unité du pouvoir. — 662. Puis de la détruire ensuite. — 663. Aveux de Bentham et de Romagnosi. — 664. Tyrannie justifiée des trois pouvoirs. — 665. Le bien que leur apporterait le catholicisme, s'ils étaient pénétrés de son esprit. — 666. Qu'on travaille donc à faire renaître cet esprit.

653. — Je crois avoir démontré clairement à quiconque ne veut pas s'entêter dans ses opinions que la division des pouvoirs doit être respectée, quand elle est sortie légitimement de l'ordre et des faits ; mais aussi qu'elle n'est point d'une absolue nécessité ; par conséquent, qu'une révolte contre un pouvoir juste n'est jamais per-

mise, afin de l'introduire dans un pays où elle n'existe pas. J'ai fait voir également que, pour la préserver contre ses propres abus, Dieu avait donné à l'autorité domestique et sociale des garanties bien autrement efficaces que la division des pouvoirs; je veux dire la voix de la conscience, les sentiments de la religion, de l'amour et même de l'intérêt. Ces preuves vous ont persuadé qu'ici encore le protestantisme, selon son habitude, détruit en pensant édifier. Les réformateurs poussent le peuple à briser le joug d'un pouvoir ancien identifié avec la vie d'une nation, vénéré par elle. Puis ils promettent un pareil respect au pouvoir nouveau, par cela seul qu'ils auront adjoint à une illustre et vieille dynastie trois ou quatre cents conseillers, c'est-à-dire ces députés, pour la plupart, avocats sans cause, médecins sans clients ou leurs pareils qui sont allés acheter les suffrages au cabaret et prétendent ensuite mener le peuple à la baguette? En vérité, les partisans de ces nouveautés sont au moins ridicules lorsqu'ils s'étonnent, dans leur naïveté, de voir le peuple ne pas respecter des lois votées par les représentants de la nation. Ils rappellent la scène comique arrivée à Turin en juillet 1848. Le peuple, irrité de voir le Parlement chasser le roi pendant que l'Autriche battait les Italiens, se réunit autour de la Chambre, criant que la nation ne voulait plus de la Constitution : « Cela est impossible, répondit un député; puisque la nation, c'est nous! » En Angleterre, oui; les trois pouvoirs sont possibles. Ils cachent leur tête mystérieuse dans l'ombre des siècles passés; et ceux qui en sont dépositaires exercent avec vigueur cette force morale du droit que la Réforme n'a point déracinée dans cette nation parce qu'elle a toujours tenu à ses traditions civiles et politiques plus que les autres peuples de l'Europe. Mais partout ailleurs où pour introduire la division des pouvoirs l'on recourt à cet art merveilleux qui consiste à crier : « A bas le pouvoir », la ruine est assurée pour le nouvel édifice social, comme elle l'a été pour l'ancien.

654. — L'absolue nécessité de diviser en trois le pouvoir n'est que la première erreur de cette théorie. Il y en a une seconde que je veux mettre à nu, celle-ci : « Divisez les pouvoirs et vous assurerez la liberté. »

Vraiment ? cher lecteur ; faites-moi pour un moment, le plaisir de mettre de côté ce bon sens qui vous distingue : Prenez le parti de mes adversaires ; et expliquez-moi comment, sans l'aide de la conscience individuelle et sociale, mais par la seule opposition des intérêts, la division des pouvoirs est capable d'assurer la liberté ?

Le lecteur : « La démonstration ne m'en paraît pas difficile. — En effet, si la même personne, physique ou morale, fait la loi, l'applique et en juge les infractions, il est clair qu'elle pourra faire cette loi, l'appliquer et en punir la violation en vue de son intérêt propre... Cette personne unique est d'ailleurs moralement toute puissante. Par conséquent si ses intérêts sont opposés au vôtre, vous serez sacrifié. — La chose est claire ; et il n'est pas moins évident que votre liberté, l'usage de vos droits seront toujours dans l'incertitude : puisque vous pouvez d'un moment à l'autre, devenir victime de l'arbitraire. »

L'auteur : « Mais pourquoi, dans ce cas, n'en appellerai-je point à un pouvoir supérieur ? »

Le lecteur : « La belle réponse ! De grâce, quelle autorité trouverez-vous supérieure à celui qui possède tous les pouvoirs sociaux ? Appelez-le roi, doge, directoire, conseil des dix…la difficulté reste toujours la même : il n'y a pas d'appel contre le pouvoir suprême.—Au contraire, si nul des trois pouvoirs n'est supérieur aux autres et que tous les trois se prêtent concours, mais librement, il est clair que si l'un vous persécute par intérêt, un des autres trouvera son intérêt à vous défendre :

Sœpe premente Deo fert Deus alter opem.

655. — L'auteur : « C'est clair, dites-vous ? A peu près comme le vers que vous venez de citer. Oui ; nous serons défendus par ces trois pouvoirs comme jadis un demi-dieu ou un homme était défendu par Vulcain, Apollon, Vénus, Junon contre un Jupiter qui pouvait les foudroyer tous. »

Le lecteur : « De grâce, raisonnons sérieusement. Ne voyez-vous pas, par exemple, que si les Pairs de France avaient des intérêts héréditaires à sauvegarder, les députés pouvaient avoir des intérêts commerciaux à défendre ? Ne voyez-vous pas que si les premiers avaient grevé d'impôts le commerce, les seconds auraient répondu par des impôts sur les fiefs ? Ne voyez-vous pas enfin que, dans ces collisions, la crainte de représailles maintient chacun des deux partis dans les limites de l'honnête ? »

L'auteur : « Que vous dirai-je ? Peut-être suis-je peu

entendu dans les questions d'intérêt... Pourtant l'entreprise ne me paraît point marcher si facilement. D'abord, en France, la Chambre des députés, après quelques années, a fini par dominer l'hérédité de la pairie et après dix-huit ans elle la fait disparaître tout à fait de la scène politique ; ensuite, vous introduisez dans notre discussion l'élément du bien honnête. Mais, je vous l'ai montré souvent, il n'y a pas de place pour lui dans les sociétés modernisées, puisque dans ces sociétés ce mot ne répond ni à une idée constante ni à une notion universelle (1) ; enfin je suis encore arrêté par beaucoup d'autres raisons. Mais je vous les exposerai plus tard... Laissez-moi vous parler d'une autre difficulté qui se présente maintenant à mon esprit.

656. — « Vous supposez que, dans les Chambres, il y a toujours des propriétaires et des négociants : vous n'avez pas tort; ce sont des conditions très communes. Mais supposez aussi que l'intérêt d'une Chambre lui conseille de faire une loi conforme à l'intérêt de l'autre Chambre, mais contraire à l'intérêt d'autres classes de citoyens non représentés au corps législatif : quelle garantie ces derniers trouveront-ils dans les intérêts des deux Chambres et dans la division des pouvoirs? »

Le lecteur: « Mon cher ami, votre métaphysique vous emporte; et vos hypothèses appartiennent au monde de la lune. Car comment supposer qu'un intérêt n'aura pas de représentant parmi trois ou quatre cents députés, sénateurs, ministres? »

L'auteur: « Non; cher lecteur; je ne voyage pas du

____
(1) Voir t. I, ch. I.

tout dans la lune ; je marche très réellement sur cette terre... Ne voyez-vous pas que les pauvres, les infirmes, les fous, les miséreux de tout genre n'arrivent jamais à gouverner — et par suite que leurs intérêts ne sont jamais représentés ? »

Le lecteur : « Oh ! quant aux insensés, je réclame. Il y en a toujours plus qu'il n'en faut, dans les Chambres, pour représenter tous les faibles d'esprit d'une nation. — Quant aux gueux, aux infirmes, aux femmes et maintes personnes d'autres conditions, ils ont peu de chances d'arriver jamais au parlement. »

L'auteur : « Très bien, cela me suffit... Supposez qu'une Chambre décidée à faire la guerre trouve qu'il y a intérêt à dépouiller les dames de leurs joyaux, à délaisser les malades sur les grands chemins, afin d'occuper les hôpitaux et de les spolier, à enrôler les mendiants et à les payer non avec de l'argent, mais avec du plomb, qui se lèvera, je vous le demande en faveur de tous ces infortunés dans l'autre Chambre peut-être plus intéressée que la première à une expédition de guerre ?

« Mais pourquoi forger des combinaisons que vous appelez fantastiques ?

« L'Irlande est une nation très réelle : eh bien ! A-t-elle trouvé une garantie quelconque dans la division des pouvoirs contre le parlement britannique ? En Piémont, quelle protection les archevêques bannis, les religieux dépouillés et chassés ont-ils rencontrée dans cette même division ? »

Le lecteur : « Pardon ! beaucoup de députés généreux ont pris leur défense. »

657. — L'auteur : « Belle défense en effet. Vous allez en être convaincu, cher lecteur, si vous me permettez de rire un peu. »

Le lecteur : « Certainement : cela ne nuira point à notre amitié. »

L'auteur : « Lorsque vous défendez si chaleureusement les trois pouvoirs, vous me rappelez cet avocat qui montrait aux promeneurs un malheureux coupable conduit à l'échafaud et s'en allait répétant à tous : « Ah ! pour celui-là, je suis son défenseur ! » Que m'importe d'avoir des défenseurs dans vos Chambres lorsque les intérêts combinés s'entendent pour me faire condamner ? Même sous un régime de pouvoir non divisé, je pourrai toujours trouver un avocat qui me défende... Mais il ne suit pas de là que ma liberté sera sauve... Ce qu'il faudrait prouver c'est que je ne puis être condamné à tort... Or, pour établir cela, le fait ne me paraît pas convaincant. »

Le lecteur : « Je le sais. Mais cette anomalie dans les faits est chose inévitable. »

658. — L'auteur : « D'abord ce n'est pas là une petite anomalie ; puis ce n'est pas une exception, c'est la conséquence nécessaire de la théorie que nous venons d'étudier. »

Le lecteur : « Comment cela ? »

L'auteur : « Oui : la théorie enseigne que la liberté des citoyens repose sur la division des pouvoirs et qu'elle trouve sa garantie dans l'opposition même des intérêts, puisque, selon la réforme, l'homme n'agit que pour sa propre utilité. Donc la classe de citoyens dont les intérêts ne sont pas représentés, et, remarquez-le bien, re-présentés par une majorité imposante, ne peut plus être sûre du respect de sa liberté; bien plus, elle est moralement certaine d'être opprimée. C'est là précisément l'explication de ce spectacle si commun dans les révolutions modernes : la terreur de tous ceux qu'une majorité pénétrée de l'esprit hétérodoxe regarde comme ses adversaires. Ils se tiennent comme sacrifiés d'avance. Religieux de tous ordres, prêtres édifiants, catholiques zélés, nobles patriciens n'entendent pas plutôt les bruits d'une révolution qu'ils y reconnaissent le tintement des cloches sonnant leur agonie ! Et vous savez si jamais ce pronostic a été menteur ! Mais enfin pourquoi ces terreurs trop fondées ? Parce que leurs intérêts ou bien ne sont pas représentés ou bien ne le sont que par quelques hommes généreux qui n'arracheront point à la majorité une sentence d'ostracisme prononcée d'avance... »

Le lecteur : « Que voulez-vous ? Il fallait bien en finir avec ces obscurantistes afin de faire marcher l'œuvre de la régénération sociale. Le siècle ne veut plus de religieux, ni de privilèges ; il veut que les prêtres se renferment dans la sacristie, que les catholiques ne soient plus des fanatiques et n'usurpent pas le rôle de prédicateurs. »

L'auteur : « Merci, cher lecteur. Pour vous vous remplissez parfaitement votre rôle. Et je vous concède tout ce que vous me demandez, puisque c'est cela même que je devais vous démontrer. Oui, religieux, prêtres, privilégiés, aristocrates... tous, en un mot, pourront être opprimés, excepté bien entendu ceux qui gouvernent.

— Oh! quelle bonne garantie nous avons obtenue! Oh! quel gouvernement modèle que celui qui prête assistance à tous, — en dehors des petits et des faibles, c'est-à-dire de ceux qui en ont le plus besoin!»

659. — Le lecteur: « Je ne le nie point: ce régime a des défauts. Mais de votre côté vous ne nierez pas que, dans les Chambres, il y a beaucoup d'intérêts représentés: et que ceux-là du moins sont garantis — ce qui n'est pas un petit avantage. En Angleterre, par exemple: les Irlandais et les catholiques ne sont pas libres, c'est vrai, mais les protestants le sont; en Amérique, les noirs, il y a quelque temps, n'avaient pas tous la liberté; mais tous les blancs la possédaient. Et puis qui vous donne le droit de supposer éteint dans le cœur des gouvernants tout sentiment d'humanité, tout principe de philanthropie? »

L'auteur: «Qui me donne ce droit? La théorie même que vous défendez. N'êtes-vous pas pour le gouvernement des intérêts? Or, l'intérêt, par nature, n'a pas d'autre mobile que la cupidité, d'autres entrailles que la bourse. Avez-vous oublié ces séances tempétueuses et révoltantes du Parlement anglais ou la politique et l'économie se livraient des combats acharnés; la première redoutant les menaces incendiaires des ouvriers, la seconde craignant l'augmentation des salaires ou la diminution des heures de travail? Ne savez-vous plus avec quelle précision mathématique on calculait combien d'heures l'on pouvait clouer à sa tâche une pauvre petite créature de dix ans, et quelle quantité de pommes de terre il lui fallait pour ne pas mourir de faim? N'avez-vous jamais visité ces fabriques enfumées, fétides, où l'ouvrier n'a d'autre avantage sur l'esclave payen que celui de manquer de pain, s'il devient infirme? N'avez-vous jamais pénétré dans ces cavernes humides et profondes où le mineur passe la plus grande partie de sa vie, quand elle ne lui est pas enlevée tout à coup par une explosion terrible? Et à cet homme dont l'intérêt est d'avoir une table somptueusement servie et qui, dans ce but, condamne froidement des milliers de victimes à s'immoler pour son plaisir, à cet homme, dis-je, vous accordez encore des sentiments humains et vous lui recommandez le sort du pauvre et les pleurs de l'infortuné! »

Le lecteur : « Alors vous ne voulez donc plus qu'on travaille le coton ni que l'on exploite les mines de houille? »

L'auteur : « Je ne vais point si loin : Je voudrais seulement que toutes ces entreprises et exploitations fussent humaines et chrétiennes. — Ah! si, pour protéger tant de malheureux, la division des pouvoirs était remplacée par l'esprit catholique, vous verriez comme il arriverait vite à faire abréger les heures du travail et à rendre meilleure la nourriture de l'ouvrier! Au lieu de voir cet ouvrier froidement abandonné dans sa vieillesse vous rencontreriez auprès de lui la sœur de charité; le prêtre catholique, le religieux... pénétreraient dans ces usines enfumées; ils adouciraient chez ces malheureux oublieux de Dieu et de leur âme les tourments d'une nuit intolérable par l'espoir d'un jour sans fin; vous les verriez, ces anges de la terre, entrer au sortir de ces réduits, dans les palais des riches et des puissants non point pour partager leurs délices (ils en ont horreur), mais pour leur rappeler avec le courage de la charité et le langage de la foi qu'ils ont près de leur demeure des frères et non des animaux sans raison; que si le riche voluptueux laisse un Lazare languir à sa porte, un jour viendra que lui sera dévoré de soif à la vue de ce Lazare glorifié.

« Mais en attendant que le catholicisme revienne guérir les maux causés au prolétariat, par la fureur de l'intérêt, je veux faire avec vous une nouvelle hypothèse : celle d'une Chambre parlementaire où les honnêtes gens soient assez nombreux pour contrebalancer les intérêts des autres députés. »

Le lecteur : « Oh ! alors, la liberté sera certainement assurée. »

L'auteur : « Assurée ! Et comment? »

Le lecteur : « Rien de plus clair : car si les députés poussés par l'intérêt ne renoncent pas à leur injustice, les honnêtes gens de leur côté ne leur accorderont rien de ce qu'ils réclament. »

660. — L'auteur : « Et, pendant ce temps, comment manœuvrera le gouvernement? Il faudra bien que les deux parties de la Chambre se mettent d'accord, selon le mot de Montesquieu : « Elles seront forcées d'aller de concert (liv. XI, c. 6). Or, pour arriver à cet accord, laquelle des deux parties l'emportera? Combien de fois les honnêtes gens devront-ils se déclarer vaincus, afin que la société ne périsse pas dans cette paralysie de l'organisme gouvernemental?... »

Le lecteur : « Le mal n'est peut-être pas aussi grand que vous le dites : chacun de deux partis sacrifiera quelque chose de ses prétentions : Une transaction aura lieu. »

L'auteur : « Jolie réplique ! Vous oubliez, cher ami, le sujet de notre discussion. Sans cela, vous n'oseriez pas me parler de transaction. »

Le lecteur : « Et pourquoi pas ? »

L'auteur : « Les honnêtes gens soutiennent ce qui est juste, les députés de l'intérêt ce qui est injuste ; si les uns et les autres cèdent une partie de leurs prétentions, qu'en résultera-t-il ? — Vous ne me dites rien...? Je répondrai pour vous : Il en résultera ce qu'on appelle en ce pays parlementaire « un juste milieu », c'est-à-dire une injustice adoucie. »

Le lecteur : « N'allons pas si vite : « Vous oubliez vous-même un troisième élément qui concourt à la confection des lois...Et le pouvoir exécutif? Le roi avec ses ministres ? N'embrasseront-ils pas, ceux-là, le parti de la justice ? »

L'auteur : « Bien ; nous avons encore le pouvoir exécutif. Mais qui m'assure qu'il décidera pour la justice et non pas pour l'intérêt ? »

Le lecteur : « Au moins, on peut l'espérer... »

661. — « Voilà le bouquet : « Au moins on peut l'espérer !... » vous deviez me prouver qu'avec la division des trois pouvoirs la liberté devenait inviolable. Et nous arrivons au plus à ceci « qu'on peut l'espérer ». Et de qui peut-on l'espérer ? Du roi ?

« Mais sans division des pouvoirs un roi peut toujours donner cette espérance. Qu'avons-nous donc gagné ? »

Le lecteur : « Nous avons gagné beaucoup : car le roi ne peut rien faire sans les ministres, mais les ministres sont responsables. »

L'auteur : « A merveille : voilà une autre raison que j'avais oubliée. Voudriez-vous me la faire bien saisir; m'en expliquer toute la force. »

Le lecteur : « Comment! Vous expliquer une chose si claire? Ne voyez-vous pas que si les ministres violent la légalité, la Chambre peut les citer à sa barre, les censurer et enfin forcer le roi à les renvoyer? »

662. — « Rien de mieux : malheureusement vous détruisez d'une main ce que vous aviez édifié de l'autre. Oh! quel bon tailleur de pierres vous êtes! Nous avions d'abord une table carrée, je me trompe triangulaire, et voici que déjà nous avons fait disparaître un des angles.»

Le lecteur : « Expliquez-vous plus clairement, je vous prie. »

L'auteur : « Comment! Vous ne voyez pas que vous avez annulé le pouvoir du roi? Nous avions à concilier les deux Chambres ou les deux parties d'une Chambre, luttant l'une pour l'intérêt, et l'autre pour la justice. Afin que la justice l'emportât, vous avez appelé le roi. Un moment, je triomphai : parce que maintenant tout dépendait uniquement du Roi. Puis voilà que vous ajoutez : Le roi ne fait rien sans les ministres, et les ministres dépendent des Chambres. » Donc tout le pouvoir retombe aux mains des Chambres et le roi n'a plus qu'à s'envelopper dans les splendeurs de son inviolabilité...»

663. — Allons ! croyons donc une bonne fois ce que

dit Bentham. Remarquez : je n'en appelle ici ni à de Maistre, ni à de Bonald, ni à Bossuet, ni à d'Alincourt; j'en appelle à Bentham : « Il faut toujours reconnaître « une autorité supérieure qui ne reçoit pas la loi et qui « la donne ». (Bentham, OEuvres, t. I, p. 231.)

Persuadons-nous bien, avec Romagnosi, que la prétendue balance des pouvoirs opposés, non soumis à un pouvoir central supérieur est un contresens qui détruit toute idée de gouvernement politique.

Au fond c'est ce que dit Montesquieu lui-même en déclarant que les trois pouvoirs devront se mettre d'accord. Il dit donc en substance avec Bentham, avec Romagnosi, avec la vraie philosophie, avec le sens commun le plus vulgaire que le « gouvernement est essentiellement un; que le diviser c'est rendre son action plus lente et plus difficile, et donner ainsi aux consciences égarées par la violence de la passion le temps de rendre à la raison ses droits et aux sujets leur liberté ». Mais si vous faites disparaître dans un gouvernement ce qui est son élément premier et sa force essentielle, la conscience; les trois pouvoirs devront finalement s'unir ; c'est inévitable : mais il y a grand danger qu'ils s'unissent dans l'intérêt, dans l'oppression, dans le despotisme. Et alors que restera-t-il aux sujets, en fait de garantie? La charte, c'est-à-dire un morceau de papier, ou le poignard. Voilà ce que reconnaît, à Turin, un professeur de droit constitutionnel, Melegari : « Le principe monarchique, dit-il, et le principe démocratique unis par l'intérêt marchent de conserve au progrès social... Mais le bénéfice de leur action serait perdu si ces deux principes conservaient leur caractère absolu et leur tendance originale; car alors l'union de ces deux forces monarchique et démocratique mènerait infailliblement au plus puissant des despotismes. »

Le lecteur: « Après tout serait-ce un si grand mal, à vos yeux du moins, puisque nous serions revenus à la condition des gouvernements absolus? »

664. — L'auteur : « Ici encore vous vous trompez passablement, cher lecteur. Avec des gouvernements absolus nous n'aurions en réalité ni le tohu-bohu des électeurs, avec leurs scènes dégoûtantes, avec des discordes qui nous ont abreuvé de haine et de fiel, avec des agitations qui ont troublé nos nuits; nous n'aurions pas eu ces troupes factieuses de gardes nationaux qui, sans parler de leur fatigue, ont volé aux chefs de famille un temps de travail nécessaire pour soutenir leurs enfants; nous n'aurions pas été contraints de dépenser des millions pour nourrir et acheter des députés; nous n'aurions pas eu sous les yeux le spectacle d'une vénalité si propre à corrompre les esprits et les cœurs, ni enfin celui de tant de feuilles qui constituent l'empoisonnement à jet continu de l'ordre public et qu'il faut payer argent comptant. »

Mais faisons abstraction, si graves et si ordinaires qu'ils soient, de ce que vous appelez peut-être des accidents : considérons les institutions en elles-mêmes et constatons entre elles une différence plus que médiocre. Lorsque, sous la monarchie catholique, vous aviez remis aux mains d'un seul le trésor de votre liberté ; il pouvait vous opprimer, il pouvait vous tuer... Pouvait-il se soustraire aux réprobations et aux traits vengeurs de la conscience publique ? Et n'a-ce pas été là, pendant leur vie, le grand châtiment des princes ou des rois dont l'ambition ou la haine a fait plusieurs fois des meurtriers ou des fratricides ? Mais lorsque, le compas à la main, vous aurez décrit à « la justice légale » le cercle de l'amphithéâtre parlementaire, lorsque vous l'aurez entourée de précautions pour qu'elle marche droit avec le poids de ses boules blanches et de ses boules noires, quel sera son crime et quel reproche pourrez-vous lui faire si elle bronche et si elle trébuche d'un des deux côtés ? La justice légale est devenue un automate, un jouet d'enfant : en quoi est-elle coupable d'avoir trébuché ? Ceux qui ont proposé la loi comptaient qu'elle serait amendée ; ceux qui l'ont approuvée désespéraient de l'empêcher ; les hommes de cœur ne la voulaient point, mais ils craignaient un plus grand mal ; les ignorants l'auraient refusée, mais ils n'en ont pas compris l'esprit et les conséquences ; les honnêtes gens l'ont combattue, mais ils ont été vaincus. En fin de compte, la loi est passée ; les injustices sont plus criantes ; les infamies plus honteuses, et toutes ces basses œuvres ont reçu la sanction de la légalité... Il n'y a plus qu'à dire : « force doit rester à la loi ! » Quant aux législateurs, ils sont en règle avec leur conscience, qu'ils apaisent avec des raisonnements borgnes, en règle avec la conscience publique qui n'existe pas et ne peut pas exister.

Le dernier résultat de la division des pouvoirs est donc celui-ci : le retour à l'unité et à l'absolutisme

d'un despote à qui le protestantisme répète sans vergogne : « Tout ce que tu commandes est juste ». Et il
l'affranchit du frein de la conscience parce que celle-ci
n'a plus rien de certain ; de la crainte, parce qu'il
n'opprime que les faibles ; de la honte parce que la
faute du suffrage parlementaire est secrète, et qu'un
seul député compte quatre à cinq cents honorables [pour
complices.

665. — Voilà où doit aboutir finalement sous les
les influences modernes, c'est-à-dire protestantes, la
grande fantasmagorie des trois pouvoirs. Après avoir
déchiré la société pour mettre en pièces l'autorité, il
lui a fallu en recomposer les membres épars afin de
gouverner ; après avoir affirmé sur le ton de la prophé-
tie que le gouvernement d'un seul était une servitude,
tandis que celui qui est basé sur la division des pouvoirs était un gouvernement de liberté, il se trouve que
ce dernier est impossible ou bien que, s'il fonctionne
comme malgré lui, il ne sert qu'à sanctionner l'oppression et à justifier le despotisme.

Ah ! si l'esprit catholique, tel qu'il vivait au Moyen-
âge, soufflait sur cette société déjà atteinte de corruption, comme vous verriez les trois pouvoirs embrasser
une loi de sacrifices, fouler aux pieds l'intérêt, s'appuyer, avec une conscience inconfusible, sur l'autorité
de l'Église et non sur des appréhensions personnelles ;
et défier sans crainte toutes les menaces avec le courage de ceux qui n'ont point résisté à la voix de la
conscience catholique ! — Puis, quel profit en retire-
raient ceux-là mêmes qui, sous le couvert de la théorie

des trois pouvoirs, visent à bouleverser la société ? —
Même sans la division des pouvoirs ne résisteraient-ils
pas aux injustices d'un monarque égaré, s'ils se lais-
saient guider par la conscience catholique, en refusant,
les ministres de les soutenir, les gouverneurs, de les
exécuter, les magistrats, de les recevoir, les militaires,
de les défendre ? Ainsi donc, sous l'influence du catholicisme, la division des pouvoirs aurait été respectée
partout où elle aurait reposé sur le droit : ailleurs elle
aurait perdu son importance prétendue. Mais sous l'influence du principe hétérodoxe, cette division, dont on
vante la toute puissance pour le bien, sert uniquement
d'appât pour attirer les ignorants à leur ruine.

666. — Venons maintenant à la conséquence pratique : elle est claire. Quelle que soit l'opinion que l'on
embrasse sur l'efficacité intrinsèque de telle ou telle
organisation des pouvoirs, il y a une chose absolument
certaine, c'est qu'aucune organisation ne pourra jamais
compenser l'influence morale exercée sur les gouvernants par la conscience catholique et sur les
sujets par la légitimité du commandement. Si donc
vous voulez faire une œuvre vraiment utile à la société,
au lieu d'abattre un pouvoir certain et respecté pour
lui en substituer trois qui sont incertains et sans antécédents, travaillez plutôt à fortifier la conscience catholique dans la société, afin que les gouvernants appren-
nent à commander sans poursuivre leur intérêt et les
sujets à obéir malgré les sacrifices que réclame la soumission. Voilà une œuvre que tous peuvent faire avec
grand mérite et accueillir avec grand profit : Et dans

cette œuvre vous aurez pour aide la Providence et pour directrice l'Eglise.

La question traitée dans ce chapitre est si importante qu'au risque de me faire traiter de rediseur ennuyeux, je devais en résumer la substance en quelques phrases.

§ V

ÉPILOGUE

SOMMAIRE : — 667. Gouvernements anciens, gouvernements tempérés. — 668. Ils vivaient pour le droit. — 669. Les gouvernements modernes n'en ont pas compris l'organisme.— 670. Ils ont faussé les faits. — 671. Et la théorie. — 672. Proposition dont nos adversaires devraient démontrer la fausseté.

667. — De tout temps il y a eu des gouvernements tempérés... Et le plus souvent même des gouvernements représentatifs avec la division des pouvoirs comme en Angleterre et ailleurs... Ce régime, né soit de la succession des faits soit au moins d'une longue prescription politique, a certainement contribué au bien de ces peuples. Ils respectaient sous cette forme le droit et ceux qui le possédaient légitimement. Et elle aurait pu s'introduire ailleurs avec de vrais avantages pour la société, mais à la condition de s'y introduire sous les auspices de la vérité orthodoxe et sans renverser les bases de l'autorité légitime.

668. — Malheureusement une tête française, avide de faire « de l'esprit sur les lois » (1), mais pleine de ces

(1) Le mot est de Voltaire, qui disait que le livre de Montesquieu aurait dû s'intituler : « De l'esprit sur les lois. »

idées protestantes transformées par Voltaire en philosophisme, pleine aussi d'erreurs sur la conscience, sur
le droit, pleine enfin des torts d'un régime souvent trop
absolu mais surtout corrompu, cette tête, disons-nous,
s'éprit d'un amour passionné pour la constitution
anglaise, mais sans en voir les ressorts secrets, cause
de sa force et de sa liberté. Montesquieu n'y a point
remarqué ce respect si profond de l'autorité qu'il suffit
souvent de la présence d'un policeman pour arrêter un
tumulte populaire : il n'a considéré que l'ossature, c'est-
à-dire le mécanisme organique de cette constitution, et
il l'a pris pour la véritable cause d'un bien politique,
fortement grossi d'ailleurs par le téléscope de la passion.
De là, sa théorie exclusive et la sentence] de mort prononcée contre tout gouvernement même polyarchique
où le même corps exercerait les trois pouvoirs (1). Il
laissait du reste à la France, admiratrice de la doctrine,
la tâche laborieuse de réaliser ses songes.

669. — Par haine de l'étranger, par amour des idées
modernes, les Italiens à leur tour ont répété que, sans
division des pouvoirs, il n'y avait ni liberté, ni gouvernement légitime; et à ces absurdités ils ont ajouté,
comme leur base nécessaire, celle de la souveraineté
du peuple... doctrine qui, au temps de Montesquieu, ne
faisait encore que germer dans les écrits du philosophe
de Genève.

670. — Ces erreurs ont blessé d'un coup meurtrier la
doctrine politique des constitutionnels; elle est devenue

____

(1) « Tout serait perdu si... le même corps exerçait les trois pouvoirs. » L. XI, c. 6.

fausse, funeste, indéfendable, grâce aux tristes avocats qui l'ont soutenue. Elle est fausse : les faits le démontrent : la société domestique est certainement libre ; et elle ne connaît pas la division des pouvoirs... Quant aux sociétés politiques, beaucoup d'entre elles où cette division existe sont moins libres qu'elles n'étaient avec la monarchie.

671. — La théorie concorde avec les faits. Elle prouve que la liberté est possible, même sans la division des pouvoirs. 1º Un gouvernement consciencieux, donc surtout catholique, respecte la liberté des individus : or, Dieu merci, les gouvernements consciencieux ne sont pas encore impossibles... bien qu'il soit impossible de trouver, parmi les hommes, des gouvernants sans défauts.

2º Puisqu'il est nécessaire que tout régime politique se ramène à l'unité, le gouvernement fondé sur la division des pouvoirs se réduit finalement au gouvernement d'un seul. Donc ou il n'y a pas de liberté sous ce régime ou la liberté peut exister aussi dans une monarchie.

3º La théorie des trois pouvoirs, au sens protestant, équivaut essentiellement au règne de la majorité : donc au règne de la force sur le droit. Cette division des pouvoirs animée de l'esprit de la réforme rend finalement impossible la combinaison d'un gouvernement humain avec la liberté civile : car un gouvernement n'est pas autre chose que l'ordonnance raisonnable des citoyens, et la liberté ne peut exister là où règne la force...

672. — D'après ces explications, nos adversaires peuvent voir combien il leur est facile de combattre nos doc-

trines avec précision puisque, pour nous fermer la bouche, ils n'ont qu'à démontrer la fausseté des propositions suivantes :

1° Le gouvernement de la famille, bien que naturellement absolu, donne cependant aux membres de cette famille, sous un père honnête, le libre usage de leurs droits individuels ;

2° Des princes honnêtes, capables, entourés de bons conseillers, sont possibles, surtout dans la religion catholique... Et cela, sans diviser les pouvoirs de ces institutions sociales qui rendent presque impossible à un monarque soit la tyrannie politique, soit même l'usage constamment injuste de l'autorité ;

3° La division des pouvoirs est en soi un inconvénient contraire à la nature de l'autorité; puisque par nature l'autorité tend à être une. Toutefois il faut considérer que c'est un homme qui est revêtu de l'autorité : par conséquent la division des fonctions de cette autorité lui est imposée par la limite de ses forces et elle peut être utile, vu la corruption de sa nature ;

4° La division réclamée par la nature se trouve dans tout gouvernement ; la science politique peut perfectionner la répartition des fonctions sociales ;

5° La division, utile en raison de la corruption humaine, sera, dans les sociétés vraiment catholiques, réclamée par les princes et modérément désirée des peuples. Dans une société pénétrée par le naturalisme protestant, elle sera réclamée par les peuples, souvent refusée par les princes, mais tout cela pour le malheur des uns et des autres;

6° Toute division des pouvoirs qui s'introduit dans une nation en violant des droits rend la tyrannie nécessaire au lieu de l'éloigner : car dès qu'un seul droit est légalement violé, tous cessent d'être inviolables... Or, quand tous les droits peuvent être violés, c'est nécessairement le règne de la force ; et le règne de la force sans le droit, c'est la tyrannie. Donc, la division des pouvoirs introduite par la violation de droits légitimes antécédents appelle la tyrannie, et rend impossible tout bon gouvernement et toute vraie liberté.

Si ces propositions restent inébranlables sous les coups de la critique, et aux objections les plus subtiles, nos lecteurs comprendront combien a été folle et injuste l'entreprise de ces réformateurs qui, au mépris de tout droit, ont voulu introduire dans toute espèce de gouvernement leur panacée et garantie universelle « la division des pouvoirs ». — Mais que voulez-vous? Quand une utopie s'est emparée des cerveaux troublés d'une société, ils veulent absolument l'appliquer jusqu'à ce qu'ils soient enfin persuadés de leur errreur. — Ils entreprennent donc l'exécution de leurs desseins, ils incarnent leurs principes, et la malheureuse Europe se résigne à leurs expériences comme les grenouilles, dans les mains de Galvani, se soumettaient aux secousses électriques. Nous suivrons ces tentatives en appliquant les faits à la théorie. Ce sera la matière d'un 3ᵉ et 4ᵉ volume.

————

CONCLUSION

Terrible est le phénomène du monde moderne, étrange, le contraste qu'il présente d'hommes intelligents conspirant avec la force brutale pour jeter bas tout l'ordre ancien des sociétés, sans être jamais contents de ce qui est, sans savoir ce qui sera ou même ce que l'on veut. Ce phénomène excite donc l'attention de tout observateur sérieux. Il invite non seulement à considérer ces événements, mais encore à en étudier les causes.

Le monde entier a participé à cette prétendue renaissance d'où sont sorties toutes les nations de la jeune Europe. Il eût été trop long d'examiner en détail chacune de ces métamorphoses sociales... Ni le temps ni les forces ne nous eussent suffi pour ce travail de longue haleine... Nous nous sommes contenté de suivre et de contempler la scène connue aujourd'hui sous ce nom : Les gouvernements représentatifs. Nous avons voulu étudier philosophiquement les raisons pour lesquelles ces régimes nouveaux, en apparence très inoffensifs et même très brillants, n'ont jamais pu se remuer sur le continent européen sans y produire de tels bouleversements que leurs admirateurs mêmes en ont été affligés, pour ne pas dire repentants.

Pour trouver ces raisons, il nous a fallu considérer

au point de vue philosophique ce qu'est ce monde moderne et par conséquent le contempler dans l'histoire, vivant et agissant.

L'histoire nous a donné promptement sa réponse. Elle nous a fait voir que l'ère moderne commençait, de l'aveu de tous, à l'époque de la réforme luthérienne et du concile de Trente, qui en est la contrepartie. Le sujet de nos méditations était donc trouvé : et la personne morale, dont nous avions à parler, si bien reconnue qu'il n'y avait pas à s'y méprendre.

Nous avons ensuite eu recours à l'analyse philosophique, afin de bien voir et de préciser le caractère propre de notre époque et comment elle se distingue de l'époque précédente, c'est-à-dire du Moyen-âge. La philosophie nous a rappelé que, pour trouver la cause de ces grandes et universelles transformations dans l'ordre moral, nous devions remonter jusqu'à la métaphysique elle-même. Voilà pourquoi nous avons cherché d'abord quel a été le nouveau principe prêché par Luther et infusé à tout le corps social; réprouvé par le concile de Trente et combattu par l'Église. Nous avons constaté avec évidence que ce principe était le trait distinctif de la philosophie et de la société modernes.

Or, ce principe écrit pour toujours en caractères indélébiles au front de la société soi-disant régénérée, de sa science et de sa littérature, de sa métaphysique et de sa morale, de l'intelligence et de la volonté, de l'ordre privé, public, civil et politique... c'est-à-dire de tout ce qui constitue l'être social..., ce principe, c'est l'indépendance de la raison.

C'est donc précisément le contraire de la foi catholique — « puisque la foi, dit saint Paul, soumet toute intelligence à Jésus-Christ... « Et l'on ne doit point s'étonner, si les chauds partisans des gouvernements représentatifs modernes ne cessent de répéter que l'alliance de ces gouvernements avec le vieux catholicisme est chose impossible ; qu'il faut par suite ou détruire la religion du Pape ou moderniser cette religion tombée en enfance. Ainsi se trouve placé sur son vrai terrain la question à résoudre.

Il ne s'agit pas de démontrer que par lui-même le gouvernement représentatif est impossible ou mauvais : cette thèse serait fausse en théorie et imprudente dans la pratique ; il s'agit de prouver que tous les maux dont se lamentent les gens de bien ont leur source dans cet esprit de perversion qui s'est emparé des corps représentants modernes et qui les conduit par des chemins périlleux à une ruine inévitable... Si cette ruine doit sortir, comme elle sortira réellement, du principe de l'indépendance hétérodoxe, il s'ensuivra, vous le voyez, que nous en aurons trouvé la véritable cause et dans cette ruine même sera la contre-épreuve du venin renfermé dans le principe protestant. — Qu'avions-nous à faire afin de mettre en pleine évidence la vérité de notre réponse ? Deux choses :

1º Développer les principes théoriques ; 2º les incarner dans les faits. Le développement des principes nous fournissait la matière d'une première partie ; l'application aux faits, la matière d'une seconde.

Nous avons, dans la première, considéré « le principe de l'indépendance absolue de la raison ; nous en avons vu sortir comme conséquence la négation de tout devoir et de tout droit non accepté par la volonté émancipée de l'homme ; l'impossibilité radicale d'une unité sociale constante ; puisque dans l'homme la raison n'est pas constante, et que naturellement les jugements individuels sont loin d'être identiques. Ces multiples raisons humaines pourraient se ramener à l'unité, si elles étaient soumises à une même autorité ; mais les supposer indépendantes, c'est admettre du même coup l'impossibilité d'une autorité et de l'union sociale.

Cette vérité du reste n'a point échappé à nos réformateurs : cependant ils se sont mis à l'œuvre pour reconstituer la société, essayant de faire germer la plante céleste de l'autorité sur le misérable sol adamique, et ils se sont vantés d'avoir réussi, en inventant ce fameux pacte social aujourd'hui rélégué dans les vieilleries et ce qu'il produit naturellement, le suffrage universel. — Nous avons donc invité ce suffrage à venir, documents en main, établir ses droits, énumérer ses services à l'égard de l'humanité... Incapable de faire cette double démonstration, il a dû confesser qu'il n'avait jamais conduit aux urnes que le très petit nombre des électeurs et qu'il lui était également impossible de conn aître ce qui est juste, d'assurer ce qui est utile, de gouve rner la société.

Si l'autorité ne repose point sur le suffrage universel, sur la voix du peuple, comme l'on dit, où trouver ceux qui gouverneront les destinées des nations ? Pour avoir la réponse à cette question, nous avons recherché ce que c'est l'autorité sociale, comment on en acquiert la possession; et afin de nous aider à sortir de ce labyrinthe, la nature nous a remis en main le fil de l'histoire, déroulant sous nos yeux les procédés multiples et variés des pouvoirs suprêmes... Là, nous avons retrouvé le pacte social et le suffrage universel. Ils étaient masqués et revêtus d'un affublement nouveau, sous le nom d'émancipation des peuples adultes...

Nous avons donc encore examiné cette prétention employée par un bon nombre de politiques afin d'agiter les nations. Nous avons montré ce qu'il y a de vrai dans le développement d'un peuple progressant selon les lois de la vraie civilisation et quelle sorte de droit il acquiert de participer au gouvernement. — De toute cette étude il est résulté pour nous avec évidence que jusqu'ici nos réformateurs n'avaient pas trouvé le moyen de sortir de leur indépendance native, et par conséquent de créer une véritable autorité ni par suite une vraie unité sociale.

—Où il n'y a pas d'unité, l'ordre est impossible; puisque l'ordre est la réduction du multiple à l'unité : or, où il n'y a pas d'ordre, il ne peut y avoir ni liberté civile, ni liberté politique : car ces deux libertés exigent rigoureusement que tous les associés respectent leurs droits réciproques et par conséquent l'ordre dont ils sont l'effloraison naturelle. — Malgré tout cela, les sociétés modernes ne manquent point de panégyristes — et ceux-ci ne cessent d'en vanter l'ordre et la liberté. Nous avons recherché comment ils s'y comportent l'un et l'autre : L'ordre nous est apparu comme un assemblage de forces matérielles, assemblage qui ne pouvait se maintenir; la liberté comme une bataille ardente de toutes les forces sans autre mobile que l'intérêt. L'ordre a pour synonyme le « juste milieu » et c'est sur l'autel du juste milieu que sont sacrifiés successivement tous les droits de la vérité, de l'honnêteté, selon que change la majorité des modérés dans ces gouvernements représentatifs. Quant à la liberté, elle doit consister à reconnaître le droit des plus coupables passions, dès qu'elle réussit à former, en vue de l'intérêt, une majorité qui trouve son compte à usurper et à sacrifier l'intérêt de la minorité.

Cette majorité victorieuse, réduira ses adversaires à l'état d'ilotes. Mais comment pourra-t-elle se former avec des intelligences libres et indépendantes? Les intelligences se conduisent par la parole. Et de l'indépendance intellectuelle unie à la nécessité de réunir les hommes en société naît le grand principe de la liberté de discussion et de la liberté de la presse. Nous avons traité de cette liberté de la parole au tome II, chapitre II. Nous l'avons considérée historiquement dans ses résultats et théoriquement dans l'insuffisance de ses titres.

La liberté de la parole et de la presse a coutume de s'appuyer sur le prétendu droit d'enseigner la vérité. Nous avons recherché les bases de ce droit au chapitre III en développant la théorie de l'enseignement public.

Par ces considérations successives nous avons examiné le principe de l'indépendance hétérodoxe dans les

droits qu'il revendique pour l'intelligence humaine.
Restait à en étudier les conséquences sur la volonté...
Or, celles-ci peuvent se réduire à deux principales :

La première est ce naturalisme d'affection qui suit
infailliblement le naturalisme de l'idée. Il concentre
tout l'homme moral dans la soif égoïste des jouissances
plus ou moins matérielles, et rend impossible à la
société moderne la tendance au juste, à l'honnête, au
saint, c'est-à-dire à ces sentiments pleins de noblesse
qui, par eux-mêmes, font plus ou moins abstraction de
l'homme et de ses jouissances.

Quand l'idée morale est ainsi déprimée dans les foules,
il est nécessaire qu'elles perdent aussi l'idée vraie du
bien public et social. — Alors chacun des sujets indépendants intime audacieusement à ceux qui gouvernent
cette alternative : « Ou donnez-moi les jouissances en
vue desquelles je vous ai mis au timon de l'État, ou ne
comptez plus sur ce suffrage qui vous procure à vous
grandeur, richesse, pouvoir, en un mot le bonheur. »
Mais comment voulez-vous que chacun des sujets soit
enrichi par les chefs de l'État? Vous voyez donc la
conséquence : on renverse le gouvernement existant,
et on le remplace par un autre qui se déclare le serviteur du peuple souverain. Et que sera ce gouvernement
qui ne peut jamais résister au peuple ? Ce sera un gouvernement divisé, c'est-à-dire l'autorité qui de sa nature
est une sera partagée entre trois personnes sociales
dont tous les droits dépendront finalement de la place
publique, c'est-à-dire de l'opinion populaire. Les pouvoirs
étant divisés, celui qui ne trouvera pas d'appui dans le

premier, pourra se tourner vers le second ou vers le troisième. Et s'il ne réussit pas, il luttera contre ces trois pouvoirs — demandant au souverain en blouse ce qu'il n'obtient pas du souverain revêtu de la pourpre.

Le dogme de la division des pouvoirs est donc la suprême garantie d'une société composée de raisons indépendantes.

Telles sont les principales théories sur lesquelles s'appuie le système moderne des gouvernements représentatifs.

Nous le démontrerons par les faits dans les volumes suivants.

TABLE ALPHABÉTIQUE DES AUTEURS

CITÉS DANS LE DEUXIÈME VOLUME

TABLE ALPHABÉTIQUE DES IDÉES

PRINCIPALES TRAITÉES DANS LE SECOND VOLUME (1).

A

Pages.

(1) Pour la suite logique des idées, consulter plutôt la 3ᵉ table que la 2ᵉ

E

F

G

O

P

S

Pages.

U

TABLE GÉNÉRALE DES MATIÈRES

TOME II

CHAPITRE PREMIER
La liberté.

CHAPITRE II

La liberté de la Presse.

§ Ier

La liberté de la Presse, cause de la discorde religieuse.

§ II

La liberté de la Presse, cause de la discorde politique.

§ III

Loi répressive de la Presse.

§ IV

La Presse en Angleterre et en Amérique.

§ V

La discorde au Moyen-âge.

CHAPITRE III

Théories sociales sur l'enseignement.

§ I

§ II

§ III

§ IV

§ V

§ VI

§ VII

§ VIII

Pages.

§ XIV

Conclusion

CHAPITRE IV

Le Naturalisme.

Sujet des chapitres suivants :

§ Ier

§ II

§ III

§ IV

CHAPITRE V

La Félicité sociale

§ Ier

La fin : la félicité matérielle.

§ II

L'indépendance substituée à la conscience.

§ III

Conclusion.

CHAPITRE VI

La Division des Pouvoirs.

§ Ier

Destruction.

§ II

Difficulté de reconstruire.

§ III

Division des pouvoirs.

§ IV

L'indivisibilité des pouvoirs.

§ V

Épilogue.

Conclusion.

Poitiers. — Imp. Blais et Roy, 7, rue Victor-Hugo.